University of Pittsburgh Memoirs in Latin American Archaeology

University of Pittsburgh Memoirs in Latin American Archaeology No. 11

Prehispanic Chiefdoms in the Valle de la Plata, Volume 4

Vertical Economy, Interchange, and Social Change during the Formative Period

Cacicazgos Prehispánicos del Valle de la Plata, Tomo 4

Economía Vertical, Intercambio, y Cambio Social durante el Período Formativo

Dale W. Quattrin

Spanish Translation by
Traducción al Español por

Víctor González Fernández

University of Pittsburgh
Department of Anthropology

Universidad de los Andes
Departamento de Antropología

Pittsburgh   2001   Bogotá

Library of Congress Cataloging-in-Publication Data

Prehispanic chiefdoms in the Valle de la Plata = Cacicazgos prehispánicos del Valle de la Plata.
  v. cm. — (University of Pittsburgh memoirs in Latin American archaeology ; no. 2,)
  English and Spanish.
  Includes bibliographical references.
  Contents: v. 1. The environmental context of human habitation / edited by Luisa Fernanda
Herrera, Robert D. Drennan, Carlos A. Uribe — v. 2. Ceramics—chronology and craft production / edited by Robert D. Drennan, Mary M. Taft, Carlos A. Uribe — v. 3. The socioeconomic
structure of Formative 3 communities / Luis Gonzalo Jaramillo E.
  ISBN 1-877812-01-3 (v. 1) — ISBN 1-877812-07-2 (v. 2 : acid-free paper) — ISBN
1-877812-40-4 (v. 3 : acid-free paper)
  1. Indians of South America—Colombia—Plata River Valley—Antiquities. 2. Caciques (Indian
leaders)—Colombia—Plata River Valley. 3. Chiefdoms—Colombia—Plata River Valley.
4. Human ecology—Colombia—Plata River Valley. 5. Paleoecology—Colombia—Plata River
Valley. 6. Palynology—Colombia—Plata River Valley. 7. Plata River Valley (Colombia)
—Antiquities. 8. Colombia—Antiquities. 9. Proyecto Arqueológico Valle de la Plata.
I. Herrera de Turbay, Luisa Fernanda. II. Drennan, Robert D. III. Uribe, Carlos A.
IV. Jaramillo E., Luis Gonzalo. V. Title: Cacicazgos prehispánicos del Valle de la Plata.
VI. Series.
  F2269.1.P53P73 1989
  986.1'5—dc20

                                  89-022702

©2001 University of Pittsburgh Latin American Archaeology Publications
Department of Anthropology
University of Pittsburgh
Pittsburgh, PA 15260
U.S.A.

Printed on acid-free paper in the United States of America

ISBN 1-877812-53-6

To my Family

A mi Familia

La plus ancienne de toutes les sociétés, et la seule naturelle, est celle de la famille.
                                                          –Rousseau

In Arme der Götter wuchs ich gross.
                              –Hölderlin

Contenido

Contents

Lista de Figuras

List of Figures

Agradecimientos

De ningún modo es este trabajo el producto unicamente de mi propio esfuerzo. Por el contrario, es la culminación de una tremenda cantidad de apoyo, ayuda y asistencia de numerosas personas. Quisiera agradecer al Dr. Carlos A. Uribe y a los miembros del Departamento de Antropología de la Universidad de los Andes en Bogotá por su ayuda durante mi trabajo de campo. Además, quisiera agradecer al Instituto Colombiano de Antropología por otorgarme el permiso para realizar este proyecto de investigación. El Center for Latin American Studies de la Universidad de Pittsburgh proporcionó la financiación que me permitió completar el trabajo de campo inicial para este proyecto. Asimismo, deseo agradecer a la National Science Foundation (Grant No. BNS-9120749) y a la beca Andrew Mellon de la Universidad de Pittsburgh por la financiación de este estudio.

Quiero agradecer también a los numerosos propietarios en las áreas de Belén y La Argentina quienes me permitieron realizar las investigaciones iniciales de los sitios. Mi más sentida gratitud se extiende especialmente a Don Rodrigo Bastidas, María Jesús Laen, y Cecilia Méndez quienes fueron tan amables de permitir la realización de excavaciones en área en sus propiedades. Extiendo mi gratitud particularmente a la familia Chávarro quienes fueron extremadamente cordiales y hospitalarios al dejar que quince personas invadieran su bella casa por dos meses mientras realizábamos trabajos de campo en su propiedad y en la de sus vecinos. Su generosidad y amabilidad nunca se olvidarán.

Quisiera agradecer a todos mis trabajadores de campo. Su dedicación y esfuerzo bajo circunstancias difíciles tienen mi más grande aprecio. Estoy especialmente en deuda con Enrique Caldón, quien actuando como mi "Viernes" proporcionó su constante asistencia, consejo y dirección, sin los cuales este trabajo de campo no hubiese progresado con la velocidad y facilidad con que lo hizo.

Además, quiero agradecer a los miembros del Departmento de Antropología de la Universidad de Pittsburgh. La ayuda de los empleados de la oficina (pasados y presentes) ha sido extremadamente útil durante mis enredos tratando los varios problemas menores del programa doctoral. También, los demás estudiantes y mi círculo de amigos del Departmento han proporcionado un ambiente agradable, de comodidad y apoyo en el cual explorar el campo de la antropología y arqueología.

Quiero también agradecer a los miembros de mi comité, Dr. Marc Bermann, Dr. Jeremy Sabloff, y Dr. Harold Sims. Sus reflexiones, opiniones y comentarios han sido extremadamente útiles. Quisiera también agradecer al presidente de mi comité, Dr. Robert Drennan, quien ha sido una constante fuente de apoyo y estímulo durante mi larga jornada doctoral. Los comentarios, consejos, inspiraciones y las largas discusiones tarde en la noche fueron importantes señales a lo largo del camino.

Finalmente, me gustaría expresar mi profundo aprecio para con mi familia extensa. Quiero agradecer al Sr. J. Donald French y Sra. por su apoyo y aliento en muchas más formas de las que ellos se imaginan. También, quiero expresar mi gratitud para con Cathy, Chris, Craig, y Cory por sus contribuciones de toda una vida de apoyo de hermanos. Al Sr. Dale E. y a la Dra. Patricia Quattrin, quiero agradecer por su amor y apoyo incondicional. Finalmente, y de la manera más importante, quiero agradecer a Carol por su paciencia, ayuda, estímulo y amor durante este largo camino. Su apoyo firme y constante ha sido un pilar en mi vida.

Aunque las personas arriba mencionadas han contribuido a este trabajo, todos los errores y omisiones son estrictamente míos.

Dale W. Quattrin

Participantes en el proyecto

Alejandro Caldón	Ferney Caldón
Yaneth Caldón	Enrique Caldón
Alirio Palma	Martín Ordóñez
Franco Ordóñez	Miraldo Ordóñez
Albeiro Gutiérrez	Camilo Díaz
Andrés Mieles	Angela Rivas
Franz Flórez	Ciro Castellanos
Juan Manuel Llanos	Yuri Romero
Oscar Olave	Ebuer Monsauer
Jhon Serna	Wilson Moreno
Pedro Gonzales	Guillermo Carlosama
Serafín Bastidas	Libardo Serrato
Wilmar Castro Cabezas	Jaime Ríos
José Aldemar Londoño	José Arnaldo González
José Aristóbulo Pineda	José Alex González
Winston Ramírez.	

Acknowledgments

By no means is this work the product of solely my efforts. It is, instead, the culmination of a tremendous amount of support, aid, and assistance by numerous people. I would like to thank Dr. Carlos A. Uribe and the members of the Departamento de Antropología of the Universidad de los Andes, Bogotá for their help during my fieldwork. In addition, I would like to thank the Instituto Colombiano de Antropología for granting permission to conduct this research project. The Center for Latin American Studies at the University of Pittsburgh provided funding which enabled me to accomplish the initial field investigation of this project. Also, I want to thank the National Science Foundation (Grant No. BNS-9120749) and the University of Pittsburgh Andrew Mellon Fellowship for the financial support of this research.

I would like to also thank the numerous landowners in La Argentina and Belén who allowed me to conduct my initial site investigations. My heartfelt gratitude is especially extended to Don Rodrigo Bastidas, María Jesus Laen, and Cecilia Méndez who were kind enough to permit large-scale excavations on their property. Particular appreciation is extended to the members of the Chávarro family who were extremely gracious and hospitable to allow up to fifteen people to invade their beautiful home for two months while we conducted fieldwork on and near their property. Their kindness and generosity will not be forgotten.

I would like to thank all my field workers. Their diligence and hard work under difficult circumstances are greatly appreciated. I am especially indebted to Enrique Caldon who, acting as my man "Friday", provided constant assistance, advice, and direction, without which this fieldwork would never have proceeded as quickly nor as easily as it did.

Furthermore, I want to thank the members of the Department of Anthropology at the University of Pittsburgh. The office staff (past and present) has been extremely helpful during my struggles in dealing with the various minor problems of graduate school. Also, the other students and my circle of friends from the Department have provided an enjoyable, comfortable, and supportive environment in which to explore the field of anthropology and archaeology.

I also want to thank the members of my committee: Dr. Marc Bermann, Dr. Jeremy Sabloff, and Dr. Harold Sims. Their thoughts, opinions, and feedback have been extremely helpful. I would also like to thank the chair of my committee, Dr. Robert Drennan, who has been a source of steady support and encouragement during my doctoral journey. The comments, advice, inspiration, and long late-night discussions were important signposts along the way.

Finally, I would like to express my profound appreciation to my extended family. I want to thank Mr. and Mrs. J. Donald French for their encouragement and support in many more ways than they are aware. Also, I want to express my gratitude to Cathy, Chris, Craig, and Cory for their lifetime contributions of sibling support, heel-nipping, and the occasional attitude readjustment. To Mr. Dale E. and Dr. Patricia Quattrin, I want to thank for their unquestioned support and love. Finally and most importantly, I want to thank Carol for her patience, assistance, urging, and love during this long journey. Her steadfast support has been a mainstay in my life.

While those mentioned above and others have contributed to this work, all errors and omissions are strictly my own.

Dale W. Quattrin

Project Participants

Alejandro Caldón	Ferney Caldón
Yaneth Caldón	Enrique Caldón
Alirio Palma	Martín Ordóñez
Franco Ordóñez	Miraldo Ordóñez
Albeiro Gutiérrez	Camilo Díaz
Andrés Mieles	Angela Rivas
Franz Flórez	Ciro Castellenos
Juan Manuel Llanos	Yuri Romero
Oscar Olave	Ebuer Monsauer
Jhon Serna	Wilson Moreno
Pedro Gonzales	Guillermo Carlosama
Serafín Bastidas	Jaime Ríos
Wilmar Castro Cabezas	Libardo Serrato
Jose Aldemar Londoño	José Arnaldo González
Jose Artistobolo Pineda	José Alex González
Winston Ramírez	

Chapter 1

Introduction

Vertical Economies

In the Andes and some other regions, a degree of economic interdependence through regions of varying sizes is often attributed to "verticality" or the "vertical economy." The substantial environmental variation produced by a wide range of altitude zones packed into relatively short horizontal distances is taken to provide substantial reason for (or even to require) productive specialization and concomitant exchange.

At least two major variations on the theme of verticality can be distinguished in the several models developed for differing regions. First, the "Vertical Archipelago," as it was initially defined by Murra (1972, 1985a, 1985b), is the "simultaneous control by a single ethnic group of several geographically dispersed ecological tiers" (Murra 1985a:3). Murra's proposal implicitly suggests that there is an economic advantage for a single ethnic group to establish satellite communities in several different environmental zones in order to obtain access to spatially separated resources. This quite possibly could result in several different ethnic groups occupying the same zone, or even settlement (Murra 1985b:17). The outcome of such an organizational structure is a network for accessing a variety of subsistence goods from different ecological zones during both good productive periods and times of hardship.

The primary feature of the Murra model is the exploitation by a local ethnic group of the inherent environmental diversity within a region to increase subsistence security. This would be accomplished by spreading the risk faced by individual localized populations involved in a food production economy through the exploitation of several different environmental zones. Climatic and/or vector disasters in the food production of one area would thus not affect a regional population as dramatically as would be the case if reliance was on a single crop in only one environmental zone.

Subsequent increases in social stratification could occur, according to this model, as a result of hierarchical control of the satellite communities, and their inhabitants, by the parent settlements. As a natural outcome of close sociopolitical ties to a central settlement zone acting in a decision-making and redistributive capacity, the satellite communities would soon fall under their influence ("control").

A variation on Murra's "Vertical Archipelago," proposed by Dillehay, defines verticality as "a nucleus population send[ing] colonies to exploit and control a series of discontinuous ecological zones or 'environmental archipelagos'" (1979:24), emphasizing the political conditions necessary for verticality to occur. The successful implementation of a vertical economy, Dillehay states, "requires a certain level of political and economic organization and integration to maintain colonies and to ensure redistribution of local products to the nucleus" (1979:24), i.e., a state level society. Thus, in contrast to Murra, Dillehay does not see this type of socioeconomic structure in less stratified societies.

A second concept of verticality, presented by Halstead (Halstead and O'Shea 1982; Halstead 1989), sees altitudinally based ecological diversity as conducive to the creation of "social storage" relations in surpluses of subsistence goods. Halstead and O'Shea (1982:92) propose that surplus production from individual areas and/or ethnic groups is traded to other locales experiencing economic stress in exchange for "durable tokens of value" (i.e., precious stones, metals, worked goods, etc.). By eliminating the need for direct bartering of foodstuffs (which the economically stressed group in the exchange would be unable to do), these tokens act as a form of money in facilitating the redistribution of subsistence items to other areas in need. An ever increasing number of these transactions could result in the emergence of a small elite group controlling the "tokens of value" and, indirectly, the distribution of subsistence goods. Complexity would arise out of the ability for some individuals or groups to maintain a creditor relationship over other debtor individuals or groups.

Models of verticality have long been important for investigation of the ethnohistoric, ethnographic and prehispanic societies of the central Andes. The notion of verticality has also been influential in the northern Andes (e.g., Mason 1940; Chávez 1965; Reichel-Dolmatoff 1982; Fals Borda 1983; Osborn 1985). Because of the different environmental conditions found in this region, investigators have developed specific verticality models for application in the northern Andes.

Generally speaking, the range of diversity in the potential products of different closely spaced elevation zones is not as dramatic in the northern Andes as in the central Andes. In some areas of the northern Andes, the diversity in question is spread over large distances, while in other regions it is much more compressed. It is these last conditions that have given

Introducción

Economías Verticales

En los Andes, y en otras regiones, la existencia de cierto grado de interdependencia económica entre regiones de varios tamaños se considera basada en la "verticalidad" o "economía vertical". Cuando un amplio rango de zonas altitudinales diferentes se encuentra concentrado en un área geográfica reducida, se produce una gran variación medioambiental. A veces se considera que esta variación es un factor (o incluso que ésta requiere) de la existencia de una especialización de la producción y del intercambio que la acompaña.

En los varios modelos desarrollados para diferentes regiones se pueden distinguir al menos dos variantes principales sobre el tema de la verticalidad. Primero, el "Archipiélago Vertical," como fuera definido inicialmente por Murra (1972, 1985a, 1985b), es el "control simultáneo por parte de un solo grupo étnico, de varios pisos ecológicos geográficamente dispersos" (Murra 1985a:3). Lo propuesto por Murra sugiere implícitamente que existen ventajas económicas para un grupo étnico en establecer comunidades satélites en varias zonas medioambientales para obtener el acceso a recursos espaciados. Esto muy posiblemente podría resultar en que diferentes grupos étnicos ocuparan la misma zona, o incluso el mismo asentamiento (Murra 1985b:17). El resultado de tal estructura organizacional es una red para el acceso a una variedad de bienes de subsistencia provenientes de diferentes zonas ecológicas durante períodos de abundancia y también en tiempos de escasez.

El elemento fundamental del modelo de Murra es la explotación de la diversidad ecológica inherente a una región por parte de un grupo étnico local que busca aumentar la seguridad de su propia subsistencia. Esto se lograría distribuyendo el riesgo que afrontan las particulares poblaciones locales participantes en una economía de producción de alimentos mediante la explotación de varias zonas medioambientales diferentes. De esta manera, desastres climáticos o plagas en la producción de alimentos de un área, no afectarían a la población regional tan dramáticamente como sería el caso si se confiara en un solo cultivo, en una sola zona medioambiental.

Aumentos subsecuentes en la estratificación social podrían ocurrir, de acuerdo con este modelo, como resultado de un control jerarquizado de las comunidades satélites, y de sus habitantes, por parte del asentamiento principal. Como un resultado natural de vínculos sociopolíticos estrechos con una zona central de asentamiento que actuaría en una capacidad redistributiva y de toma de decisiones, las comunidades satélites pronto caerían bajo su influencia ("control").

Una variante del "Archipiélago Vertical" de Murra, propuesto por Dillehay, define verticalidad como "una población núcleo envia[ndo] colonias a explotar y controlar una serie de zonas ecológicas discontínuas o 'archipiélagos medio-ambientales' "(1979:24), enfatizando así las condiciones políticas necesarias para que la verticalidad ocurra. La implementación exitosa de una economía vertical, dice Dillehay, "requiere de un cierto nivel de organización política y económica para mantener colonias y para asegurar la redistribución de productos locales hacia el núcleo" (1979:24), i.e., de una sociedad estatal. Así, en contraste con Murra, Dillehay no asocia este tipo de estructura socioeconómica con sociedades menos estratificadas.

Un segundo concepto de verticalidad, presentado por Halstead (Halstead y O'Shea 1982; Halstead 1989), considera que la variación ecológica basada en altitud conduce a la creación de relaciones de "almacenamiento social" del sobre-producto de bienes de subsistencia. Halstead y O'Shea (1982:92) proponen que la producción de excedentes por parte de áreas individuales y/o grupos étnicos es intercambiada con otras localidades que sufren de presiones económicas a cambio de "prendas durables de valor" (i.e. piedras preciosas, metales, bienes trabajados, etc.). Al eliminar la necesidad del trueque directo de bienes alimenticios—que le sería imposible al grupo que se encuentra bajo presión económica—estas prendas actúan como una forma de dinero ya que facilitan la redistribución de artículos de subsistencia a otras áreas que los requieren. Un aumento sostenido del número de estas transacciones podría resultar en el surgimiento de un pequeño grupo élite que controlaría las "prendas de valor" e, indirectamente, la distribución de bienes de subsistencia. La complejidad surgiría de la habilidad de algunos individuos o grupos para mantener una relación de acreedores sobre otros individuos o grupos deudores.

Los modelos de verticalidad han sido importantes desde tiempo atrás para la investigación de las sociedades etnohistóricas, etnográficas y prehispánicas de los Andes centrales. La noción de verticalidad también ha tenido influencia en los An-

rise to the theoretical concept of "microverticality" (Oberem 1976) or "compressed verticality" (Brush 1977), where

> a very steep environmental gradient . . . places different zones close to one another . . . accessible to inhabitants . . . within a reasonably short travel time. . . . The compactness . . . means that the people . . . can exploit the entire valley complex for subsistence items without major migration or extended trade networks and exchange systems that reach beyond the Community's territorial limits. (Brush 1977:11)

Salomon (1985:513–14) discusses a similar situation where the social mechanism is "direct access to multiple resources without central control."

Within the context of the northern Andes, the exploitation of the products of different environmental zones is well documented and much discussed for the Muisca in the Eastern Cordillera of Colombia. Ethnohistoric records indicate the operation of vertical economies at several different scales. On the smallest scale, each family in a single community might maintain several dwellings, one in each altitude zone. Over greater distances, the formation of confederations between communities provided everyone access to the full range of subsistence products (Langebaek 1990a).

Often implicit in discussions of verticality is its importance in the development of complex societies. Understood as part of the concept of verticality is the primacy of economic integration. According to these models, the increasing interdependence of subsistence among groups or individuals (economic integration) precedes but leads to greater political integration. As the economic integration of inhabitants of an area increases, the political structures also grow in complexity to manage, stabilize, and/or institutionalize the earlier economic relations. Verticality, then, is envisioned by many proponents as the (or at least a) major factor producing centralized political organization.

This hypothesis that a vertical economy was the key factor in the early emergence of sociopolitical complexity in the Andes or other parts of the world, must be tested rather than simply assumed to be valid (as has often been the case). While a vertical economy was clearly employed by the Inca state in the central Andes, for example, at the time of the Spanish Conquest, there is little information about its time depth or its possible importance in Inca political development. Without such information, the role played by vertical economic systems in the emergence of sociopolitical complexity cannot be evaluated, for the Inca or for other cases.

At present, most of the documentation about vertical economies is ethnographic or ethnohistoric and thus largely synchronic. To evaluate the developmental role of verticality, however, will require diachronic study with a time depth only accessible to archaeology. Unfortunately, little archaeological investigation has been conducted on this problem. As Langebaek (1990b:145) states, "no conozco un solo informe arqueológico que en vez de asumir, corrobore la 'microverticalidad' entre los Muiscas o entre los grupos de la Sierra Nevada de Santa Marta." The ethnohistorically documented vertical

economies of the northern Andes are, indeed, only the end points of long and poorly known developmental sequences. With presently available information, we cannot determine whether verticality is a late development added to already complex political organization or whether it played a pivotal role in the origins of those complex patterns. The Alto Magdalena region of southern Colombia provides an opportunity to investigate the role of verticality early in the development of a northern Andean complex society.

The Valle de la Plata

The Alto Magdalena has long been known to support social hierarchy and political centralization during the Regional Classic Period (AD 1–900). The Proyecto Arqueológico Valle de la Plata has sought to document the regional pattern associated with the development of these societies in one part of the Alto Magdalena (Drennan 1985; Drennan et al. 1990; Drennan and Quattrin 1995). Various results of this project are presented in earlier volumes in this series (Herrera, Drennan, and Uribe, eds., 1989; Drennan, Taft, and Uribe, eds., 1993; Jaramillo 1996; Blick 1993) and future volumes will provide the settlement pattern evidence in detail.

The dramatic altitudinal range of the Valle de la Plata, from 600 to 4600 m above sea level, exerts a tremendous impact on the character of various microzones. In addition, the topography of the region is characterized by high undulating ignimbrite plains and mountains cut by deeply incised *quebradas* (Botero et al. 1989), adding significant climatic variation within relatively small distances. The monthly maximum mean temperature for the upper elevations (2150 m above sea level) ranges between 20.0°C and 18.4°C while the minimum monthly mean for the same altitude is 10.7°C to 11.5°C. For the lower elevations (980 m above sea level) the temperature ranges for the maximum and minimum mean are 31.3°C–28.1°C and 15.2°C–9.6°C respectively (Rangel and Esperanza 1989:16–18). Although characterized by high spatial variability, monthly precipitation averages in the upper elevations range from 68 mm for January to 194 mm during May, with a total of 1795 mm per year. In the lower elevations the mean is 64 mm for January to 193 mm for March, with a total of 1517 mm for the year (Rangel and Esperanza 1989:20,22).

The focus of this study is on the Formative Period (1000 BC–AD 1) in the Valle de la Plata—a period characterized by relatively low population densities distributed over a wide range of altitudinal zones. Most settlements consist of one to very few households. During this period, there is little archaeological evidence indicating substantial social complexity (Drennan 1985; Drennan et al. 1989, 1993; Jaramillo 1996). However, slight differences between sites in the presence of certain raw materials such as obsidian might indicate the beginnings of differential resource access, and settlement has already begun to congregate in areas where pronounced

des septentrionales (e.g., Mason 1940; Chávez 1965; Reichel-Dolmatoff 1982; Fals Borda 1983; Osborn 1985). A causa de la diversidad de condiciones medioambientales que se ha encontrado en los Andes septentrionales, los investigadores han desarrollado modelos específicos de verticalidad para su aplicación en esta región.

En general, en los Andes septentrionales, el rango de diversidad en los productos potenciales de zonas de elevaciones diferentes pero cercanas unas a otras, no es tan dramático como en los Andes Centrales. En algunas áreas de los Andes septentrionales, dicha diversidad está esparcida sobre grandes distancias, mientras que en otras regiones ésta se encuentra mucho más comprimida en área. Es este último caso el que ha dado origen al concepto teórico de "microverticalidad" (Oberem 1976) o "verticalidad comprimida" (Brush 1977), donde:

> Un gradiente medio-ambiental muy marcado. . .coloca diferentes zonas cerca unas de otras...accesibles a los habitantes. . .dentro de un área a razonablemente corto tiempo de camino. . .la alta densidad. . .significa que la gente puede explotar toda la complejidad de bienes de subsistencia sin necesidad de migraciones o de extensas redes de comercio y sistemas de intercambio que sobrepasen los límites territoriales de la comunidad (Brush 1977:11).

Salomon (1985:513-14) discute una situación similar en donde el mecanismo social es el "acceso directo a una multiplicidad de recursos sin control central".

En el ámbito de los Andes septentrionales, la explotación de productos de zonas medioambientales diferentes está bien documentada y se ha discutido mucho en especial con relación a los Muisca de la Cordillera Occidental de Colombia. Documentos etnohistóricos indican la existencia de economías verticales que operaban a diferentes escalas. A la escala más pequeña, cada familia en una comunidad particular podría mantener varias viviendas, una en cada zona altitudinal. Sobre distancias más grandes, la formación de confederaciones entre comunidades proporcionaría a todos y cada uno el acceso al rango total de productos de subsistencia (Langebaek 1990a).

En discusiones sobre verticalidad a veces se le asigna a ésta implícitamente un papel importante en el desarrollo de sociedades complejas. La preeminencia de la integración económica se entiende como parte integral del concepto de verticalidad. De acuerdo con estos modelos, la creciente interdependencia en términos de subsistencia, entre grupos o individuos (integración económica), precede, y conlleva una mayor integración política. Cuando la integración económica entre los habitantes de un área aumenta, las estructuras políticas crecen también en complejidad para poder dirigir, estabilizar y/o institucionalizar las relaciones económicas previamente establecidas. La verticalidad es vista de esta manera, por muchos de sus proponentes, como el (o al menos un) factor principal involucrado en producir una organización política centralizada.

Esta hipótesis de que una economía vertical es el factor clave en el surgimiento de la complejidad sociopolítica en los Andes o en otras partes del mundo debe ser comprobada y no debe ser asumida simplemente como válida (como ha sido frecuentemente el caso). Mientras que una economía vertical fue evidentemente empleada por el estado Inca en los Andes centrales, por ejemplo, durante la Conquista Española, hay muy poca información acerca de su antigüedad o de su posible importancia en el desarrollo político Inca. El papel que los sistemas de economía vertical han jugado en el surgimiento de la complejidad sociopolítica para los Incas o para otros casos no puede ser evaluado sin esa información.

Hoy día, mucha de la documentación acerca de las economías verticales es etnográfica o etnohistórica y por consiguiente, casi siempre de carácter sincrónico. Pero, para evaluar el papel que en términos del desarrollo ha jugado la verticalidad, se requiere de un estudio diacrónico, con una profundidad temporal accesible solamente a la arqueología. Desafortunadamente, muy poca investigación arqueológica se ha realizado aún sobre este problema. Como Langebaek (1990b:145) dice, "no conozco un solo informe arqueológico que en vez de asumir, corrobore la `microverticalidad' entre los Muisca o entre los grupos de la Sierra Nevada de Santa Marta." Las economías verticales documentadas etnohistóricamente para los Andes septentrionales son, en realidad, los puntos finales de largas secuencias de desarrollo aún desconocidas. Con la información con que se cuenta hoy día, no podemos determinar si la verticalidad es un desarrollo tardío, añadido a una organización política de antemano compleja o si ésta jugó un papel central en los orígenes de aquellos patrones de complejidad. La región del Alto Magdalena en el sur de Colombia nos proporciona una oportunidad para investigar el papel que jugó la verticalidad en los inicios del desarrollo de una sociedad compleja en los Andes septentrionales.

El Valle de la Plata

La región del Alto Magdalena se ha reconocido desde tiempo atrás como portadora de jerarquía social y centralización política durante el período Clásico Regional (1 DC– 900 DC). El Proyecto Arqueológico Valle de la Plata ha buscado documentar el patrón regional asociado con el desarrollo de estas sociedades en un sector del Alto Magdalena (Drennan 1985; Drennan et al. 1990; Drennan y Quattrin 1995). Varios de los resultados de dicho proyecto se han presentado en volúmenes previos de esta misma serie (Herrera, Drennan y Uribe, eds., 1989; Drennan, Taft y Uribe, eds., 1993; Jaramillo 1996; Blick 1993) y otros futuros volúmenes proporcionarán la evidencia detallada de los patrones de asentamiento.

El dramático rango altitudinal del Valle de la Plata, que va desde 600 a 4.600 m sobre el nivel del mar, produce un impacto tremendo en el carácter de las varias micro-zonas. Además, la topografía de la región se caracteriza por llanuras de ignimbritas, altas y onduladas y por montañas cortadas por quebradas muy profundas (Botero et al. 1989), lo que añade una variación climática significativa entre distancias relativamente cortas. La temperatura media máxima mensual, para las partes

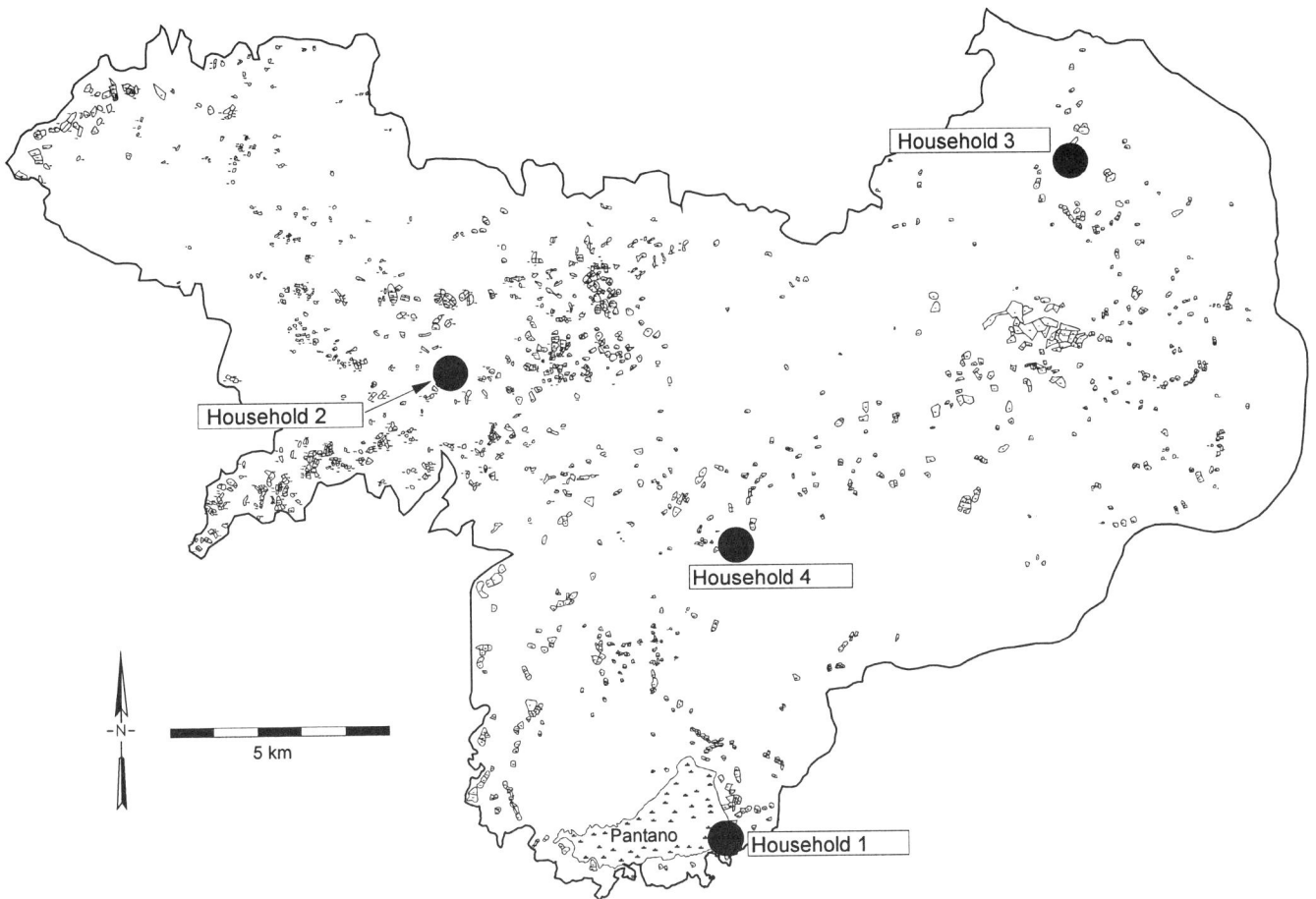

Figure 1.1. Settlement distribution during the Formative Period (1000 BC–AD 1) in the western survey zone of the Valle de la Plata, showing locations of the four households studied in detail.

Figura 1.1. Distribución de asentamientos durante el período Formativo (1000 AC–1 DC) en la zona occidental del Valle de la Plata, mostrando la localización de las cuatro unidades domésticas estudiadas en detalle.

concentration would, in later periods, indicate centralized sociopolitical organization. If a vertical economy was important in the early development of social complexity in the Valle de la Plata, it is during the Formative that evidence for it must be sought. This study concentrates on the middle to upper elevations (1300 to 2600m above sea level) of the Valle de la Plata, where substantial occupation was present throughout the prehistoric sequence. Any vertical economy that may have been operating in the Valle de la Plata during the Formative does not seem to have encompassed zones below 1000m as the large lower elevation areas investigated in the eastern part of the study areas were almost entirely unoccupied during the Formative (Drennan and Quattrin 1995).

Of the three zones of regional survey realized by the Proyecto Arqueológico Valle de la Plata, it is the western area that most strongly provides a picture of increasing population and cultural complexity through time in an area of vertically arranged environmental diversity (Drennan and Quattrin 1995). Specifically, it is a situation of modest but significant

ecological variation in a very compact area. The full range of potential subsistence products falls within less than a day's walk. This is the context within which investigation into the role of a vertical economy in the development of complex social patterns was conducted.

The settlement pattern (Figure 1.1) of the Formative inhabitants of this western zone shows substantial occupation of altitude zones from 1400 to 2400 m. Modern agricultural practices across this range of altitudes within the Valle de la Plata demonstrate the different uses for which these zones are appropriate. In the lower part of this range, coffee is the principal crop grown today. Apart from this cash crop, however, some farmers raise a substantial portion of their own food—mostly maize, yuca, and beans, for which temperature, soil conditions, and precipitation are quite favorable. Present day maize production data lend additional support to this contention. In these lower elevations, using specific hybrids *maiz libreto* or *tibuno*, one hectare produces about 2500 kg of maize in a growing season of three to four months depending on the soil

más altas (2.150 m sobre el nivel del mar) varía entre 20.0°C y 18.4°C mientras que la temperatura media mínima mensual para la misma altitud es 10.7°C a 11.5°C. Para las elevaciones más bajas (980 m sobre el nivel del mar) los rangos de temperatura para las medias máximas y mínimas mensuales son 31.3°C – 28.1°C y 15.2°C – 9.6°C respectivamente (Rangel y Esperanza 1989:16–18).

Este estudio enfoca su atención en el período Formativo (1000 AC – 1 DC)—un período caracterizado por densidades de población relativamente bajas distribuidas sobre un amplio rango de zonas altitudinales. La mayoría de los asentamientos consisten en una o en muy pocas unidades domésticas. Durante este período, hay muy pocas evidencias arqueológicas que indiquen una complejidad social considerable (Drennan 1985; Drennan et al. 1989,1993; Jaramillo 1996). Sin embargo, pequeñas diferencias entre sitios en la presencia de ciertas materias primas tales como obsidiana, pueden indicar el inicio de un acceso diferencial a los recursos, y además los asentamientos ya se estaban congregando en áreas donde una concentración más pronunciada indicaría en períodos posteriores una organización sociopolítica centralizada. Si es que una economía vertical fue importante en el desarrollo temprano de la complejidad social en el Valle de la Plata, es durante el Formativo que se debe buscar la evidencia para ello. Este estudio se concentra en las elevaciones medias y altas (1.300 a 2.600 m sobre el nivel del mar) del Valle de la Plata, donde una ocupación substancial estuvo presente a través de toda la secuencia prehistórica. Cualquiera fuera la economía vertical que funcionara en el Valle de la Plata durante el Formativo, ésta no parece haber incluido zonas por debajo de los 1.000 m sobre el nivel del mar ya que las grandes áreas bajas que se han investigado en la parte occidental del área de estudio estaban casi completamente desocupadas durante el Formativo (Drennan y Quattrin 1995).

De las tres zonas del reconocimiento regional realizado por el Proyecto Arqueológico Valle de la Plata, es el área oriental la que proporciona con más fuerza una situación de crecimiento continuo de la población y de la complejidad cultural en un área de diversidad medioambiental dispuesta verticalmente. (Drennan y Quattrin 1995). Específicamente, esta es una situación de variaciones ecológicas modestas pero significativas, en un área muy compacta. El rango total del potencial de productos de subsistencia cae dentro de menos de un día de camino. Este es el contexto al interior del cual se realizó la investigación sobre el papel que habría jugado una economía vertical en el desarrollo de patrones de complejidad social.

El patrón de asentamiento de los habitantes del Formativo en esta zona oriental (Figura 1.1) muestra una ocupación substancial de zonas altitudinales entre 1.400 y 2.400 m. Las actividades agrícolas modernas a lo largo de este rango de alturas en el Valle de la Plata muestran los diferentes usos que son adecuados para estas zonas. Hoy día, el café es el cultivo principal en las partes más bajas de este rango. Pero aparte de este cultivo de orientación comercial, algunos campesinos producen

una porción apreciable de sus propios alimentos—más que todo maíz, yuca y frijol, para los cuales la temperatura, las condiciones del suelo y la precipitación son muy favorables. La información sobre producción actual de maíz le brinda un apoyo adicional a esta afirmación. En estas elevaciones más bajas y usando específicamente híbridos seleccionados de maíz libreto o tibuno, una hectárea produce cerca de 2.500 kg de maíz en una temporada de crecimiento de tres a cuatro meses, dependiendo en la retención de humedad del suelo (Don Demetrio Ordoñez y Franco Ordoñez, comunicación personal: 1992). Esto les permite a los agricultores producir una o más cosechas por año.

Al subir en altitud por encima de los 1.700 ó 1.800 m sobre el nivel del mar, las condiciones cada vez más frías y húmedas limitan la productividad de maíz, frijol y yuca. Hoy día, ninguno de estos cultivos juegan un papel importante en las actividades económicas de las familias que viven en las elevaciones más altas. El café, como principal cultivo de orientación comercial, es reemplazado aquí por la cría de ganado. La agricultura de subsistencia se concentra aquí en la papa. Sin embargo, mientras que se realizaba el trabajo que aquí se reporta, algunos campesinos hacían los primeros intentos de cultivo de maíz en estas elevaciones más altas. Usando nuevamente variedades híbridas específicamente seleccionadas (maíz blanco), el producto esperado fue de cerca de 2.500 kg/ha, pero en una temporada de crecimiento de unos diez meses (Don Paco Chávarro, comunicación personal: 1992). La información sobre productividad debe mirarse con cautela ya que se basa aquí sólo en las expectativas de Don Paco, en contraste con la larga experiencia de los agricultores de las elevaciones más bajas.

En ninguna de estas zonas los productos de orientación comercial modernos (ganado o café) estaban disponibles para los agricultores prehispánicos. Sin embargo, los cuatro cultivos de subsistencia que se mencionaron sí lo estaban. Más aún, estudios de polen fósil comprueban que éstos fueron utilizados en el Valle de la Plata en tiempos prehispánicos (Drennan et al. 1989:230). Otro cultivo que crece en condiciones frías y húmedas, la quinoa, aparece también entre las plantas cultivadas en el registro del polen prehispánico. Aunque aún no están documentados específicamente para el Valle de la Plata, oca, mashua y mellocos o ullucos son productos potenciales de las partes altas de este rango altitudinal (por ejemplo, el trabajo de Salomon [1986:36-39] en la "ceja" inter-Andina en un medio ambiente similar del norte del Ecuador). El análisis de polen sugiere que el clima durante el Formativo era más frío y húmedo que el presente (Drennan et al. 1989:229; Piñeros 1989). Estas condiciones más frías y húmedas habrían acentuado las diferencias en la productividad potencial que se observan en tiempos modernos a lo largo de este rango de alturas.

De todos los períodos, es en el Formativo que el patrón de asentamiento muestra la más amplia distribución de ocupación a través de la totalidad del rango de alturas de la zona occidental del reconocimiento. Así, el Formativo es el período

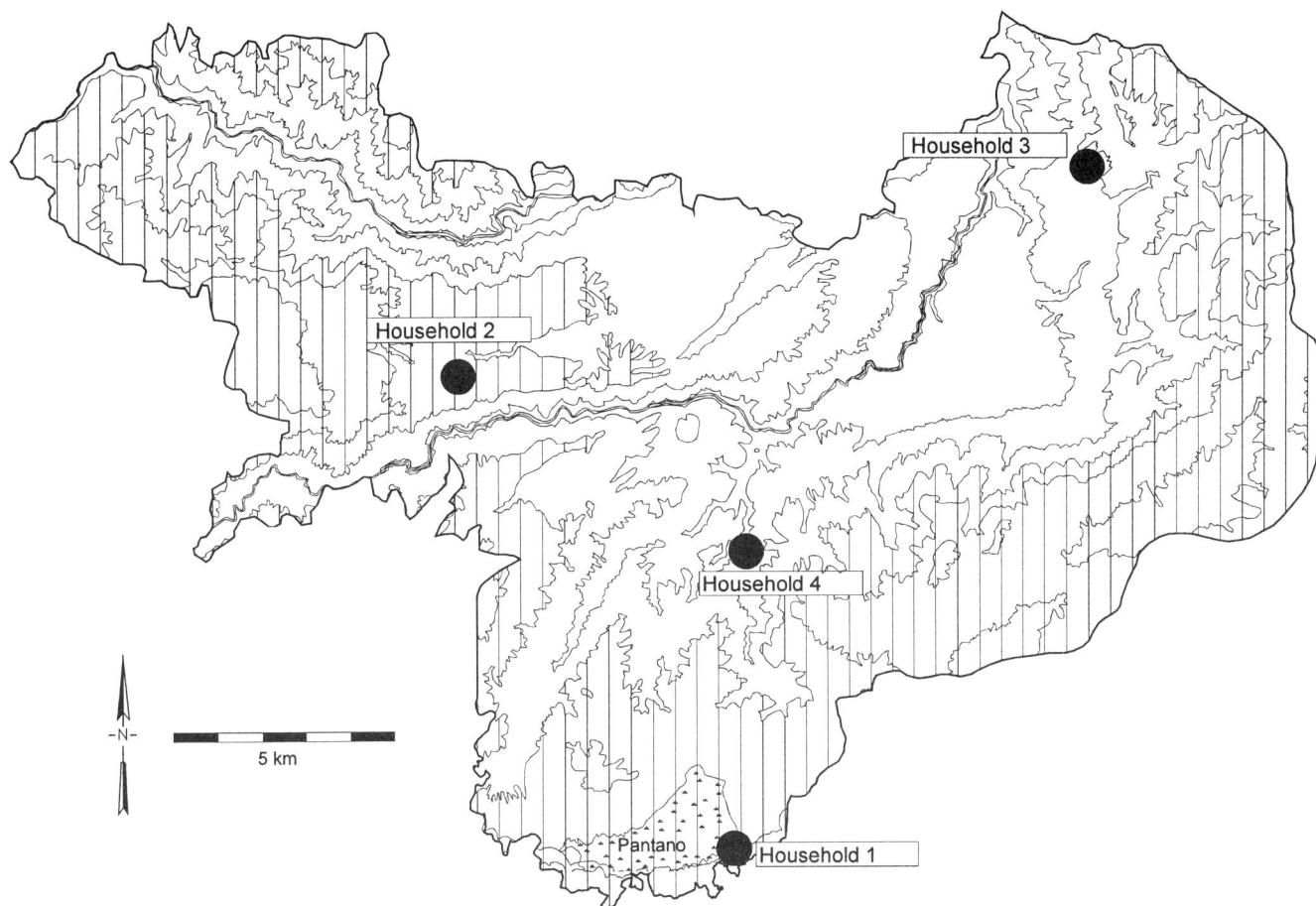

Figure 1.2. Western survey zone in the Valle de la Plata, showing the altitudinal location of the four households studied in detail. (Land above 1800 m is shaded.)

Figura 1.2. La zona occidental del Valle de la Plata, mostrando las localizaciones altitudinales de las cuatro unidades domésticas estudiadas en detalle. (Tierra por encima de 1.800 m está en sombreado.)

moisture retention (Don Demetrio Ordoñez and Franco Ordoñez, personal communication, 1992). This enables the farmers to produce two or more maize crops per year.

As one moves up in altitude beyond 1700 or 1800 m above sea level, colder and wetter conditions increasingly limit the productivity of maize, beans, and yuca. Today, none of these crops play a significant role in the economic activities of the families living in the upper elevations. Instead, the primary cash crop of coffee gives way to cattle raising. Subsistence agriculture focuses on potatoes. However, while the fieldwork reported here was being carried out, some farmers were making initial attempts to cultivate maize in these higher elevations. Once again, using specifically developed maize hybrids (*maiz blanco*), the expectation was of a harvest of about 2500 kg/ha but in a growing season of about ten months (Don Paco Chávarro, personal communication, 1992). Since, in contrast to the long experience of the lower elevation farmers, the upper elevation production data is based more on the expectations of Don Paco, they should be viewed with caution.

In neither of these zones were modern cash producing products (cattle or coffee) available to prehispanic farmers. All four subsistence crops mentioned, however, were available. Moreover, fossil pollen studies document that they were grown in the Valle de la Plata in prehispanic times (Drennan et al. 1989:230). Yet another crop thriving in cold and wet conditions, *quinoa*, appears among the cultivars in the prehispanic pollen record. Although not specifically documented for the Valle de la Plata, *oca*, *mashua*, and *mellocos* or *ullucos* are potential products of the upper part of this altitude range (cf. Salomon's [1986:36–39] work in the environmentally similar inter-Andean "ceja" in nearby northern Ecuador). Pollen analysis suggests that climate during the Formative was cooler and wetter than the present (Drennan et al. 1989:229; Piñeros 1989). These cooler and wetter conditions would accentuate the differences in productive potential that are observed in modern times across this range of elevations.

Of all periods, it is the Formative settlement pattern that shows the broadest spread of occupation through the full alti-

durante el cual es más probable una economía vertical basada en una gran diversidad de actividades de subsistencia. Es por esta razón, como también por la importancia que tiene el evaluar el papel de una economía vertical en las etapas más tempranas del desarrollo de una sociedad compleja (como se discutió anteriormente) que la investigación propuesta enfoca su atención en el Formativo, y especialmente en la parte más temprana de dicho período.

Programa de Investigación

Los estudios etnográficos y etnohistóricos sobre economías verticales han enfocado mucho de su atención en los varios mecanismos por medio de los cuales se distribuyen los diversos productos de subsistencia. Sin embargo, al diseñar investigaciones arqueológicas sobre verticalidad, un problema mucho más fundamental—a veces tan obvio que pareciera trivial en trabajos etnográficos o etnohistóricos—es la documentación de la existencia misma de una economía vertical. El objetivo principal de esta investigación es documentar si es el caso que los patrones de producción y consumo en el Valle de la Plata durante el Formativo revelan la presencia de dicho sistema, económicamente integrado, de producción especializada en diferentes zonas altitudinales. Si este es el caso, futuras investigaciones sobre los mecanismos de distribución estarían entonces justificadas. Si no es así, dichas investigaciones futuras, por supuesto, no tendrían sentido alguno. El objeto de este proyecto de investigación fue el de dar el primer paso: documentar la presencia o ausencia durante el período Formativo en el Valle de la Plata de una integración económica que incluyera una especialización altitudinal de la producción de bienes de subsistencia que fueran luego distribuidos por medio de algún mecanismo que queda por definir, a través de la zona, de manera que éstos estuvieran disponibles a todos los habitantes. Dentro de las limitaciones de tiempo y recursos bajo las cuales opera este proyecto de investigación, sólo fue posible aspirar a documentar los patrones relevantes de producción y consumo. Habría sido indebidamente ambicioso el pretender reconstruir, también, los mecanismos precisos de distribución, fuesen éstos redistribución, intercambio, movimiento a través de las varias zonas altitudinales por parte de las mismas familias que cultivaban los productos en ellas, etc.

También por razones de orden práctico, este estudio se enfoca en la producción para la subsistencia, ignorando la multiplicidad de recursos que adicionalmente puedan haber sido transportados entre zonas altitudinales. Sin embargo, los bienes de subsistencia son el tema tradicionalmente central en las discusiones sobre verticalidad y son la posibilidad más conspicua para el Valle de la Plata. Además, los trabajos recientes en el Valle de la Plata sobre producción cerámica (Taft 1993) y distribución de obsidiana (Hurliman 1993) no han producido ninguna evidencia de especialización artesanal o de control de materias primas en ningún momento durante el período pre-

hispánico. Es por estas razones que esta investigación se enfoca en el aspecto de subsistencia de la economía.

Como se discutió anteriormente, los patrones de producción de subsistencia que se esperarían de una economía vertical en el Valle de la Plata son el cultivo de maíz, yuca y frijol en las elevaciones más bajas, dando gradualmente paso al cultivo de papa, quinoa, y posiblemente oca, mashua y mellocos o ullucos en las elevaciones más altas. Dadas las condiciones medioambientales, junto con la dispersión del asentamiento en todo el rango de alturas durante el Formativo, ciertamente parece probable que existiera dicho patrón de subsistencia. Es importante, sin embargo, documentar esto directamente con evidencias arqueológicas. Este patrón de subsistencia, por sí solo, no constituiría una economía vertical —podría indicar que simplemente hay una diversidad de productos de subsistencia en diferentes condiciones medioambientales. Una economía vertical existe cuando dichos patrones de producción se combinan con mecanismos de distribución que resultan en el consumo del rango total de productos de subsistencia a todo lo largo del área en cuestión. Es muy importante entonces que esta investigación vaya más allá de la documentación de patrones de producción y que documente en forma separada e independiente los patrones de consumo. Si existió una economía vertical en el Valle de la Plata, se habría consumido maíz, yuca, frijol, papa, quinoa, y posiblemente oca, mashua y mellocos o ullucos no sólo en las zonas donde su producción habría sido superior, sino a todo lo largo del área.

Nos proponemos distinguir entre producción y consumo, aprovechando las diversas implicaciones de cada una de las diferentes clases de restos de subsistencia. Para documentar patrones de producción nos basaremos principalmente en el polen fósil porque el polen de todas las plantas cultivadas que se han discutido aparece en la lluvia de polen en las inmediaciones de su cultivo (cf. Pearsall 1989), y, como se anotó antes, ha sido recuperado e identificado exitosamente en muestras de polen recolectadas previamente en el Valle de la Plata. Se recolectaron muestras de polen de sitios excavados a diferentes elevaciones, y toda diferencia observada en las frecuencias de polen de las diferentes especies de plantas cultivadas se tomó como indicación de diferentes patrones de producción a diferentes elevaciones. Las muestras de la lluvia de polen deben mostrar abundancia de polen de las plantas cultivadas específicamente en las inmediaciones del área cultivada, ya que una distribución abundante de este polen nunca cubre distancias muy grandes.

Los macrorestos vegetales carbonizados se considerarán como el indicador principal de patrones de consumo. Por ejemplo, sin importar en donde se cultivara el maíz, la presencia de granos y tusas carbonizados indica con seguridad su consumo en el sitio. La recuperación de macrorestos de plantas carbonizadas de las excavaciones arqueológicas en el Valle de la Plata ha sido altamente exitosa en el pasado. Restos de fitolitos también serán usados como un indicador de los productos de subsistencia consumidos, ya que éstos "representan

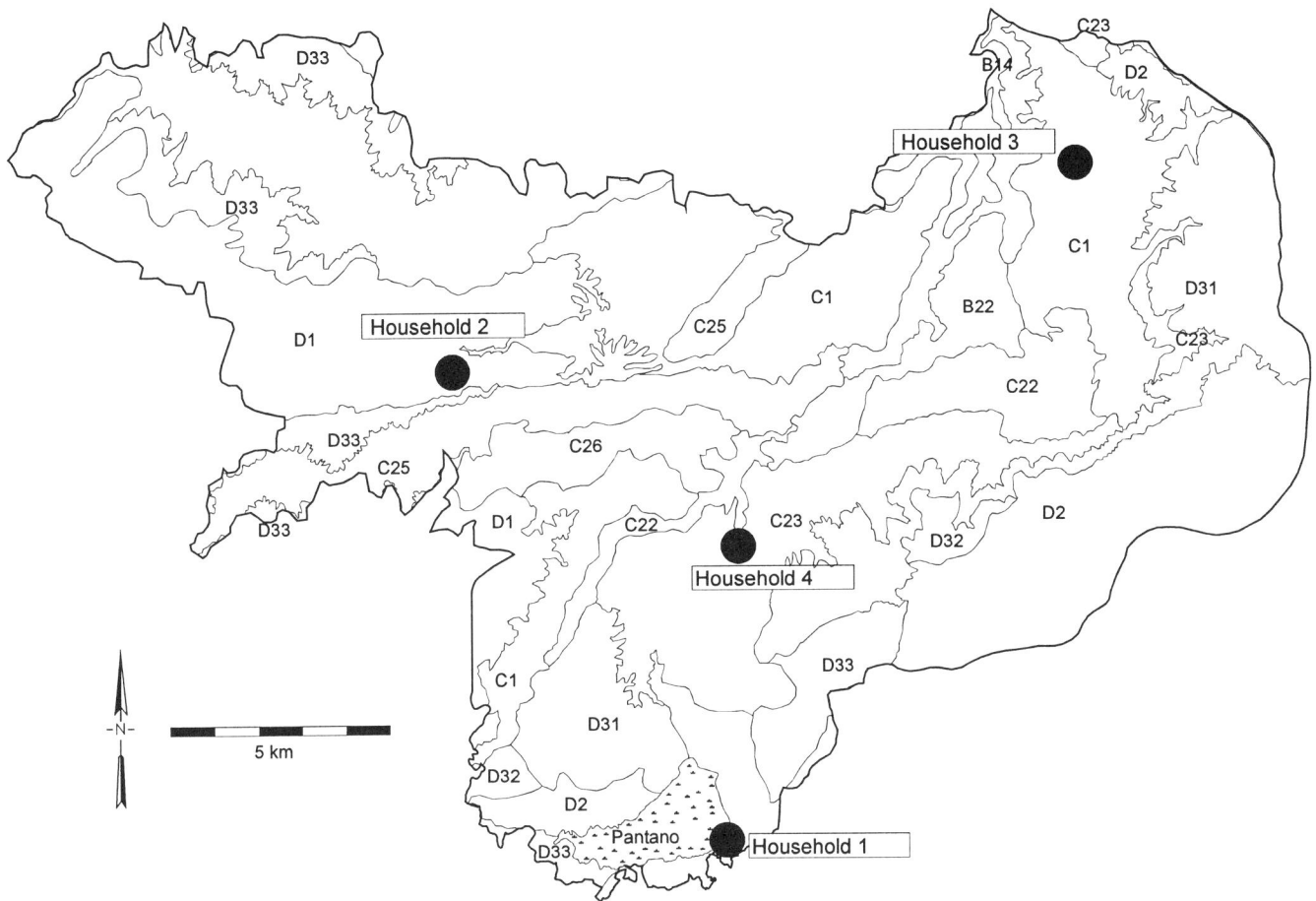

Figure 1.3. Western survey zone in the Valle de la Plata showing soilscapes (Botero et al. 1989) and the four households studied in detail.
Figura 1.3. La zona occidental del Valle de la Plata, mostrando los paisajes de suelos (Botero et al. 1989) y las cuatro unidades domésticas estudiadas en detalle.

tude range of the western survey zone. Thus, the Formative is the period during which a vertical economy, based on a wide diversity of subsistence pursuits, seems most likely to have existed. It is for this reason, along with the importance of evaluating the role of a vertical economy in the earliest stages of the development of a complex society (as discussed above), that the proposed research is focused on the Formative, and especially on the earliest part of the Formative.

Research Program

Ethnographic and ethnohistoric studies of vertical economies have focused much attention on the various mechanisms by which the diverse subsistence products are distributed. In designing archaeological research on verticality, however, a more fundamental issue (usually so obvious as to be trivial in ethnographic or ethnohistoric work) is the documentation of the very existence of a vertical economy. The prime objective of this research is to document whether patterns of production

and consumption in the Valle de la Plata during the Formative reveal the presence of such an economically integrated system of productive specialization in different altitude zones. If they do, then further research on mechanisms of distribution will be warranted. If they do not, such further research would, of course, be pointless. The aim of this research project was to take the first step: to document the presence or absence in the Formative Period of the Valle de la Plata of an economic integration involving altitudinally based specialization of the production of subsistence goods that were then distributed, through some mechanism yet to be defined, throughout the zone so as to be available to all its inhabitants. Within the limitations of time and resources under which this research project operated, it was only possible to aim to document the relevant patterns of production and consumption. It would have been unduly ambitious to claim to reconstruct, as well, the precise mechanisms of distribution, whether through redistribution, trade, movement through the various altitude zones by individual families cultivating crops in each, etc.

una descomposición de las plantas *in situ*, altamente locali-zada " (Piperno 1988:110). Se recolectaron muestras de suelos para flotación y para análisis de fitolitos en sitios excavados a diferentes elevaciones y las diferencias en las frecuencias de restos macrobotánicos y de fitolitos de diferentes especies in-dicarán diferentes patrones de consumo a diferentes elevacio-nes. Aunque el análisis de fitolitos se encuentra en su etapa ini-cial de desarrollo, el uso tanto de análisis de restos macro-botánicos carbonizados como de fitolitos proporcionará dos medios complementarios de determinación de patrones de consumo.

Las diferencias medioambientales en las varias elevaciones habitadas por las gentes del Formativo son un elemento inte-gral en el establecimiento de una economía vertical. Por consi-guiente, el polen y los restos de fitolitos identificados en las muestras de suelos extraídas de contextos arqueológicos en cada unidad doméstica, se tomarán también como indicación de las condiciones medioambientales en los alrededores de di-chas unidades domésticas.

Como es usual en los estudios de subsistencia, los tubércu-los presentan los problemas más difíciles de recuperación e identificación de macrorestos carbonizados así como de fitoli-tos. Sin embargo, la identificación de los patrones en que se enfoca esta investigación no depende totalmente en la identifi-cación de tubérculos. Los cultivos que se facilitan más en este respecto (maíz, frijol, y quinoa) son parte de las plantas ya do-cumentadas que cubren el rango de altitud aquí considerado. Experiencias anteriores en el Valle de la Plata demuestran que se pueden esperar con confianza macrorestos carbonizados de estas especies y el análisis complementario de fitolitos mejora las posibilidades de documentar incluso los tubérculos (cf. Pearsall 1989).

Si los patrones de producción de subsistencia son, como el modelo de verticalidad predice, marcadamente diferentes a di-ferentes elevaciones, entonces diferencias marcadas en los pa-trones de consumo a diferentes elevaciones implicarán la au-sencia de los mecanismos de distribución que conforman una economía vertical. Sin embargo, fuertes semejanzas en los pa-trones de consumo de todas las elevaciones, junto con diferen-cias considerables en la producción de subsistencia a diferen-tes elevaciones, revelarán la existencia de uno o más de los variados mecanismos de distribución que se han sugerido para las economías verticales.

Si una economía vertical no estaba presente en el período Formativo, entonces es claro que la verticalidad no era impor-tante en esta etapa temprana del desarrollo de las sociedades complejas en el Valle de la Plata. Si, por el contrario, una eco-nomía vertical estaba presente durante el Formativo, entonces ésta puede haber sido importante en el desarrollo de las socie-dades complejas en el Valle de la Plata, y así, se justificarían investigaciones adicionales sobre los mecanismos por medio de los cuales aquella se organizaba, así como también para evaluar su importancia en este desarrollo.

Trabajo de Campo

Proporcionar la documentación que lo anterior demanda requiere muestras de restos de subsistencia de sitios localiza-dos a todo lo largo del rango de elevaciones discutidas. Para esto se realizaron excavaciones de áreas modestas en cada uno de cuatro sitios a diferentes elevaciones. Las muestras obteni-das de cada uno de estos sitios son pequeñas, y los restos de subsistencia de cada uno de ellos podrían haberse caracteriza-do con una mayor confianza con muestras más grandes. Sin embargo, dadas las limitantes de tiempo y recursos a disposi-ción, la adquisición de muestras más grandes habría requerido reducir el número de sitios muestreados. Con menos de cuatro sitios, habría sido imposible comparar los restos de subsisten-cia a elevaciones diferentes y los objetivos señalados anterior-mente no se hubieran alcanzado.

La investigación procedió en la manera siguiente. Se estu-diaron las recolecciones superficiales y las notas del reconoci-miento de la zona occidental del reconocimiento regional para el período Formativo. Se identificaron 49 localidades prome-tedoras en cuanto a la recuperación de la información de sub-sistencia que esta investigación requería. Esta determinación se basó en factores tales como cantidad de tiestos del período Formativo, duración y densidad de la ocupación subsecuente indicada por la cerámica, topografía del sitio, altitud, y accesi-bilidad para investigaciones adicionales. Estas 49 localidades fueron identificadas en mapas de distribución de suelos/paisa-jes para dividir los sitios investigados en grupos basados en asociaciones de tipos de suelos. Cada localidad fue investiga-da en mayor detalle con el fin de localizar áreas de actividades domésticas del Formativo, por medio de los siguientes méto-dos:

A. Inspección visual de los sitios para determinar la conve-niencia de investigaciones adicionales.
B. Recolección superficial intensiva en aquellos sitios que ofrecían una adecuada visibilidad.
C. Colocación de pruebas de garlancha (pala) a intervalos sis-temáticos (ca. cada 5 m) en los 25 sitios que no permitieron recolección superficial intensiva.

A continuación de esta investigación inicial, se excavaron 11 sondeos estratigráficos de 1 x 2 m en las áreas que parecían ofrecer las mejores oportunidades para recuperar elementos *in situ* en contextos residenciales. Estos elementos *in situ* (tales como pozos y basureros) eran los contextos más prometedores para la recuperación de muestras representativas de restos de subsistencia. Los sondeos estratigráficos en un total de cuatro sitios en zonas medioambientales de distinta altitud se exten-dieron en excavaciones en área (Figuras 1.2 y 1.3). Las exca-vaciones en área en estos sitios consistieron en sondeos conti-guos de 2 x 2 m (hasta 64 m²) localizados a juicio del arqueólogo en cada sitio en base a la información obtenida de las recolecciones superficiales, pruebas sistemáticas de gar-lancha, y sondeos estratigráficos.

Además de los artefactos cerámicos, líticos y otros, que se trajeron al laboratorio para su conservación y análisis, se ex-

Also for reasons of practicality, this study focuses on subsistence production, ignoring the multitude of additional resources that might have been transported between altitudinal zones. Subsistence goods are, of course, only a part of the economy of a region. They are, however, a traditional primary focus of discussions of verticality and the most conspicuous possibility for the Valle de la Plata. In addition, recent work in the Valle de la Plata on the production of ceramics (Taft 1993) and the distribution of obsidian (Hurliman 1993) have produced no evidence for craft specialization or raw material control at any time during the pre-Columbian period. Thus, this research focuses on the subsistence aspect of the economy.

The patterns of subsistence production that would be expected in a vertical economy in the Valle de la Plata, as discussed above, are cultivation of maize, yuca, and beans in the lower elevations, progressively giving way to cultivation of potatoes, *quinoa,* and possibly *oca, mashua,* and *mellocos* or *ullucos* at higher elevations. Given the environmental conditions, along with settlement spread throughout the altitude range in the Formative, it certainly seems likely that such a pattern of subsistence production did exist. It is nevertheless important to document this with direct archaeological evidence. By itself, however, this production pattern does not constitute a vertical economy—it could simply indicate a diversity of subsistence products in different environmental conditions. A vertical economy exists when such patterns of production are combined with mechanisms of distribution which result in the consumption of the full array of subsistence products throughout the area in question. It is thus critical in this research to go beyond documentation of patterns of production to the separate and independent documentation of patterns of consumption. If a vertical economy existed in the Valle de la Plata, maize, yuca, beans, potatoes, *quinoa,* and possibly *oca, mashua,* and *mellocos or ullucos* would have been consumed not only in the zones where they could best be produced but throughout the area.

It is by exploiting the different specific implications of different kinds of subsistence remains that we propose to distinguish between production and consumption. We will rely most heavily on fossil pollen to document patterns of production because the pollen of all the cultivars we have discussed appears in the pollen rain in the vicinity of their cultivation (cf. Pearsall 1989), and (as noted above) has been successfully recovered and identified in pollen samples collected previously in the Valle de la Plata. Pollen samples were collected from sites excavated at different elevations, and any differences observed in the frequencies of pollen from the different species of cultivars will be taken to indicate different patterns of production at different elevations. Samples of the pollen rain should be rich in pollen of specific cultivars only in the vicinity of the growing plants, since copious airborne distribution of this pollen does not cover great distances.

Carbonized plant macroremains will be considered the principal indicator of patterns of consumption. For example,

no matter where maize was grown, the presence of carbonized kernels and cobs in a site surely indicates its consumption there. Recovery of carbonized plant macroremains from archaeological excavations in the Valle de la Plata has in the past been highly successful. Since they "represent a highly localized, *in situ* decay of plants" (Piperno 1988:110), phytolith remains will also be used as an indicator of subsistence products consumed. Soil samples for flotation and phytolith analysis were collected from sites excavated at different elevations, and differences in the frequencies of macrobotanical and phytolith remains of different species will indicate different patterns of consumption at different elevations. While phytolith analysis is still in an early stage of development, the use of both carbonized macrobotanical remains and phytolith analysis will provide two complementary means of determining consumption patterns.

Environmental differences at the various elevations inhabited by the Formative people are an integral element in the establishment of a vertical economy. Pollen and phytolith remains identified from soil samples taken from archaeological context at each household, therefore, will also be taken as indicative of environmental conditions within the household vicinity.

As usual in subsistence studies, tubers present the most difficult problems for recovery and identification of both carbonized macroremains and phytoliths. Identification of the patterns this research focuses on, however, is not dependent entirely on recognition of tubers. Much easier crops to deal with in this regard (maize, beans, and *quinoa*) are among the already documented prehispanic cultivars that span the range of altitude covered here. Past experience in the Valle de la Plata shows that carbonized macroremains of these species can confidently be expected, and complementary phytolith analysis enhances the possibility of documenting tubers as well (cf. Pearsall 1989).

If patterns of subsistence production are, as the verticality model would predict, sharply different at different elevations, then similar differences in patterns of consumption at different elevations will imply the absence of the mechanisms of distribution which comprise a vertical economy. Strong similarities in patterns of consumption at all elevations, however, together with substantial differences in subsistence production at different elevations, will reveal the existence of one or more of the various mechanisms of distribution that have been suggested for vertical economies.

If a vertical economy was not present in the Formative Period, then verticality was clearly not important at this early stage in the development of complex society in the Valle de la Plata. If, on the other hand, a vertical economy was present during the Formative, then it may have been important in the development of complex society in the Valle de la Plata, and further research is warranted to investigate the mechanisms by which it was organized and to evaluate its developmental importance.

trajeron también de los elementos, muestras de suelos para flotación, para subsecuente procesamiento y análisis. El análisis de la cerámica recuperada hizo posible definir elementos inalterados del Formativo de sitios a diferentes elevaciones. La cerámica fue clasificada de acuer-do a la tipología reportada por Drennan (1993); y todos los tipos descriptivos a los que aquí se hace referencia son tomados de ese reporte. Se recolectaron dieciocho muestras de suelo para análisis de polen y de fitoli-

tos de los cuatro sitios excavados. Aunque el número de muestras por sitio es relativamente bajo, éste fue suficiente para obtener un buen cuadro de los recursos utilizados por la gente del Formativo así como también una manera de evaluar la variabilidad entre sitios. Adicionalmente, se procesaron en el campo numerosas muestras de flotación extraídas en buenos contextos Formativos y estas se usaron en el análisis de los restos botánicos.

Fieldwork

Providing the documentation called for above requires samples of subsistence remains from sites located throughout the range of elevations discussed. Thus, excavation of modest areas was conducted in each of four sites at different elevations. The samples obtained from each of these sites are small, and each site's subsistence remains could be characterized at a higher level of confidence with larger samples. Given the constraints of time and resources available, however, acquiring larger samples would have necessitated reducing the number of sites sampled. With fewer than four sites, it would have been impossible to compare the subsistence remains at different elevations and the objectives outlined above could not have been accomplished.

The research proceeded in the following manner. The surface collections and survey notes from the western zone of regional survey for sites of the Formative Period were studied. Forty-nine promising locations for recovering the subsistence data needed for this investigation were identified. This determination was based on factors such as quantity of sherds from the Formative Period, duration and density of subsequent occupation indicated by the ceramics, topographic location of the site, altitude, and accessibility for further investigation. These 49 locations were identified on soil/landscape distribution maps to divide investigated sites into groups based on soil type associations. Each location was investigated in greater detail in order to locate Formative residential activity areas by the following methods:

A. Visual inspection of the sites to determine suitability for further archaeological investigation.
B. Intensive surface collection of those sites having adequate visibility.

C. Placing shovel tests at systematic intervals (ca. 5 m apart) at the 25 sites not lending themselves to intensive surface collection.

Following this initial investigation, eleven 1 x 2 m stratigraphic test units were excavated in areas that appeared to represent the best opportunity for recovering *in situ* features in residential contexts. These *in situ* features (such as pits and midden deposits) offered the most promising contexts for recovery of good samples of subsistence remains. Stratigraphic test units at a total of four sites from distinct altitudinal environmental zones were expanded to larger-scale excavations (Figures 1.2 and 1.3). The expanded excavations at these sites consisted of contiguous 2 x 2 m units (up to 64 m²) judgmentally placed at each site based on the information obtained from the surface collecting, systematic shovel testing, and stratigraphic test excavations. In addition to ceramics, lithics, and other artifacts which were brought to the laboratory for analysis and curation, flotation and soil samples were taken from features for subsequent processing and analysis. Analysis of the ceramics recovered made it possible to define undisturbed Formative features from sites at different elevations. Ceramics were classified according to the typology reported by Drennan (1993); and all descriptive types referred to here are taken from that report. Eighteen soil samples were collected from the four excavated sites for pollen and phytolith analysis. While the number of samples per site is relatively low, it was sufficient for obtaining a picture of the resources utilized by the Formative people as well as a means of evaluating intrasite variability. In addition, numerous flotation samples were taken from features in good Formative context, processed in the field, and analyzed for botanical remains.

Chapter 2

Household 1 Excavations

General Environmental Context

Household Number 1 corresponds to collection lot LA/08 at site VP447 in the regional survey (Figures 1.2 and 1.3). This household is found at 2250 m above sea level on a long spine of land that extends northward into the Vega de la Ciénaga from a steep mountainside slope (Figure 2.1). On both the east and west sides of the household the spine drops 20 to 30 m into small ravines. South of the household, the spine continues a dramatic increase in elevation until it merges into the mountainside. To the north, the spine widens to form a relatively wide flat area about 50 to 60 m across. To the immediate north of this flat area, the land quickly descends to the elevation of the flatlands surrounding the large swamp which gives its name to "La Ciénaga." The location of this site is part of a very large finca that encompasses the eastern and southern side of the swamp. Presently, the land is used for pasturing dairy cattle and horses.

According to Botero, León, and Moreno (1989:13) Household 1 falls within the "Mantles of Volcanic Ash" landscape designation within the Cold Humid Climatic Province (D2) described as "the high plain and other zones of gentle relief" which "ranges from flat to rolling, with flatter areas predominating." However, the landscape designation of D3 "Mountains and Hills" better describes the specific location in which Household 1 is found. This classification is described (Botero, León, and Moreno 1989:13) as having

> steep slopes, eroded in hard rock, largely of the Saldaña Formation. The soils are of low fertility, very acid, and very rocky. Erosion is severe, and, altogether with the soil characteristics, restricts land use . . . Although the principal modern use of this great landscape is livestock raising, there is some cultivation of potatoes, grains, and cold tolerant fruits such as *mora* and *tomate de árbol*.

This difference between the landscape classification and the actual conditions is best understood as resulting from the imprecise placement of the boundary line between the two classifications as one moves from the plain around the swamp, where it clearly is a D2 landscape, southward into the mountains where conditions more closely resemble a D3 landscape. Whichever of these two specific landscapes is the actual designation, the area in which Household 1 is found appears not to lend itself, climatically nor topographically, to extensive agricultural practices.

While there are no climatological stations near enough to the Vega de la Ciénaga to supply precise data on modern climatic conditions, the setting is not too dissimilar to those found at Hacienda Merenberg. Rangel and Espejo (1989: 27) state that between 1980 and 1985 the mean monthly precipitation at the Merenberg station was the highest recorded for any station within the Valle de la Plata study area at 191 mm. In their description of the "Cold Humid Climatic Province (D)", Botero, León, and Moreno (1989:11) state that "the distinguishing characteristic of this climatic province is an overabundance of water during the entire year."

Excavation

The investigation of Household 1 began with the placement of 13 shovel probes on regular 5 m spacing surrounding the *tambo*, or small residential terrace, found at this location (Figure 2.1). Subsequent analysis of the sherds recovered from the shovel probes indicated that the occupation of this *tambo* was restricted to the Formative Period. Three 1 x 2 m units were placed behind, on the upslope side, and on the downslope side of the *tambo*. Since the ceramics from these test units supported the initial shovel probe results, expanded excavation was undertaken. However, the extent of the large-scale excavation was limited by the rather dramatic slope on the east and west sides. In addition, any expansion to the north was pointless because of modern activities that removed more than a meter of soil.

Household Features

Several features were uncovered during large-scale excavation activities (Figure 2.2). Of primary importance was the presence of a large, thin layer of soil that covered most of the *tambo* (south of the dashed line Figure 2.2). This layer was a mixture of high quantities of charcoal and grayish black soil. Because of the confined extent (vertically and horizontally) of this layer and its association with the *tambo*, it seems likely that its source was the destruction of the dwelling by fire.

The next feature discovered was called Feature 1 (F1 in Figure 2.2), distinguished by dark brown soil with fragments of charcoal in the matrix. When it was finally completely uncovered, it was realized that this was a rather substantial drainage trench across the back of the *tambo*. On the east side, this trench ends where there is a significant increase in the downward slope. To the west, the ditch is still seen in the excavation profile. Probably because of its proximity to the slope, the

Capítulo 2

Excavaciones en la Unidad Doméstica 1

Contexto Medioambiental General

La Unidad Doméstica Número 1 corresponde al lote de recolección LA/08 obtenido del sitio VP447 en el reconocimiento regional (Figuras 1.2 y 1.3). Esta unidad doméstica se encuentra a 2250 m sobre el nivel del mar sobre el filo de una loma alargada que se extiende en dirección norte desde una pendiente pronunciada de la falda de montaña hacia la Vega de la Ciénaga (Figura 2.1). En ambos lados oriental y occidental de la unidad doméstica, el terreno cae 20 ó 30 m hacia pequeñas quebradas. Al sur de la unidad doméstica, la loma sube dramáticamente en elevación hasta unirse con la falda de montaña. Al norte, el filo de la loma se abre para formar un área plana y relativamente amplia, de unos 50 ó 60 m de ancho. Inmediatamente al norte de esta área plana, el terreno desciende rápidamente a la elevación de la planicie que circunda el gran pantano que le da el nombre a "la Ciénaga". El lugar que ocupa el sitio forma parte de una finca muy grande que incluye los sectores occidental y oriental del pantano. Hoy día, este terreno se usa para pastura de ganado de leche y caballos.

De acuerdo con Botero, León, y Moreno (1989:13), la Unidad Doméstica 1 cae dentro del paisaje denominado "Mantos de Ceniza Volcánica" al interior de la Provincia Climática Frío Húmedo (D2) y es descrito como "la altillanura y . . . otros sectores de relieve más suave" que "varía de plano a colinado, predominando áreas con relieve plano". Sin embargo, la denominación D3 del paisaje "Montañas y Colinas" describe mejor el lugar específico donde se encuentra la Unidad Doméstica 1. Esta clasificación es descrita como presentando

> relieves fuertes, labrados en roca dura, donde la Formación Saldaña tiene gran importancia. Los suelos son de baja fertilidad, muy ácidos, y muy pedregosos. Los procesos erosivos son muy activos, que sumados a los otros factores, restringen el uso de la tierra... Aunque el uso principal de este gran paisaje es de ganadería extensiva, también se encuentran algunos cultivos de papa, cereales y frutales de tierra fría (mora, tomate de árbol).

Esta discrepancia entre la clasificación del paisaje y las condiciones reales se entiende mejor como resultado de una localización imprecisa de la línea divisoria entre las dos clasificaciones que encontramos yendo desde la planicie alrededor del pantano, donde se trata claramente de un paisaje D2, hacia las montañas del sur, donde las condiciones se asemejan más al paisaje D3. Cualquiera sea de entre estos dos paisajes la denominación real, el área en la cual se encuentra la Unidad Do-

méstica 1 no parece ofrecer buenas condiciones climáticas o topográficas para actividades agrícolas extensivas.

Aunque no hay estaciones climatológicas lo suficientemente cerca a la Vega de la Ciénaga como para darnos una información precisa sobre las condiciones climáticas modernas, el ambiente no es muy distinto al que se encuentra en la Hacienda Merenberg. Rangel y Espejo (1989:27, 33) anotan que, entre 1980 y 1985, la precipitación promedio mensual en la estación de Merenberg fue de 191 mm, el más alto que se haya registrado en ninguna estación dentro del área de estudio del Valle de la Plata. En su descripción de la "Provincia Climática Frío Húmedo (D)", Botero, León y Moreno (1989:11) dicen que "una característica muy importante de esta unidad es la presencia de exceso de agua durante todo el año."

Excavación

El estudio de la Unidad Doméstica 1 comenzó con la colocación de 13 pruebas de garlancha a intervalos regulares de 5 m rodeando la pequeña terraza residencial, o tambo, que se encuentra en este lugar (Figura 2.1). Posteriormente, el análisis de los tiestos recuperados en las pruebas de garlancha indicaron que la ocupación de este tambo se restringió al período Formativo. Tres sondeos de 1 x 2 m se colocaron en los tres lados por detrás, sobre la inclinación que sube al tambo y sobre la inclinación que baja del tambo. Como la cerámica de estos sondeos concordaba con los resultados iniciales de las pruebas de garlancha, se emprendieron excavaciones en área. Sin embargo, la ampliación de estas excavaciones a una escala mayor fue limitada por la inclinación, más bien dramática, de la pendiente, en los lados oriental y occidental. Además, cualquier extensión hacia el norte carecía de sentido ya que actividades modernas han removido allí más de un metro del suelo.

Elementos de las Unidades Domésticas

Se descubrieron varios elementos durante las actividades de excavación en área (Figura 2.2). De primera importancia fue la presencia de una capa delgada de suelo que cubría buena parte del tambo (al sur de la línea punteada en la Figura 2.2). Esta capa era una mezcla de grandes cantidades de carbón y suelo grisáceo. Debido a lo limitado de esta capa (vertical y horizontalmente) y a su asociación con el tambo, parece probable que su origen fuera la destrucción de la vivienda por acción del fuego.

trench is diminished in depth and extent. Later excavations at Households 3 and 4 (also *tambos*) uncovered similar but less substantial trench features. A ditch of this sort probably functioned to channel water away from the dwelling. Some mechanism to keep the house floor dry would be especially necessary at this location because of the combination of a significant amount of precipitation in this climate and the very steep slope behind the *tambo*.

Feature 2 is a shallow stain observed during excavation. The matrix of this feature was slightly darker than the surrounding soil. However, there was no carbon within the soil nor was any cultural material discovered within it. The function of this stain is unknown. The stain designated as Feature 3 is a small thin layer of charcoal filled soil at 2253.12 m (cf. Figure 2.3—ca. 10 cm below the modern surface). Its similarity in content and depth to the larger carbon and ash layer described above suggests that it is a physically separated part of that layer.

Feature 4 is a rather large, relatively thin (6 cm) stain found at a depth of 7 cm below the modern surface. It is composed of slightly darker soil than the surrounding area with some fragments of charcoal. It differs from the larger charcoal layer in that it does not contain as much charcoal nor is it ashy gray in composition and color. This stain was excavated separately resulting in the recovery of 13 Planaditas Burnished Red sherds. This stain probably defines the northern edge of the dwelling. Feature 5 is morphologically similar to Feature 4 and probably is an extension of that stain.

Below the black charcoal layer, an amorphous area of burned soil was found (H1). This was probably the location of the dwelling hearth. Only five post molds (PM1–5) were defined when seen against the lighter transition layer. Their depth ranged from 11 to 17 cm below the excavation surface (2252.99–2252.80 m—cf. Figure 2.3). Each stain was excavated separately with Post Molds 2 and 3 producing 12 small Planaditas Burnished Red sherds. These post molds do not form any discernible pattern, and thus the exact size and nature of the dwelling structure cannot be determined.

The final feature uncovered at Household 1 is designated Tomb 1. At a depth of 22 cm below the modern surface, a concentration of ceramics was found against the northern unit wall. As excavation of these sherds progressed, it became apparent that they were the remains of a single pot that had collapsed. Slightly deeper, the flared and flattened rim of this inverted pot sat upon the flared and flattened rim of a second complete pot. Both pots are Planaditas Burnished Red. In addition, during excavation around the lower pot in order to remove it as a unit, a large (10 g) obsidian blade was discovered on the southeast side of the pot. This blade is substantially larger than any other obsidian fragment found at the site.

Despite the fact that the lower pot was removed as a unit and the soil within was floated, no additional cultural material (besides associated ceramic fragments) was found. Furthermore, no macrobotanical remains were contained within the

pot. Thus, the purpose of this feature cannot be determined with certainty. One possibility is a secondary burial, even though there are no similar tombs described for the region.

Stratigraphic Context

At Household 1 the cultural deposits extended to no more than 80 cm deep. They were usually about 50 cm deep. The topography surrounding the site would be more likely to cause a slow erosion along both sides of the *tambo* than any substantial deposition upon it.

Five distinct strata are defined for this site (Figure 2.3). The uppermost, Stratum 1, corresponds to the modern vegetation and root level. This stratum extends to a depth of 6 to 10 cm below the surface. Stratum 2 is reddish brown in color which is similar to a mixture of the subsoil and the humus layer. This stratum is probably the result of colluvial wash coming from upslope. Stratum 3 corresponds to the black, charcoal ash layer discussed above. The fact that part of Stratum 2 underlies Stratum 3 indicates that it developed during or immediately after occupation of the dwelling.

Stratum 4 is the occupation level. Unfortunately, no distinct dwelling midden is discernible. The soil of Stratum 4 shows only slight variation of brown from one end of the excavation to the other. Two possibilities would explain the general homogeneity of this level. First, the occupation might not have been long enough for substantial midden accumulation to occur. Second, the continuous and abundant rain that falls on this area could have blurred any differences that had been present at the time of abandonment.

The final level, Stratum 5 corresponds to the transition between Stratum 4 and the sterile subsoil. Three distinct substrata are discernible. Generally, the differences can be attributed to the amount of influence contributed by the occupation level. Substratum 5A has a red color which can be attributed to the volcanic origin of the local soils. Substratum 5B's yellowish red color would have resulted from a combination of the human activities occurring in the stratum above it and the underlying sterile zone. Substratum 5C is light red in color, similar to the sterile subsoil.

Cultural Material Distribution

The cultural material recovered during excavation is almost exclusively ceramic sherds and lithic and obsidian flakes. Using the ceramic classification developed by Drennan (1993), by far the most abundant ceramic type is Planaditas Burnished Red with 1470 sherds or 94.8% of the total sherd count. Lourdes Red Slipped ware represents 3.6% of the total (56 sherds), and 25 sherds (1.6%) are identified as Tachuelo Burnished. Examples of Barranquilla Buff and Guacas Reddish Brown wares were not found at Household 1. Distribution maps were created of sherd densities (number of sherds/m³ of soil) for Strata 1, 3, 4, and 5 (Figures 2.4–2.12). Stratum 2 is not included because it was only discernible in ex-

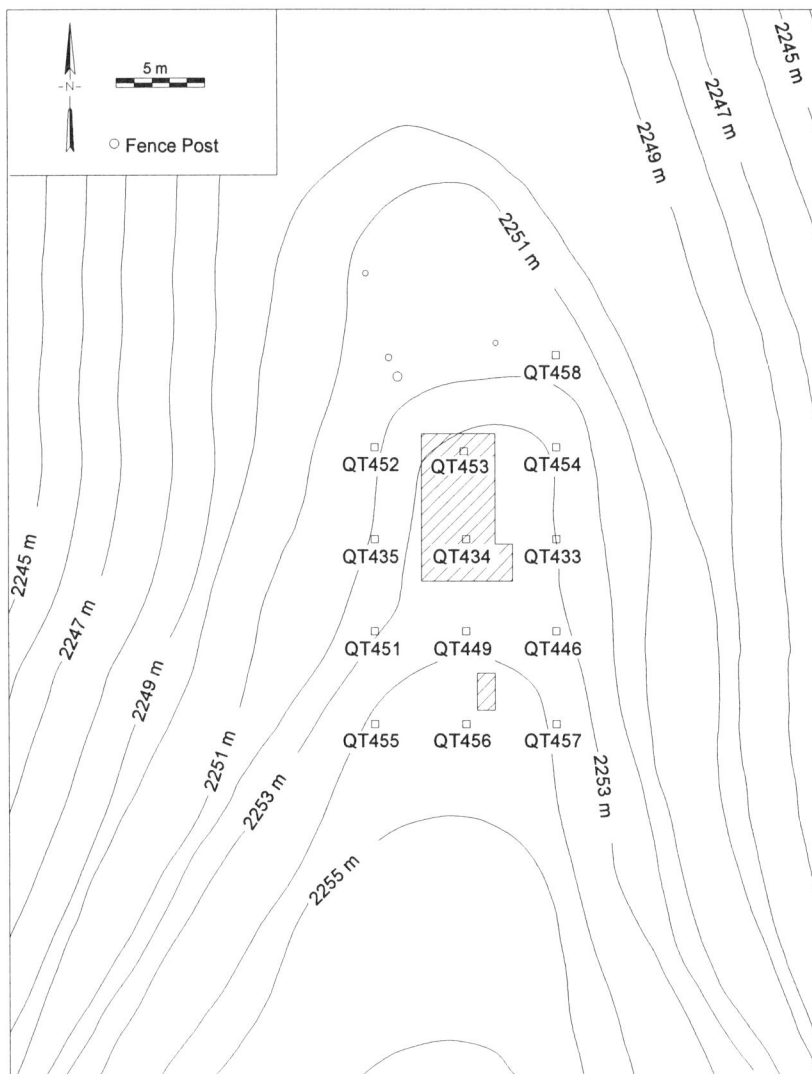

Figure 2.1. Topographic map of the area around Household 1 showing the placement of shovel probes (small squares) and larger-scale excavations conducted later (shading).
Figura 2.1. Mapa topográfico del área alrededor de la Unidad Doméstica 1 mostrando la ubicación de pruebas de garlancha (cuadrados pequeños) y las excavaciones en área realizadas posteriormente (sombreado).

El siguiente elemento que se descubrió fue llamado Elemento 1 (F1 en la Figura 2.2), y se distingue por una matriz de suelo café oscuro con fragmentos de carbón. Cuando se destapó totalmente, resultó claro que se trata de un canal de drenaje bastante grande que atraviesa la parte posterior del tambo. Sobre el lado oriental, este canal termina en donde empieza un descenso significativo de la pendiente. Hacia el occidente, el drenaje es visible aún en el perfil de la excavación. El tamaño del canal disminuye aquí en anchura y profundidad probablemente debido a la proximidad de la pendiente. Excavaciones en las Unidades Domésticas 3 y 4 (que también son tambos) revelaron después elementos de canales similares pero más pequeños. Este tipo de drenajes probablemente servía para canalizar el agua fuera de la vivienda. Un mecanismo para mantener seco el piso de la vivienda sería especialmente útil en este lugar debido a la combinación de la cantidades significativas

de precipitación de este clima y la inclinación de la pendiente detrás del tambo.

El Elemento 2 es una mancha poco profunda que se observó durante la excavación. La matriz de este elemento era ligeramente más oscura que el suelo circundante. Sin embargo, en este suelo no había carbón y tampoco se encontró en él ningún material cultural. Aún se desconoce la función de esta mancha. La mancha denominada Elemento 3 es una capa delgada y de poca extensión, de suelo lleno de carbón, a una elevación de 2253.12 m (cf. Figura 2.3—ca. 10 cm por debajo de la superficie moderna). Su semejanza en contenido y profundidad con la capa de carbón y ceniza de mayor tamaño que se describió antes, sugiere que ésta forma parte de dicha capa mayor pero que está físicamente separada.

El Elemento 4 es una mancha relativamente profunda y extensa que se encuentra a una profundidad de 7 cm por debajo

cavation profile and thus the material could not be accurately separated from the other strata.

Lourdes Red Slipped, the most recent ceramic type found at this household, is seen in low quantities throughout the excavation. The presence of Lourdes sherds (Figure 2.4) only in the southeast corner of Stratum 1 near the recent drainage trench indicates that these are the result of movement down from higher on the hill or from the excavation of the trench. Downhill movement would also explain the single isolated occurrence of Lourdes sherds in Stratum 3 (Figure 2.5).

Stratum 4 (Figure 2.6) shows a Lourdes concentration at the upslope side of the *tambo*. The relatively small number of sherds along with the sharp decline in frequency toward the north suggests one of two possibilities. First, Lourdes sherds were introduced into this stratum as a result of movement downhill from some other location. Second, the inhabitants of Household 1 used (and broke) a small amount of Lourdes ceramics while engaged in some activity at the upslope side of the *tambo*. It is not possible to determine which of these was the case, although the presence of a concentration of Lourdes sherds in the northern part of transition to Stratum 5 (Figure 2.7) would seem to lend support to the second alternative.

The distribution of Planaditas sherds in Stratum 1 (Figure 2.8) is concentrated on the east side of the excavation area. This higher density would have been either within the dwelling area or in the flattened area at the downslope side of the *tambo*, depending on the exact location of the structure. The carbon and gray ashy layer (Stratum 3) contains a significant quantity of Planaditas sherds with a somewhat higher value found to the back of the *tambo* (Figure 2.9). Strata 4 and 5 have very similar distributions (Figures 2.10 and 2.11). The highest densities are found in the northern part of the excavation area. Depending on the placement of the northern wall of the dwelling, these concentrations would fall within the dwelling or in the flattened area just outside the structure.

While the quantity of Tachuelo Burnished sherds is quite small, its distribution shows an interesting correlation with the concentrations of Planaditas sherds. Figure 2.12 shows a Stratum 4 concentration in the same location as seen with Planaditas. This would most likely occur if both ceramic types were being used, broken, and incorporated into the cultural matrix at the same time. In contrast, no such locational conformity occurs in any strata between the Lourdes and Planaditas sherds. Stratum 5 contains a single concentration of sherds in the northwest corner of the excavation (Figure 2.13). Its location near the edge of the topographic spine suggests that this might be the remains of the household discard.

The fact that Household 1 contains only Formative ceramic types clearly places its use during the Formative Period. A predominance of Planaditas Burnished Red sherds indicates that its primary occupation was during the Formative 2 Period (600–300 BC). This conclusion is supported by the fact that all of the sherds from the stains and features are of this same type. Being able to determine exactly when during the Formative 2

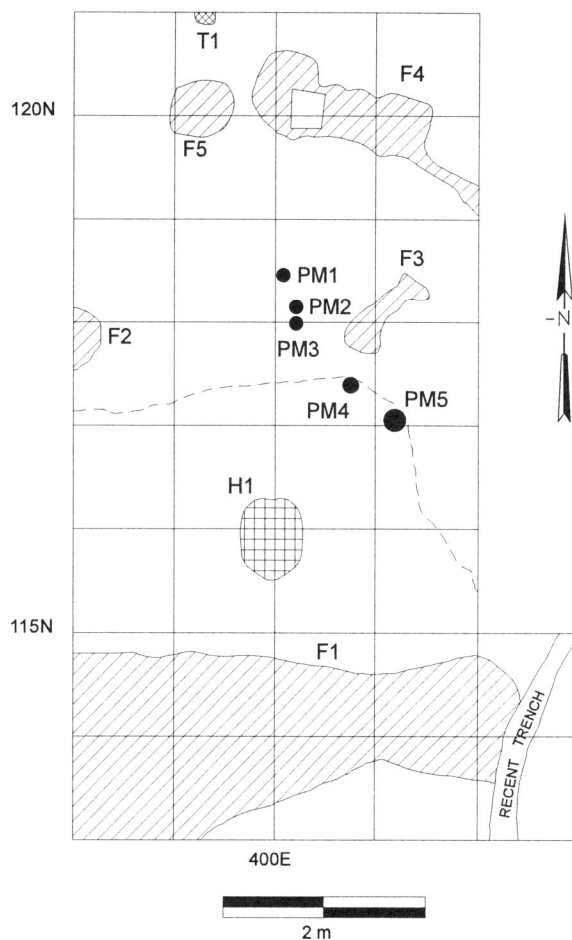

Figure 2.2. Expanded area of Household 1, showing archaeological features. (Black circles are post molds.)
Figura 2.2. La excavación en área en la Unidad Doméstica 1, mostrando elementos arqueológicos. (Los círculos negros son huellas de poste.)

Period is made difficult by the presence of ceramics from both before and after. While the presence of Lourdes sherds in the front (northern edge) of the *tambo* suggests a date closer to the Formative 3 Period, the observed correspondence of Stratum 4 concentrations between Planaditas and Tachuelo is more convincing. It is suggested, therefore, that the Household 1 occupation occurred during the earlier part of the Formative 2 Period.

Pollen Analysis Results

Soil specimens were taken from a variety of contexts in order to achieve a representative sample of the surrounding environment, of the wild species that were utilized by the human inhabitants, and of any cultivation that was undertaken during occupation. Four soil samples were submitted to the Fundación Erigaie for processing, identification, and analysis of pollen remains (Appendix 1). All remnants of plants (i.e., pollen

de la superficie moderna. Se compone de un suelo ligeramente más oscuro que el del área circundante y contiene algunos fragmentos de carbón. Esta se diferencia de la capa grande en que no contiene tanto carbón ni tiene la composición de ceniza ni el color grisáceo. Esta mancha se excavó separadamente lo que resultó en la recuperación de 13 tiestos Planaditas Rojo Pulido. Esta mancha probablemente delimita el borde norte de la vivienda. El Elemento 5 es morfológicamente similar al Elemento 4 y probablemente es sólo una extensión de aquella mancha.

Por debajo de la capa de carbón negro, se encontró un área amorfa de suelo quemado (H1). Esta fue probablemente la ubicación del fogón de la vivienda. Se delimitaron sólo cinco huellas de poste (PM1–5) visibles en el contraste con la capa transicional más clara. Su profundidad varió de 11 a 17 cm por debajo de la superficie de excavación (2252.99–2252.80 m— cf. Figure 2.3). Se excavó cada mancha separadamente y las Huellas de Poste 2 y 3 produjeron 12 pequeños tiestos Planaditas Rojo Pulido. Estas huellas de poste no forman un patrón muy claro, así que la naturaleza exacta de la estructura no se pudo determinar.

El último elemento que se descubrió en la Unidad Doméstica 1 se denomina Tumba 1. A una profundidad de 22 cm por debajo de la superficie moderna se encontró una concentración de cerámica contra la pared norte de la unidad. Al continuar la excavación, se fue descubriendo que éstos eran los restos de una sola vasija que se había desplomado. Un poco más abajo, el borde evertido aplanado de esta vasija invertida, descansaba contra el borde evertido aplanado de una segunda vasija también completa. Ambas vasijas son Planaditas Rojo Pulido. Además, durante la excavación hecha alrededor de la vasija inferior para extraerla completa, se descubrió, sobre el lado suroriental de la vasija, una navaja grande de obsidiana (10 g). Esta navaja es mucho más grande que ningún otro fragmento de obsidiana encontrado en el sitio.

No obstante el hecho de que la vasija inferior se removió completa y que el suelo que contenía se sometió a flotación, no se encontró ningún material cultural (excepto tiestos asociados). Más aún, la vasija no contenía restos macrobotánicos. La función de este elemento, entonces, no se puede determinar con seguridad. Aunque no se han descrito tumbas similares para la región, una posibilidad es la de un entierro secundario.

Contexto Estratigráfico

En la Unidad Doméstica 1 los depósitos culturales no llegaban a más de 80 cm de profundidad. Estos se encontraban normalmente a una profundidad de 50 cm. La topografía que rodea el sitio más probablemente causaría una lenta erosión en ambos lados del tambo que la formación de grandes depósitos sobre el sitio.

Se han definido cinco estratos distintos para este sitio (Figura 2.3). El estrato superior, Estrato 1, corresponde al nivel moderno de raíces y vegetación. Este estrato se extiende hasta profundidades de 6 a 10 cm por debajo de la superficie. El Es-

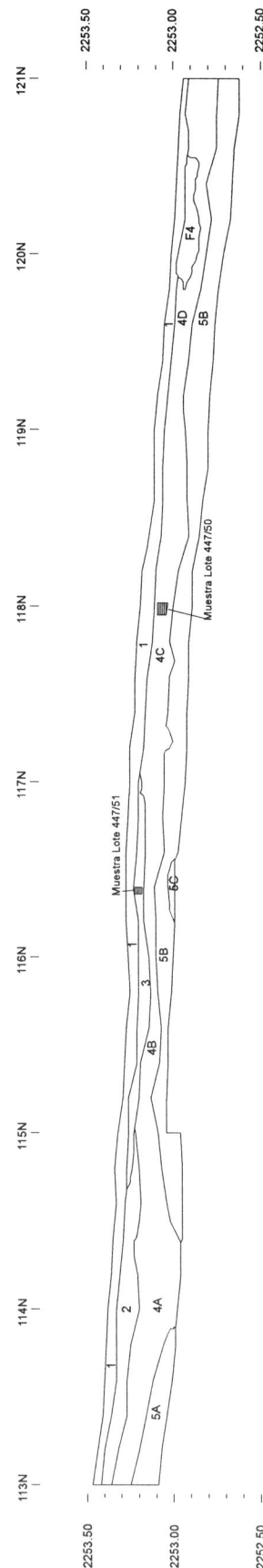

Figure 2.3. Excavation profile of Household 1 along 400E.
Figura 2.3. Perfil de la excavación en la Unidad Doméstica 1 a lo largo de 400E.

and Pterydophyta) were used in the calculations of the percentages in Figure 2.14.

The soil for Lot QT/447/28 comes from the excavation floor of Unit 400E/115N. The sample was taken from Stratum 3 (the carbon filled gray ashy layer) at a depth of about 7 cm below the modern surface. Lot QT/447/50 is soil from the excavation profile within the occupation layer (Stratum 4) of Unit 400E/117N. The material for this sample was taken from a depth of about 15 cm below the modern surface. The third sample, Lot QT/447/58, also comes from Stratum 4. Soil for this sample was taken at a depth of 15 cm below the modern surface from the south wall profile of Unit 399E/119N. The final soil sample is Lot QT/447/82 which comes from the excavation floor of Unit 398E/115N. The material for this sample was taken from Stratum 4 at a depth of 21 cm below the modern surface.

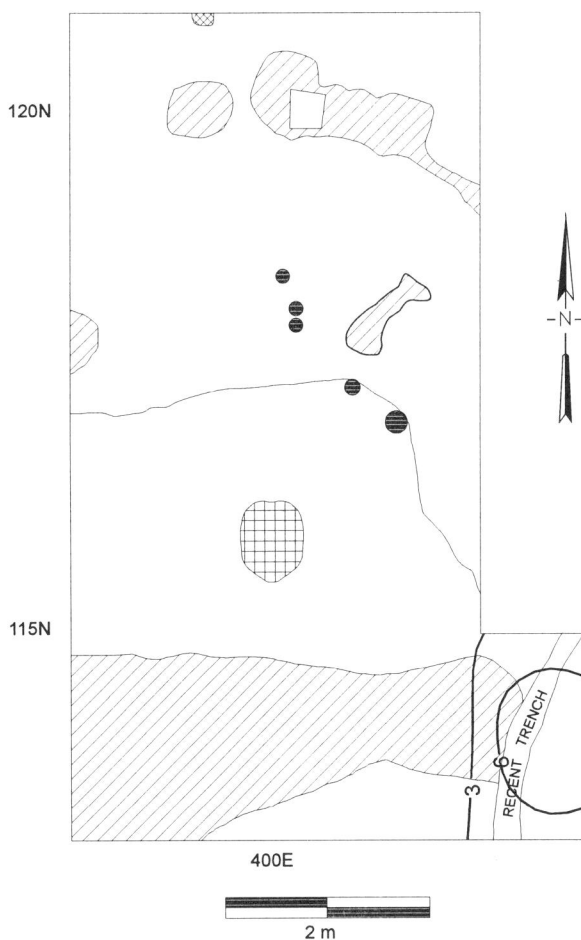

Figure 2.4. Density (per m³) of Lourdes Red Slipped sherds in Stratum 1 of Household 1.
Figura 2.4. Densidad (por m³) de tiestos Lourdes Rojo Engobado en el Estrato 1 de la Unidad Doméstica 1.

All four samples submitted contained sufficient quantities of microscopic plant remains to establish a picture of the local environment of Household 1 (Figure 2.14). Most immediately striking is the number of species representing such a wide range of environmental zones and conditions. Species characteristic of tropical to páramo zones are identified in these samples. However, Andean and Andean/Subandean species predominate. In addition, several species found in the páramo and subpáramo zones are found. The presence of aquatic and swamp species also attest to the high amount of moisture found at the site. In general, the pollen analysis presents a picture of a relatively cool and wet environment. This would seem to argue against the cultivation of warmer climate crops such as maize. While presently some small gardens with maize are found in the area of Household 1, they are very small, slightly lower in elevation, and, according to local inhabitants, quite recent.

The low frequency of maize cultivation during supposedly warmer modern times and the reconstruction of a cool and wet environment during the occupation of Household 1 make it all the more surprising that a pollen grain of *Zea mays* was identified in one of the soil samples (Lot QT/447/50). This single grain is the only evidence of plant cultivation from Household 1. Wild species exploited by the inhabitants might have included knotweed (*Polygonum* sp.) which is identified in Lot QT/447/50. The pollen data, then, suggest that the household garden contained some maize.

Macrobotanical Remains

Eight flotation samples were taken totaling 70.35 liters. The soil came from different archaeological contexts in order to improve the chances of the recovery of food remains. However, since no fire pits or storage pits were found at Household 1 the majority of the samples were taken from within or just below Stratum 3. The intention was to gather soil from locations within the dwelling midden. A total of 1219 seeds were recovered (Appendix 2).

The first sample, Lot QT/447/22, was 15.6 liters of soil removed from the drainage channel (F1) in excavation Unit 400E/113N. This collection was made from the excavation floor of the unit at a depth of 18 cm below the modern surface. One hundred seeds were recovered in this sample. Three seeds have been identified as *Phytolacca rivinoides* or pokeberry. Five others were so fragmentary as to defy identification or did not exhibit any defining characteristics and thus were placed in an unidentifiable category (Group 20). The remaining 92 seeds are all from a single unidentified species, referred to as Type 46.

Lot QT/447/36 comes from Stratum 3 in Unit 400E/115N. A total of 14.15 liters were taken from the excavation floor at a depth of 10 cm below the modern surface. From a total of 147 seeds, 2 seeds are *Phytolacca rivinoides* and 140 are the unidentified Type 46. The remaining 5 seeds are unidentifiable

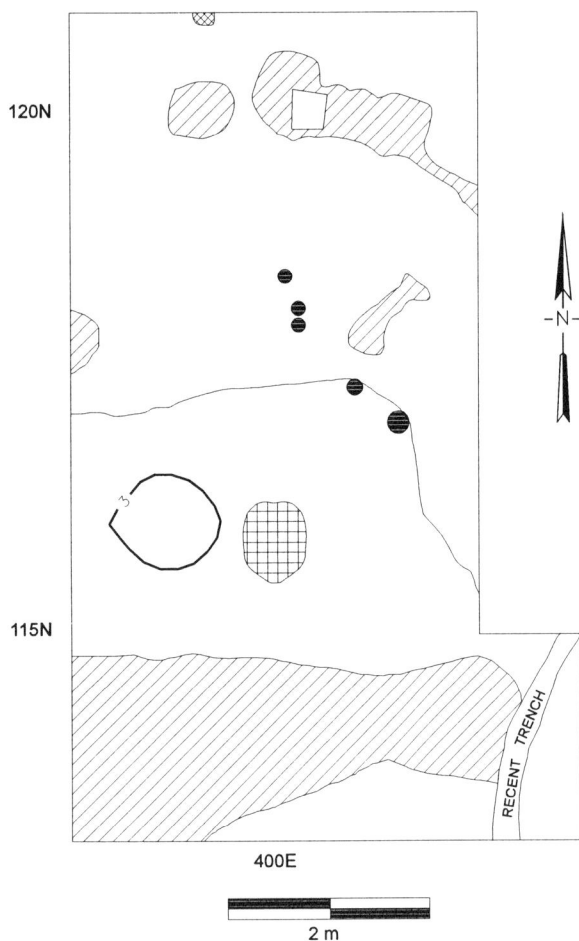

Figure 2.5. Density (per m³) of Lourdes Red Slipped sherds in Stratum 3 of Household 1.
Figura 2.5. Densidad (por m³) de tiestos Lourdes Rojo Engobado en el Estrato 3 de la Unidad Doméstica 1.

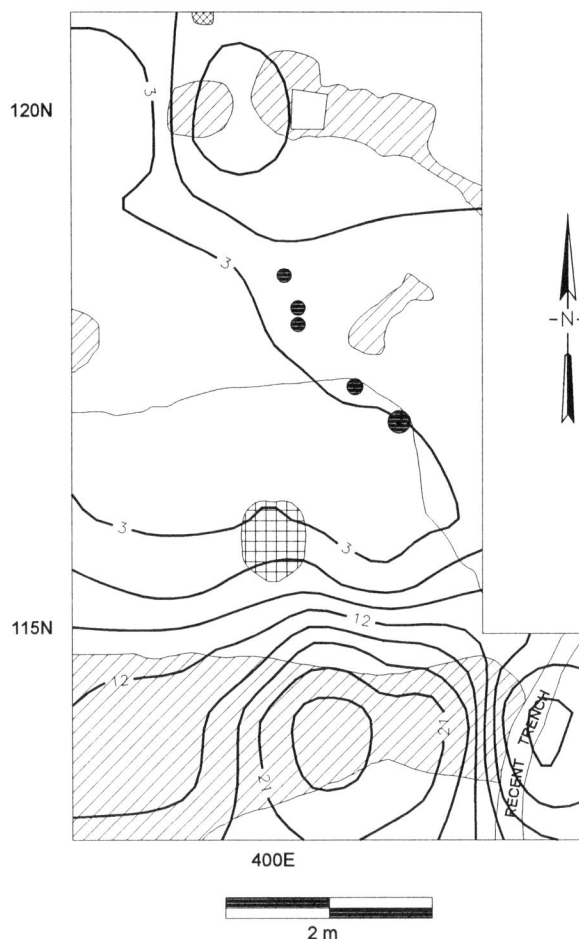

Figura 2.6. Densidad (por m³) de tiestos Lourdes Rojo Engobado en el Estrato 4 de la Unidad Doméstica 1.
Figure 2.6. Density (per m³) of Lourdes Red Slipped sherds in Stratum 4 of Household 1.

trato 2 es de color café-rojizo, y se asemeja a una mezcla del subsuelo con la capa de humus. Este estrato es probablemente el resultado del lavado coluvial que baja de la pendiente. El Estrato 3 corresponde a la capa de carbón ceniza de color negro que se discutió antes. El hecho de que parte del Estrato 2 se encuentra por debajo del Estrato 3 indica que éste se formó durante la ocupación de la vivienda o inmediatamente después.

El Estrato 4 es el nivel de ocupación. Desafortunadamente, no se pudo apreciar claramente ninguna concentración de basura doméstica. El suelo del Estrato 4 muestra sólo pequeñas variaciones en su color café a lo largo de la excavación. Dos posibilidades explicarían la homogeneidad de este nivel. Primero, la ocupación puede no haber sido lo bastante larga como para permitir la formación de acumulaciones de basura. Segundo, la lluvia abundante y continua que cae en esta área puede haber atenuado cualquier diferencia presente en el momento de abandono.

El Estrato 5, el nivel final, corresponde a la transición entre el Estrato 4 y el subsuelo estéril. En él se pueden apreciar tres substratos distintos. En general, las diferencias se pueden atribuir al tamaño de las contribuciones que provienen del nivel de ocupación. El substrato 5A tiene un color rojo que se puede atribuir al origen volcánico de los suelos locales. El color rojo amarillento del substrato 5B resultaría de una combinación de las actividades humanas del estrato superior con el subsuelo inferior estéril. El substrato 5C es de color rojo claro, similar al suelo inferior estéril.

Distribución del Material Cultural

El material cultural recuperado durante la excavaciones es casi exclusivamente tiestos cerámicos y lascas líticas y de obsidiana. Usando la clasificación cerámica desarrollada por Drennan (1993), el tipo más abundante es claramente Planaditas Rojo Pulido con 1470 tiestos ó 94.8% del total de tiestos

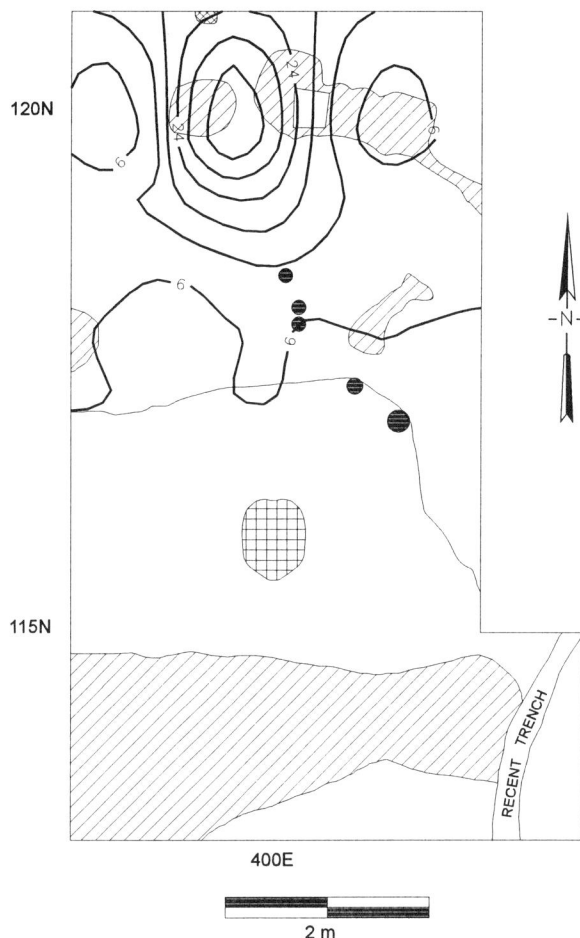

Figure 2.7. Density (per m³) of Lourdes Red Slipped sherds in Stratum 5 of Household 1.
Figura 2.7. Densidad (por m³) de tiestos Lourdes Rojo Engobado en el Estrato 5 de la Unidad Doméstica 1.

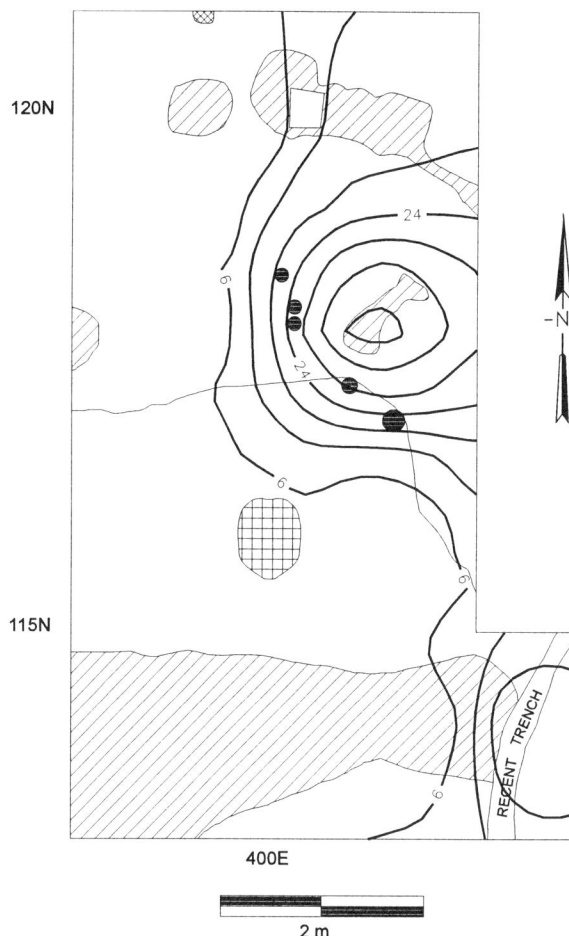

Figura 2.8. Densidad (por m³) de tiestos Planaditas Rojo Pulido en el Estrato 1 de la Unidad Doméstica 1.
Figure 2.8. Density (per m³) of Planaditas Burnished Red sherds in Stratum 1 of Household 1.

(Group 20). The 8.75 liters of soil from Lot QT/447/54 are also from Stratum 3 in Unit 398E/115N. This sample comes from a depth of 8 cm. The vast majority (184) of the 188 seeds from Lot QT/447/54 are placed in Type 46. Two seeds have been identified as *Phytolacca rivinoides*. An additional seed is unidentified (Type 48). The final seed is unidentifiable (Group 20).

The 4.4 l of soil taken from Stratum 4 (Lot QT/447/60) yielded 281 seeds. This flotation sample comes from Unit 401E/113N at a depth of 15 cm below the modern surface. Only two seed types were identified in this sample. Three seeds are assigned to *Phytolacca rivinoides*. The remaining seeds are Type 46.

The soil from Lot QT/447/61 was taken from within the ceramic pot of Tomb 1. Upon completing excavation and removing the vessel, the entire matrix was sealed *in toto* in a plastic bag. When processing of the other samples had begun, the soil was removed from the vessel and immediately processed. A total of 1.75 liters was removed. The intent was to ensure the recovery of any food remains that might have been placed in the vessel. Unfortunately, no macrobotanical material was found in this sample.

Lot QT/447/69 was taken from Stratum 3 at a depth of 8 cm. A total of 276 seeds were recovered. Of these, 261 are Type 46, 4 are *Phytolacca rivinoides*, 2 are from the Rose family (Rosaceae), 5 are the Type 49, and 2 are unidentifiable (Group 20). Interestingly, one seed comes from *Rubus* aff. *glaucus*. This is a variety of wild blackberries utilized by Colombians today (Pérez-Arbeláez 1947:655). While this seed might be a natural intrusion, it is interesting to note that no pollen grains from the genus *Rubus* were identified. This lends support to the contention that the seed was introduced through human activity.

The next flotation sample, Lot QT/447/77, is 13 liters of soil from Feature 2 in Unit 398E/117N. The soil was removed from the feature at a depth of 16 cm below the modern surface.

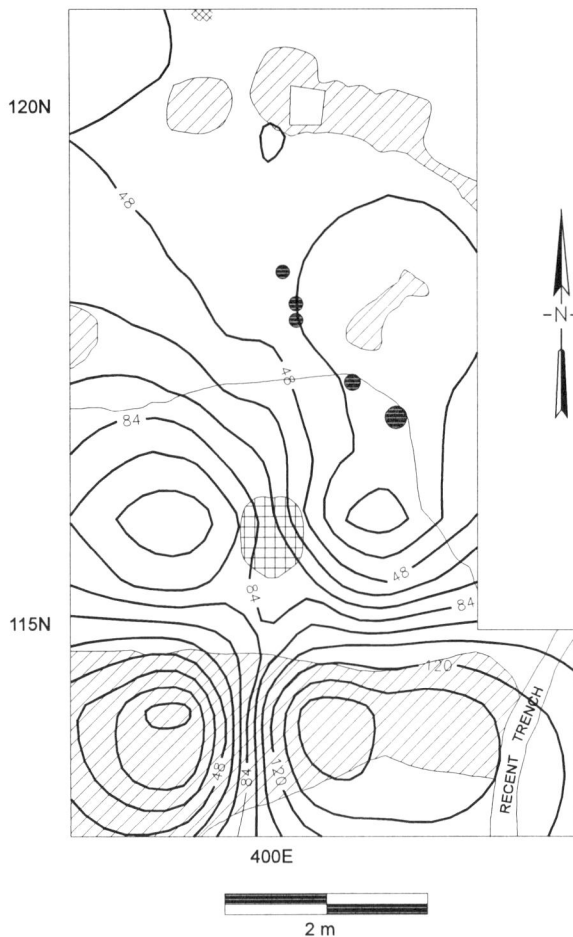

Figure 2.9. Density (per m³) of Planaditas Burnished Red sherds in Stratum 3 of Household 1.

Figura 2.9. Densidad (por m³) de tiestos Planaditas Rojo Pulido en el Estrato 3 de la Unidad Doméstica 1.

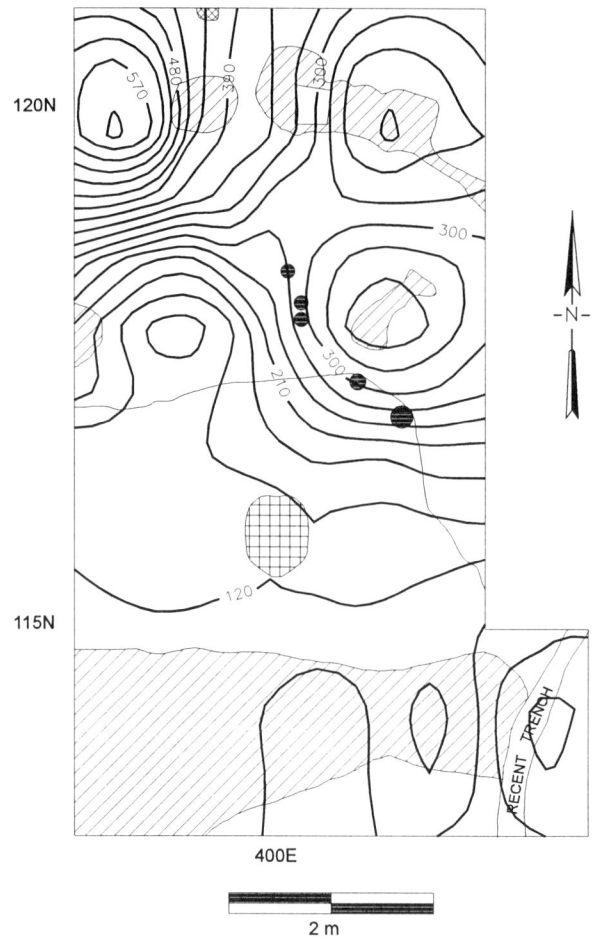

Figure 2.10. Density (per m³) of Planaditas Burnished Red sherds in Stratum 4 of Household 1.

Figura 2.10. Densidad (por m³) de tiestos Planaditas Rojo Pulido en el Estrato 4 de la Unidad Doméstica 1.

contabilizados. El tipo Lourdes Rojo Engobado representa 3.6% del total (56 tiestos) y 25 tiestos (1.6%) se identificaron como Tachuelo Pulido. No se encontraron ejemplares de los tipos Barranquilla Crema o Guacas Café Rojizo en la Unidad Doméstica 1. Se elaboraron mapas de distribución de densidades de tiestos (número de tiestos/m³ de suelo) para los Estratos 1, 3, 4, y 5 (Figuras 2.4–2.12). El Estrato 2 no se incluyó porque ésta era discernible sólo en el perfil de la excavación y por lo tanto, su material no podía separarse con exactitud del de los otros estratos.

El tipo cerámico más reciente encontrado en la excavación, Lourdes Rojo Engobado, se presenta en cantidades bajas a todo lo largo del área excavada. La presencia de tiestos Lourdes (Figura 2.4) únicamente en la esquina suroriental del Estrato 1 junto al canal de drenaje reciente indica que éstos resultaron del rodamiento desde más alto en la loma o de la excavación del canal. El rodamiento explicaría también la presencia aislada de tiestos Lourdes en el Estrato 3 (Figura 2.5).

El Estrato 4 (Figura 2.6) muestra una concentración sobre el lado que sube del tambo hacia la loma. El número relativamente pequeño de tiestos así como también la disminución marcada en su frecuencia hacia el norte sugiere una de dos posibilidades. Primero, que los tiestos Lourdes fueron introducidos en este estrato como resultado del rodamiento desde otro lugar. Segundo, que los habitantes de la Unidad Doméstica 1 usaron (y rompieron) una pequeña cantidad de cerámicas Lourdes mientras realizaban alguna actividad en el lado del tambo que sube hacia la loma. No es posible determinar cual de estos dos es el caso, aunque la presencia de una concentración de tiestos Lourdes en la parte norte en la transición al Estrato 5 (Figura 2.7) le brindaría apoyo a la segunda alternativa.

La distribución de tiestos Planaditas en el Estrato 1 (Figura 2.8) está concentrado en la parte oriental del área de excavación. Esta alta densidad habría estado o bien al interior del área de vivienda o en el área aplanada sobre el lado del tambo que queda bajando la loma, dependiendo en la localización exacta

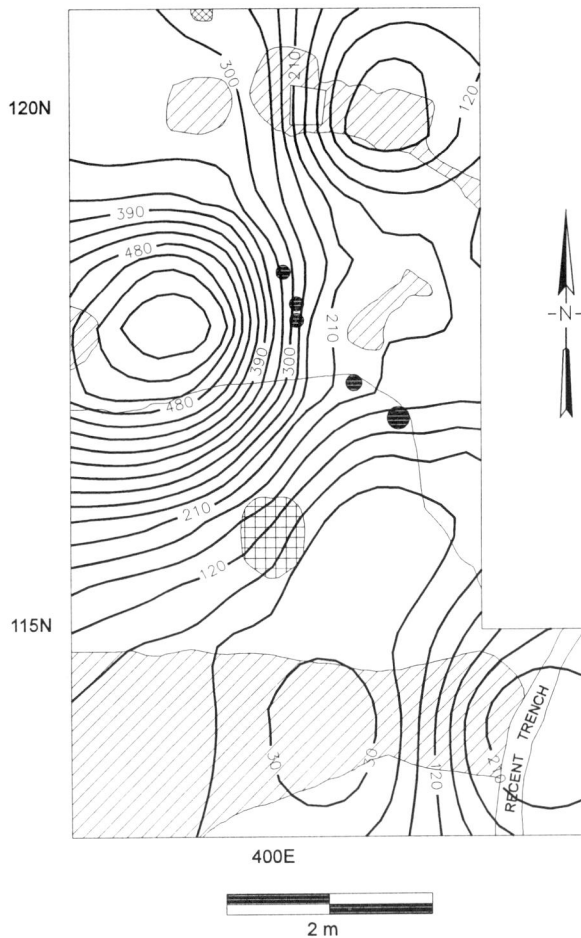

Figure 2.11. Density (per m³) of Planaditas Burnished Red sherds in Stratum 5 of Household 1.
Figura 2.11. Densidad (por m³) de tiestos Planaditas Rojo Pulido en el Estrato 5 de la Unidad Doméstica 1.

Figure 2.12. Density (per m³) of Tachuelo Burnished sherds in Stratum 4 of Household 1.
Figura 2.12. Densidad (por m³) de tiestos Tachuelo Pulido en el Estrato 4 de la Unidad Doméstica 1.

Of the 160 seeds, 155 are Type 46. Two seeds are from Rosaceae. The remaining three seeds are *Rubus* aff. *glaucus.* The presence of this species in an house pit once again adds supports to the idea that this was a wild species exploited by the Household 1 inhabitants.

Lot QT/447/87 yielded 67 seeds. The 5 liters of soil from this lot come from the drainage channel in Unit 401E/113N at a depth of 15 cm. Of the seeds recovered in this sample, 66 are from Type 46. The remaining seed comes from Type 49.

The macrobotanical evidence does not suggest that cultigens were a major component of the plant resources exploited at Household 1. Instead, tentative evidence exists that the foods consumed consisted primarily of wild species, such as pokeberry and blackberry (*Phytolacca rivinoides* and *Rubus glaucus* respectively). The lack of any maize remains appears to correlate with the very low presence of *Zea mays* in the pol-

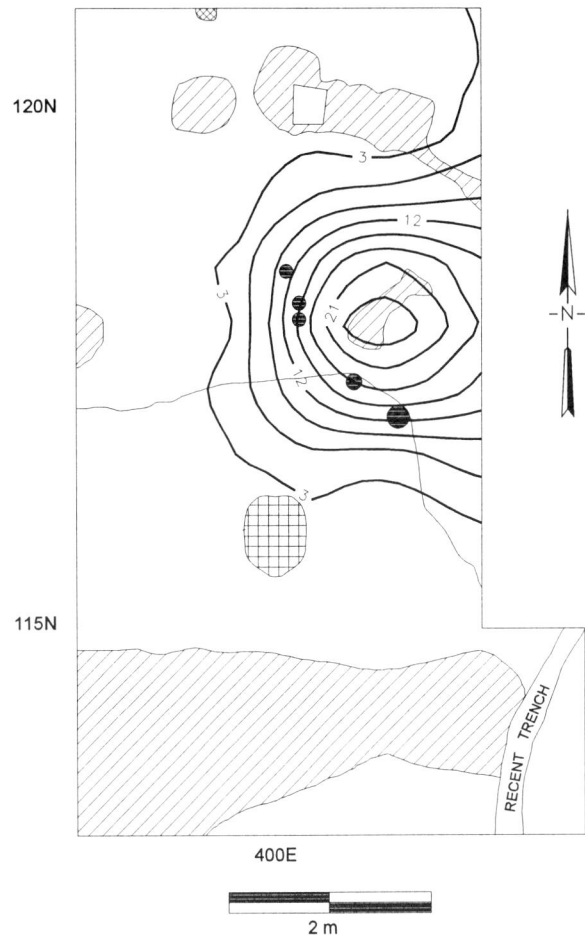

len samples. Maize might have been produced but it appears not to have made a major contribution to the diet.

Phytolith Analysis Results

Four soil samples were submitted to the University of Missouri for processing, analysis, and identification of phytoliths (Appendix 3). Most of the samples submitted were taken from within and around the household midden with the expectation that phytolith remains depostied during domestic activities would be recovered. Lot QT/447/39 is a sample taken from the excavation floor of Stratum 4 at a depth of 15cm. This is from within the *tambo* area about 30cm east of Hearth 1. The second sample, Lot QT/447/58, comes from the south excavation profile of Unit 399E/119N at a depth of 15 cm. Lot QT/447/82 is from Unit 398E/115N at a depth of 21cm below the modern surface. This also places it within Stratum 4 and within the

Figure 2.13. Density (per m³) of Tachuelo Burnished sherds in Stratum 5 of Household 1.
Figura 2.9. Densidad (por m³) de tiestos Tachuelo Pulido en el Estrato 5 de la Unidad Doméstica 1.

de la estructura. La capa de ceniza gris y carbón (Estrato 3) contiene una cantidad considerable de tiestos Planaditas con valores ligeramente mayores detrás del tambo (Figura 2.9). Los Estratos 4 y 5 tienen distribuciones muy similares (Figuras 2.10 y 2.11). Las densidades más altas se encuentran en la parte norte del área de excavación. Dependiendo de la ubicación de la pared norte de la vivienda, estas concentraciones caerían o al interior de la vivienda o en el área plana directamente afuera de la estructura.

Aunque la cantidad de tiestos Tachuelo Pulido es bastante pequeña, su distribución muestra una interesante correlación con las concentraciones de tiestos Planaditas. La Figura 2.12 muestra una concentración del Estrato 4 en el mismo lugar que la observada con tiestos Planaditas. Esto ocurriría con mayor probabilidad si ambas cerámicas fueron usadas, rotas e incorporadas en la matriz cultural al mismo tiempo. En cambio, esa correspondencia en localización no sucede en ningún Estrato entre los tiestos Lourdes y los Planaditas. El Estrato 5 contiene una sola concentración de tiestos en la esquina noroccidental

de la excavación (Figura 2.13). Su localización cercana al borde del filo de la loma sugiere que ésta concentración puede ser los restos del basurero de la unidad doméstica.

El hecho de que la Unidad Doméstica 1 contiene sólo tipos cerámicos del Formativo la coloca claramente durante el período Formativo. La predominancia de tiestos Planaditas Rojo Pulido indica que la ocupación principal ocurrió durante el período Formativo 2 (600–300 AC). Esta conclusión se apoya en el hecho de que todos los tiestos de las manchas y elementos son de este mismo tipo. El determinar exactamente cuando, durante el período Formativo 2, se dificulta por la presencia de cerámicas tanto del período previo como del posterior. Aunque la presencia de tiestos Lourdes al frente (borde norte) del tambo sugiere una fecha cercana al período Formativo 3, la correspondencia que se observa en las concentraciones del Estrato 4 entre los tiestos Planaditas y Tachuelo es más convincente. Se sugiere, entonces, que la ocupación de la Unidad Doméstica 1 ocurrió durante la parte temprana del período Formativo 2.

Resultados del Análisis de Polen

Se tomaron especímenes del suelo de una variedad de contextos para lograr una muestra representativa del medio ambiente circundante, de las especies silvestres que fueron usadas por los habitantes, y de cualquier cultivo emprendido durante la ocupación. Cuatro muestras de suelo se enviaron a la Fundación Erigaie para el procesamiento, la identificación, y el análisis de restos de polen (Apéndice 1). Todos los restos de plantas (i.e., polen y Pterydophyta) se usaron en el cálculo de porcentajes en la Figura 2.14.

El suelo del Lote QT/447/28 proviene del piso de la excavación de la unidad 400E/115N. La muestra se tomó del Estrato 3 (la capa grisácea de ceniza con abundante carbón) a una profundidad de unos 7 cm por debajo de la superficie moderna. El Lote QT/447/50 es del suelo del perfil de la excavación al interior de la capa de ocupación (Estrato 4) de la Unidad 400E/117N. El material para esta muestra se tomó a una profundidad de unos 15 cm por debajo de la superficie moderna. La tercera muestra, Lote QT/447/58, proviene también del Estrato 4, y se tomó del perfil de la pared sur de la Unidad 399E/119N, a unos 15 cm por debajo de la superficie moderna. La muestra final de suelo es el Lote QT/447/82 que proviene del piso de excavación de la Unidad 398E/115N. El material para esta muestra se tomó del Estrato 4 a una profundidad de 21 cm por debajo de la superficie moderna.

Todas las cuatro muestras enviadas contienen cantidades suficientes de restos de plantas para establecer un cuadro del medio ambiente local de la Unidad Doméstica 1 (Figura 2.14). A primera vista, lo más sorprendente es el número de especies que representan una gran variedad de condiciones y zonas medioambientales. En esta muestra se identifican desde especies características de la zona tropical hasta del páramo. Sin embargo, predominan especies Andinas y Andinas/Subandinas.

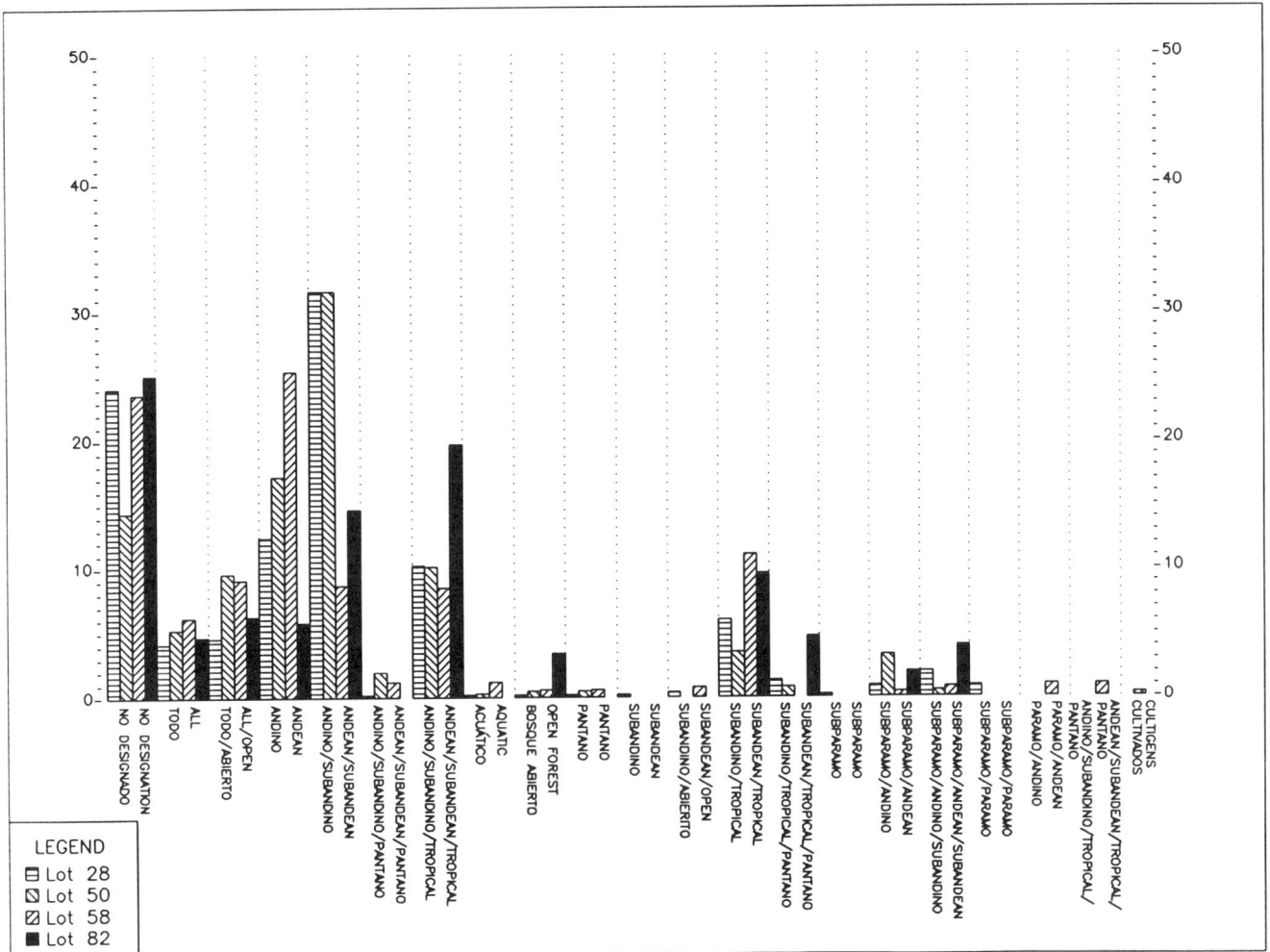

Figure 2.14. Percentages of pollen grains of species representing different environmental zones in each of the four pollen samples from Household 1.
Figura 2.14. Porcentajes de granos de polen de las especies de plantas que representan las diferentes zonas medioambientales para cada una de las cuatro muestras de polen de la Unidad Doméstica 1.

dwelling area. The final soil sample, Lot QT/447/102, was taken from a distinct and confined stratum (4A) in the west excavation profile of Unit 398E/115N. This stratum is dark reddish brown and situated between the carbon gray ashy Stratum 3 and the strong brown soil of Stratum 4. The fact that sherds were protruding from the profile indicates that it is associated with the house occupation. This stratum could correspond to the remnants of a household midden.

The percentages of the identified phytolith types (Figure 2.15) demonstrate a high quantity of grasses (Gramineae). However, grasses are typically over represented in phytolith samples since Gramineae are producers of abundant phytoliths (Pearsall 1994). Despite this fact, it is apparent that the grasses and palms (Aracaceae) make up the majority of the

plant types found in the area. In fact, when the spherical and conical Aracaceae, which represent two different palm subfamilies (Pearsall 1994), are combined, their relative percentages are similar to that of the grasses. The frequencies of phytoliths of the genera indicating a forest environment (e.g., *Celtis*, Folded spheres, and *Tapura*) are either very low or completely absent. In general, the phytolith data reflect a moist, covered environment comprised of grass and palm species.

No certain cultigen phytoliths were identified in any of the four samples from Household 1. However, one medium-sized Cross Variant 1 (short cells with a three- or four-lobed cross on each broad face) phytolith was found in each Lot QT/447/39 and Lot QT/447/58. The Cross Variant 1 is diagnostic of

Además, se encuentran varias especies de las zonas de páramo y subpáramo. Asimismo, la presencia de especies acuáticas y de pantano atestigua las altas cantidades de humedad que se encontraron en el sitio. En general, el análisis de polen presenta el cuadro de un medio ambiente relativamente frío y húmedo. Esto parecería estar en contra del cultivo de plantas de clima más cálido, como el maíz. Aunque en el área de la Unidad Doméstica 1, en la actualidad hay maíz en algunas huertas, éstas son muy pequeñas, están a una elevación ligeramente más baja, y, de acuerdo con los habitantes locales, son bastante recientes.

La baja frecuencia de cultivo de maíz durante un tiempo supuestamente más cálido que el presente y la reconstrucción de un medio ambiente frío y húmedo durante la ocupación de la Unidad Doméstica 1 hacen incluso más sorprendente el hecho de que un grano de polen de *Zea mays* fuera identificado en una de las muestras de suelo (Lote QT/447/50). Este grano es la única evidencia de cultivo de plantas para la Unidad Doméstica 1. Entre las especies silvestres que pueden haber sido utilizadas por los habitantes están el *knotweed* (*Polygonum* sp.) la cual está identificada para el Lote QT/447/50. La información de polen sugiere entonces, solamente, que la huerta de la unidad doméstica contenía cierta cantidad de maíz.

Restos Macrobotánicos

Se tomaron ocho muestras de flotación, que totalizan 70.35 litros. El suelo se tomó de contextos arqueológicos diferentes, para mejorar las probabilidades de recuperar restos de alimentos. Sin embargo, ya que no se encontraron ni fogones ni pozos de almacenamiento en la Unidad Doméstica 1, la mayoría de las muestras se tomaron al interior o justo por debajo del Estrato 3. Se intentaba con esto recuperar suelo de lugares al interior de la vivienda. Se recuperó un total de 1219 semillas (Apéndice 2).

La primera muestra, Lote QT/447/22, eran 15.6 litros de suelo removidos del canal de drenaje (F1) en la unidad de excavación 400E/113N. Esta colección se tomó del suelo de excavación de la unidad a una profundidad de 18 cm por debajo de la superficie moderna. Cien semillas se recuperaron de esta muestra. Tres de ellas han sido identificadas como *Phytolacca rivinoides* o *Pokeweed*. Otras cinco estaban demasiado fragmentadas como para su identificación o no mostraban ninguna característica sobresaliente, así que se colocaron en la categoría de no-identificables (Grupo 20). Las 92 semillas restantes son todas de una sola especie, aun no identificada, a la que se refiere como Tipo 46.

El Lote QT/447/36 proviene del Estrato 3 en la Unidad 400E/115N. Un total de 14.15 litros se tomaron del piso de la excavación a una profundidad de 10 cm por debajo de la superficie moderna. De un total de 147 semillas, 2 son *Phytolacca rivinoides* y 140 son del Tipo 46, aun sin identificación. Las cinco semillas restantes son no-identificables (Grupo 20). Los 8.75 litros de suelo del Lote QT/447/54 provienen también del

Estrato 3 de la unidad 398E/115N. Esta muestra proviene de una profundidad de 8 cm. La gran mayoría (184) de las 188 semillas del Lote QT/447/54 se asignaron al Tipo 46. Dos semillas han sido identificadas como *Phytolacca rivinoides*. Una semilla adicional está por identificar (Tipo 48). Finalmente, la última semilla es no-identificable (Grupo 20).

Los 4.4 litros de suelo tomados del Estrato 4 (Lote QT/447/60) produjeron 281 semillas. Esta muestra de flotación proviene de la Unidad 401E/113N a una profundidad de 15 cm por debajo de la superficie moderna. Unicamente se identificaron dos tipos de semillas en esta muestra. Tres semillas se asignaron al tipo *Phytolacca rivinoides*. Las demás semillas son del Tipo 46.

El suelo del Lote QT/447/61 se tomó del interior de la vasija cerámica de la Tumba 1. Después de completar la excavación y de remover la vasija, se selló la matriz *in toto* en una bolsa plástica. Cuando el procesamiento de las otras muestras ya había comenzado, el suelo se removió de la vasija y se procesó inmediatamente. Se removió un total de 1.75 litres. La intención era asegurar la recuperación de cualquier resto de alimentos que hubiesen sido colocados en la vasija. Desafortunadamente, no se encontró ningún resto macrobotánico en esta muestra.

El lote QT/447/69 fue tomado del Estrato 3 a una profundidad de 8 cm. Se recuperó un total de 276 semillas. De estas, 261 son Tipo 46, 4 son *Phytolacca rivinoides*, 2 son de la familia de la Rosa (Rosaceae), 5 son del Tipo 49, y 2 son no-identificables (Grupo 20). Es de interés el hecho que una semilla pertenece al *Rubus* aff. *glaucus*. Esta es una variedad de mora silvestre utilizada hoy en Colombia (Pérez-Arbeláez 1947:655). Aunque esta semilla puede ser una intrusión natural, es interesante notar que no se identificó ningún grano de polen del genero *Rubus*. Esto le brinda apoyo a la idea de que esta semilla fue introducida por actividades humanas.

La siguiente muestra de flotación, el Lote QT/447/77, son 13 litros de suelo proveniente del Elemento 2 de la Unidad 398E/117N. El suelo se removió del elemento a una profundidad de 16 cm por debajo de la superficie moderna. De las 160 semillas, 155 son del Tipo 46. Dos semillas son de Rosaceae. Las tres semillas restantes son *Rubus* aff. *glaucus*. De nuevo, la presencia de esta especie en un pozo doméstico apoya la idea de que esta es una de las especies silvestres utilizadas por los habitantes de la Unidad Doméstica 1.

El Lote QT/447/87 produjo 67 semillas. Los 5 l de suelo de este lote provienen del canal de drenaje en la Unidad 401E/113N a una profundidad de 15 cm. De las semillas recuperadas en la muestra, 66 son del Tipo 46, y la otra es del Tipo 49.

La evidencia macrobotánica no sugiere que los cultivos formaran el componente principal de los recursos vegetales explotados por la Unidad Doméstica 1. En cambio, existe evidencia tentativa de que los alimentos consumidos consistieron principalmente de especies silvestres, como el *Pokeberry* y una mora silvestre (*Phytolacca rivinoides* y *Rubus glaucus*

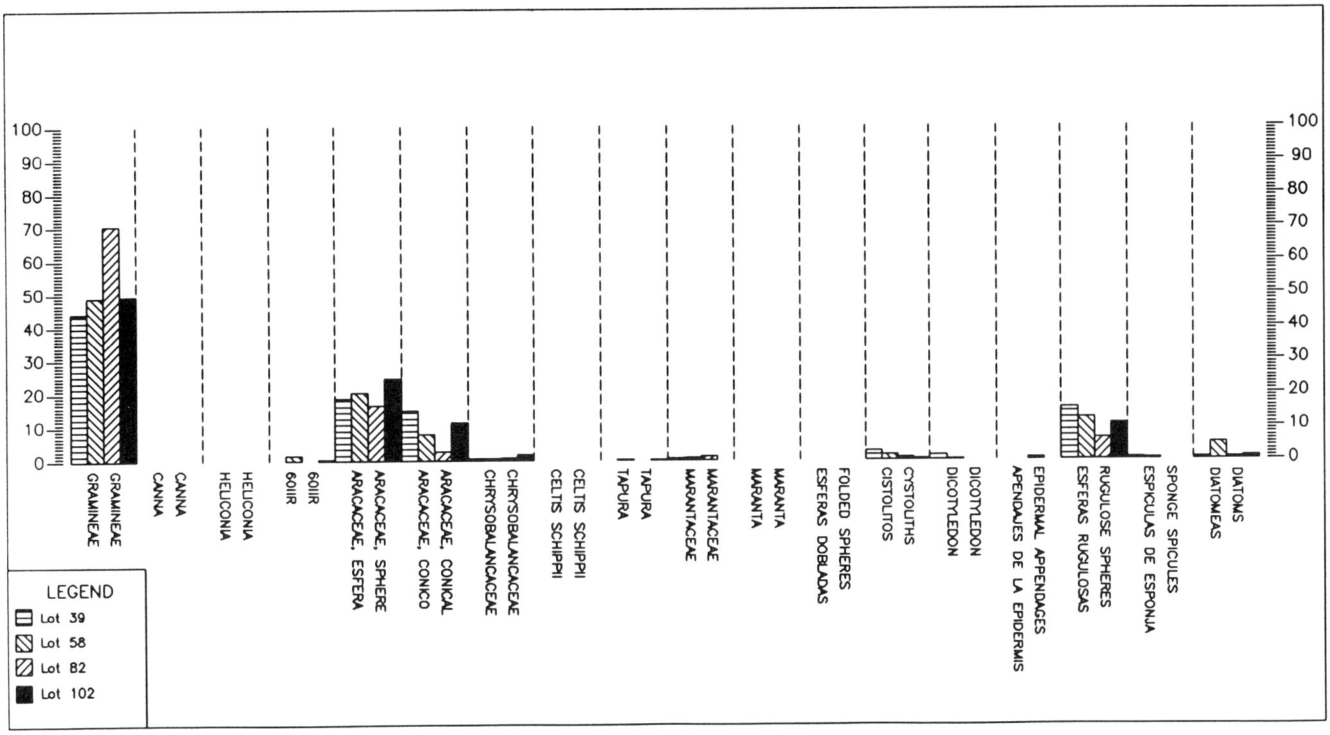

Figure 2.15. Percentages of phytoliths of plant species representing different environmental zones for the four phytolith samples from Household 1.

Figura 2.15. Porcentajes de fitolitos de las especies de plantas que representan las diferentes zonas medioambientales para cada una una de las cuatro muestras de fitolitos de la Unidad Doméstica 1.

maize but usually is large or extra-large in size. Therefore, phytoliths of *Zea mays* may be present at Household 1, but this cannot be established with certainty. One other possible food source indicated by the phytolith data is Marantaceae. Within this family are several species that are exploited for their tubers. However, since the identification of the phytoliths are only to family level, this suggestion is only tentative.

Conclusions

The ceramic data from Household 1 clearly place it within the Formative 2 Period (600–300 BC). One might argue that the occupation of Household 1 lasted from the end of Formative 1 to the beginning of Formative 3. While Tachuelo Burnished, Planaditas Burnished Red, and Lourdes Red Slipped ceramics are found at the site, a distributional correlation between Planaditas and Tachuelo indicate that the occupation of Household 1 occurred during the early part of the Formative 2. The lack of a substantial midden or any substantial subsurface domestic features (the drainage channel aside) indicates that this dwelling was not inhabited for an extended period. In ad-

dition, the presence of Stratum 3 suggests that, at some point, the dwelling was possibly destroyed by fire.

Pollen data indicate that the environment in which the Household 1 inhabitants lived was Andean and Andean/Sub-andean forest with a sizable component of páramo and sub-páramo species. A species regime of this sort would suggest a cold and wet environment. The phytolith data further support this reconstruction and demonstrate that the area contained large quantities of grasses and palms.

Despite the cold and wet environment indicated by the pollen and phytolith data, a single pollen grain of *Zea mays* was identified. This would indicate that maize was being grown in the vicinity of Household 1. However, given the good preservation of pollen seen in all of the soil samples, the presence of a single grain attests to the fact that the cultivation of maize did not constitute a major activity at Household 1. Instead, use of wild species such as *Phytolacca rivinoides* and *Rubus glaucus* seems the primary subsistence strategy for Household 1. In addition, the presence of Marantaceae phytoliths raises the possibility of the use of arrowroot.

respectivamente). La ausencia de restos de maíz muestra una correlación con la muy baja presencia de *Zea mays* en las muestras de polen. Pudo haber producción de maíz, pero éste no parece haber hecho una contribución muy importante a la dieta.

Resultados del Análisis de Fitolitos

Cuatro muestras de suelo fueron enviadas a la Universidad de Missouri para el procesamiento, análisis e identificación de Fitolitos (Apéndice 3). La mayoría de las muestras que se enviaron, se tomaron del interior y alrededor del basurero de la unidad doméstica, esperando con esto recuperar restos de Fitolitos depositados durante actividades domésticas. El Lote QT/447/39 es una muestra tomada del piso de la excavación del Estrato 4 a una profundidad de 15 cm. Este proviene del interior del tambo, unos 30 cm al oriente del Fogón 1. La segunda muestra, Lote QT/447/58, proviene del perfil sur de la unidad 399E/119N a una profundidad de 15 cm. El Lote QT/447/82 viene de la unidad 398/E115N a una profundidad de 21 cm por debajo de la superficie moderna. Esto lo coloca dentro del Estrato 4 y al interior del área de vivienda. La muestra final de suelo, Lote QT/447/102, se tomó de un estrato claramente delimitado (4A) en el perfil occidental de la excavación de la Unidad 398E/115N. Este estrato es color café rojizo oscuro y se sitúa entre el Estrato 3 (ceniza grisácea con carbón) y el suelo color café fuerte del Estrato 4. El hecho de que había tiestos sobresaliendo del perfil indica que éste está asociado a la ocupación de la casa. Este estrato podría corresponder a los restos de un basurero doméstico.

Los porcentajes de los tipos de fitolitos identificados (Figura 2.15) muestran una alta cantidad de pastos (Gramineae). Sin embargo, los pastos están casi siempre sobre-representados en las muestras de fitolitos, ya que éstos producen fitolitos en abundancia (Pearsall 1994). A pesar de este hecho, parece ser el caso que pastos y palmas (Aracaceae) conforman la mayoría de los tipos de plantas que se encontraban en el área. De hecho, al combinar los fitolitos esféricos y cónicos de las Aracaceae, que representan dos sub-familias de palma (Pearsall 1994), su porcentaje relativo se asemeja al de los pastos. Las frecuencias de fitolitos de los géneros que indican un medio ambiente de bosque (e.g., *Celtis*, Esferas dobladas y *Tapura*) son muy bajas o completamente ausentes. En general, la información de fitolitos refleja un medio ambiente húmedo, cubierto por especies de pastos y palmas.

No de identificó ningún fitolito de plantas que fueran con certeza cultivadas en las cuatro muestras de la Unidad Doméstica 1. Sin embargo, una Variante de Cruz 1 (células cortas con

una cruz de 3 ó 4 lóbulos en cada una de sus caras anchas), de tamaño mediano se encontró en cada uno de los lotes QT/447/39 y QT/447/58. La Variante de Cruz 1 es diagnóstica para el maíz pero usualmente es de tamaño grande o muy grande. Por lo tanto, aunque es posible que fitolitos de *Zea mays* estén presentes en la Unidad Doméstica 1, este hecho no se puede establecer con certeza. Otra posible fuente de alimento indicada por los datos de fitolitos es la familia Marantaceae. Al interior de ésta hay varias especies que se explotan por sus tubérculos. Sin embargo, como las identificaciones de fitolitos son sólo al nivel de familias, ésta es sólo una sugerencia tentativa.

Conclusiones

Los datos de la cerámica de la Unidad Doméstica 1 colocan su ocupación en forma clara durante el período Formativo 2 (600–300AC). Se podría conjeturar que la ocupación de la Unidad Doméstica 1 duró desde finales del Formativo 1 hasta el comienzo del Formativo 3. Aunque cerámicas de los tipos Tachuelo Pulido, Planaditas Rojo Pulido, y Lourdes Rojo Engobado se encuentran en el sitio, una correlación de distribución entre Planaditas y Tachuelo indica que la ocupación de la Unidad Doméstica 1 ocurrió durante la parte temprana del Formativo 2. La falta de acumulaciones de basura y de elementos domésticos subterráneos de tamaño considerable (aparte del canal de drenaje), indica que esta vivienda fue ocupada durante un período no muy largo. Además, la presencia del Estrato 3 sugiere que, en un momento dado, la vivienda fue destruída posiblemente por la acción del fuego.

Los datos del polen indican que el medio ambiente en el que vivían los habitantes de la Unidad Doméstica 1 era de bosque Andino/Subandino con un componente grande de especies de páramo y subpáramo. Un régimen de esta clase de especies sugeriría un medio ambiente frío y húmedo. Los datos de fitolitos brindan apoyo adicional a esta reconstrucción y muestran que el área contenía grandes cantidades de pastos y palmas.

No obstante el medio ambiente frío y húmedo indicado por los datos de polen y fitolitos, se identificó un grano de polen de *Zea mays*. Esto puede indicar que en las inmediaciones de la Unidad Doméstica 1 se cultivaba maíz. Pero en lugar de este cultivo, parece que la principal estrategia de subsistencia de la Unidad Doméstica 1 fue el uso de especies silvestres tales como *Phytolacca rivinoides* y *Rubus glaucus*. Además, la presencia de fitolitos de Marantaceae aumenta la posibilidad del uso del *arrowroot* (guapo o sagú).

Chapter 3

Household 2 Excavations

General Environmental Context

Household Number 2 corresponds to collection lots BE/1919 and BE/1920 at site VP2438 in the regional survey (Figures 1.2 and 1.3). The household is located on the west side of a cleared small flat-topped hill at 2100 m above sea level (Figure 3.1). To the west of this flat area is a small southerly pointing extension of Quebrada La Mona that drops 30 to 40 m in elevation below the hilltop. The Quebrada La Mona cuts the landscape several hundred meters to the north of the knoll. To the south, across the modern road that cuts through the southern end of the hill, is the beginning of a 200 m descent to the Río Loro. The topography to the east of the site grades off into rolling hills. Pasturing of dairy cattle is how this land is employed presently.

The climatic province in which this household was situated is designated as the Cold Humid Climatic Province's "Ignimbrite High Plain" (D1) by Botero, León and Moreno (1989:11–13). They describe this classification as

> the continuation of the high plain of the temperate climatic province. It shows the same very old soils, still containing volcanic ash, that result from very slow processes of erosion. Its relief varies from gentle to sharply rolling over a large area of great uniformity... The limitations for human use of this great landscape are cold climate, shallow soils with few nutrients, and steep slopes. Its principal modern uses are extensive grazing of cattle and potato cultivation in fields ridged for drainage.

The site is positioned between, and relatively close to two partial climatological stations that provide accurate modern precipitation data for the area. Hacienda Merenberg at 2350 m above sea level is 4 km to the west. This station has recorded an annual average of 2292 mm and a mean monthly precipitation of 191 mm (Rangel and Espejo 1989:27). Located 4 km east of the site, the Belén station (2000 m above sea level) has recorded an annual average precipitation of 1558 mm with a monthly mean of 130 mm (Rangel and Espejo 1989:25). Both locations have unimodal-biseasonal precipitation regimes with an increase in the contrast between the "wet" and "dry" months and years as one moves from the higher elevation (2350 m above sea level) to the lower (2000 m above sea level). Since Household 2 is located spatially and altitudinally between these two climatological stations, its annual precipitation is probably between 1600 and 2000 mm. In addition, seasonal and yearly variability in rainfall is present but not as dramatic as is seen in the Belén area. Generally speaking, the modern environmental data indicate that Household 2 is located in a cold area with relatively high precipitation but low evapotranspiration, shallow nutrient-poor soils, and steep slopes. If, during the Formative Period, the environmental conditions were similar to those seen at present, plant cultivation would have been a risky activity, and pollen data suggest even worse (cooler and wetter) conditions (Drennan et al. 1989:229).

Excavation

The investigation of Household 2 (VP2438) was initiated by the placement of shovel probes at regular 5 m intervals across the hilltop (Figure 3.1). Two separate areas that produced sherds could be seen. Five shovel probes on the western side of the hilltop produced a total of nine Barranquilla Buff sherds, while seven shovel probes to the east yielded 13 Tachuelo Burnished sherds and almost nothing else.

Household Features

Excavations at Household 2 resulted in the delineation of two sets of post molds and several larger pits (Figure 3.2). The uniformity of the soil color and texture did not allow for the recognition of these features until the lighter subsoil was reached. One set of post molds forms an arc on the west side of the excavation area. The posts were set at relatively uniform distances from one another (approximately 45 cm with a range of 24–60 cm) and probably continued beyond the limits of the excavation. If the radius of the arc continues the full 360°, this structure would enclose an area of about 307 m² with a diameter of 20 m. Since this would be an extraordinarily large house, and the suggested enclosed area drops off some 3 m to the east, it seems unlikely that a roofed structure is indicated. Since the landowner says no fence has been constructed here since the land was cleared in the early 1950s, these post molds might represent a prehistoric stockade, windbreak, or fence that followed the terrain.

The other set of post molds would have enclosed an area of about 11 m² with a diameter of about 3.8 m. These post molds are taken to represent a house. A dwelling of this size would be similar to the habitations uncovered during other excavations in the region (Duque Gómez 1964; Llanos Vargas and Durán de Gómez 1983; Llanos Vargas 1988). While the stains on the southern and western sides were very easily recognizable, it

Capítulo 3

Excavaciones en la Unidad Doméstica 2

Contexto Medioambiental General

La Unidad Doméstica 2 corresponde a los Lotes de recolección BE/1919 y BE/1920 del sitio VP2438 en el reconocimiento regional (Figuras 1.2 y 1.3). La unidad doméstica está ubicada en el lado occidental de una pequeña loma desmontada de cima plana, a 2100 m sobre el nivel del mar (Figura 3.1). Al occidente de esta área plana, fluye hacia el sur una pequeña extensión de la quebrada La Mona, que baja a unos 30 ó 40 m por debajo de la cima. La quebrada La Mona ha cortado el paisaje por varios cientos de metros al norte de este punto. Hacia el sur, pasando la carretera moderna que corta la punta sur de la loma, comienza su descenso de 200 m hasta el Río Loro. La topografía hacia el oriente del sitio se convierte gradualmente en colinas ondulantes. La utilización del terreno es en la actualidad el pastoreo de ganado.

La provincia climática en la cual se ubica esta unidad doméstica se ha designado como la "Altillanura Ignimbrítica" de la Provincia Climática Frío Húmedo (D1) por Botero, León y Moreno (1989:11–13). Ellos describen la clasificación como

> la continuación de la altillanura de clima templado y que presenta suelos viejos, con procesos erosivos lentos y donde la ceniza volcánica permanece en el suelo. Su relieve es de ligero a fuertemente ondulado, de gran uniformidad. . . Los limitantes para el uso humano de este gran paisaje son su clima frío, los suelos superficiales con baja disponibilidad de nutrientes y pendientes pronunciadas. Sus usos modernos principales son pastoreo extensivo en los alfisoles y cultivos de papa en eras, en los suelos derivados de ceniza volcánica.

El sitio está localizado entre dos estaciones climatológicas relativamente cercanas y que proporcionan al menos datos precisos de precipitación para el área. La Hacienda Merenberg está a 4 km al occidente y a 2350 m sobre el nivel del mar. Esta estación ha registrado un promedio multianual de 1558 mm y una precipitación promedio mensual de 191 mm (Rangel y Espejo 1989:27). La estación de Belén (2000 m sobre el nivel del mar), localizada 4 km al oriente del sitio ha registrado un promedio multianual de 2292 mm y una precipitación promedio mensual de 130 mm (Rangel y Espejo 1989:25). Ambas localidades tienen regímenes de precipitación unimodales-biestacionales, con aumentos del contraste entre los meses y años "húmedos" y los "secos" al moverse uno desde las elevaciones altas (2350 m sobre el nivel del mar) hacia las bajas (2000 m sobre el nivel del mar). Como la Unidad Doméstica 2 está localizada a mitad de camino, en altitud y distancia, entre las dos estaciones climatológicas, su precipitación multianual es probablemente entre 1600 y 2000 mm. Además, la variación en precipitación entre años y temporadas está presente aquí, pero no es tan dramática como en el área de Belén. En términos generales, los datos medioambientales modernos indican que la Unidad Doméstica 2 se localiza en una área fría con precipitación relativamente alta pero con baja evapo-transpiración, suelos poco profundos, pobres en nutrientes y pendientes pronunciadas. Si las condiciones medioambientales durante el período Formativo hubieran sido similares a las actuales, el cultivo de plantas habría sido una actividad riesgosa. Los datos de polen ciertamente sugieren aún peores (más frías y húmedas) condiciones (Drennan et al. 1989:229).

Excavación

El estudio de la Unidad Doméstica 2 (VP2438) se inició colocando pruebas de garlancha a intervalos regulares de 5 m cubriendo la cima de la loma (Figura 3.1). Hay dos áreas separadas que produjeron tiestos en cantidades apreciables. Cinco pruebas de garlancha sobre el lado occidental de la cima produjeron un total de nueve tiestos Barranquilla Crema, mientras que siete pruebas de garlancha hacia el oriente produjeron prácticamente nada más que 13 tiestos Tachuelo Pulido.

Elementos de las Unidades Domésticas

Las excavaciones de la Unidad Doméstica 2 resultaron en la localización de dos grupos de huellas de postes y de varios huecos más grandes (Figura 3.2). La uniformidad del color y textura del suelo no permitió identificar estos elementos sino hasta que se llegó al subsuelo, que tiene un color más claro. Un grupo de huellas de poste forma un arco en el lado occidental del área de excavación. Los postes se colocaron dejando distancias relativamente uniformes entre ellos (aproximadamente 45 cm, con un rango de 24-60 cm). Estos probablemente continúan más allá de los límites de la excavación. Si el radio del arco continuara en círculo 360 grados, esta estructura encerraría un área cercana a los 307 m² con un diámetro de 20 m. Como ésta sería una casa demasiado grande, y como el área que encerraría desciende unos 3 m hacia el occidente, parece poco probable que la cerca indique una estructura techada. Como el dueño asegura que no se ha construido ninguna cerca desde que el terreno fue desmontado en los años cincuenta, estas huellas de poste pueden representar una empalizada, un pa-

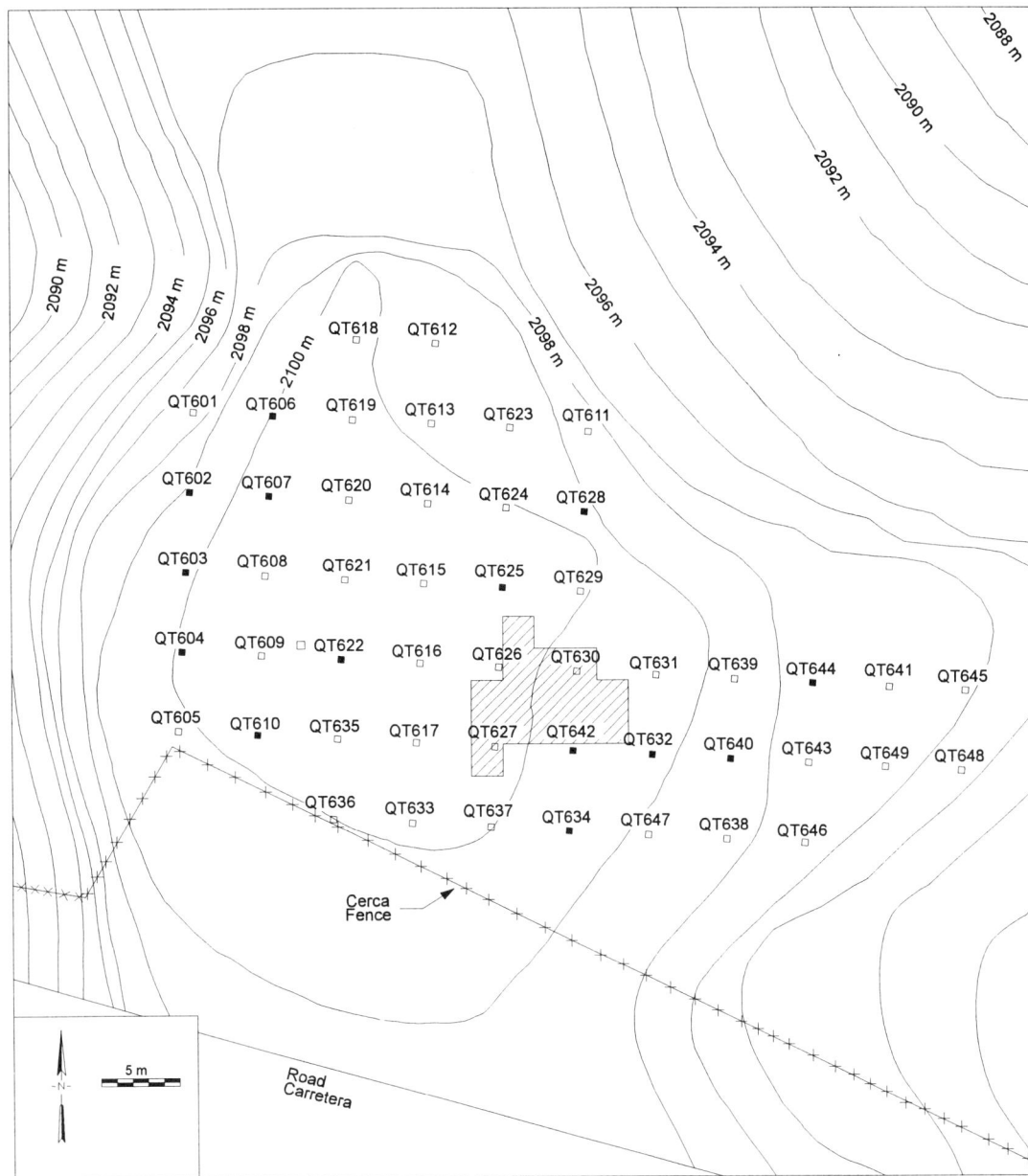

Figure 3.1. Topographic map of the area around Household 2 showing the placement of shovel probes with no sherds (hollow squares), shovel probes that yielded sherds (black squares), and larger-scale excavation conducted later (shading).

Figura 3.1. Mapa topográfico del área alrededor de la Unidad Doméstica 2 mostrando la ubicación de pruebas de garlancha sin tiestos (cuadros vacíos), pruebas de garlancha que produjeron tiestos (cuadrados negros) y las excavaciones en área realizadas posteriormente.

was much more difficult to define those in the northeastern section due to a tremendous amount of old root activity. Thus, while the general pattern of the dwelling was determined, we were unable to recognize all of the post molds.

Seven pits were defined at the site during excavation activities. Pit 1 (P1 in Figure 3.2) is a relatively large (0.28 m²), shallow (4 cm) stain that contained a few sherds and four obsidian flakes. It also contained some small pieces of carbon scattered within the soil matrix. Four of the five sherds are Tachuelo Burnished while the other is Planaditas Burnished Red. This

pit overlay a post mold from the stockade or fence. This would suggest that, if a stockade or fence was constructed, it was removed prior to the abandonment of the dwelling. This was probably a trashpit. Pit 2 is a small (0.1 m²), shallow (10 cm) stain with a small quantity of carbon but no cultural material. As a post mold intrudes into this feature, its use predated the possible stockade or fence. Its function cannot be determined. Pit 3 is a small (0.06 m²; 28 cm diameter), deep (39 cm below subsoil) stain. A single Planaditas Burnished sherd was found in this pit. While this stain is small, its morphology distin-

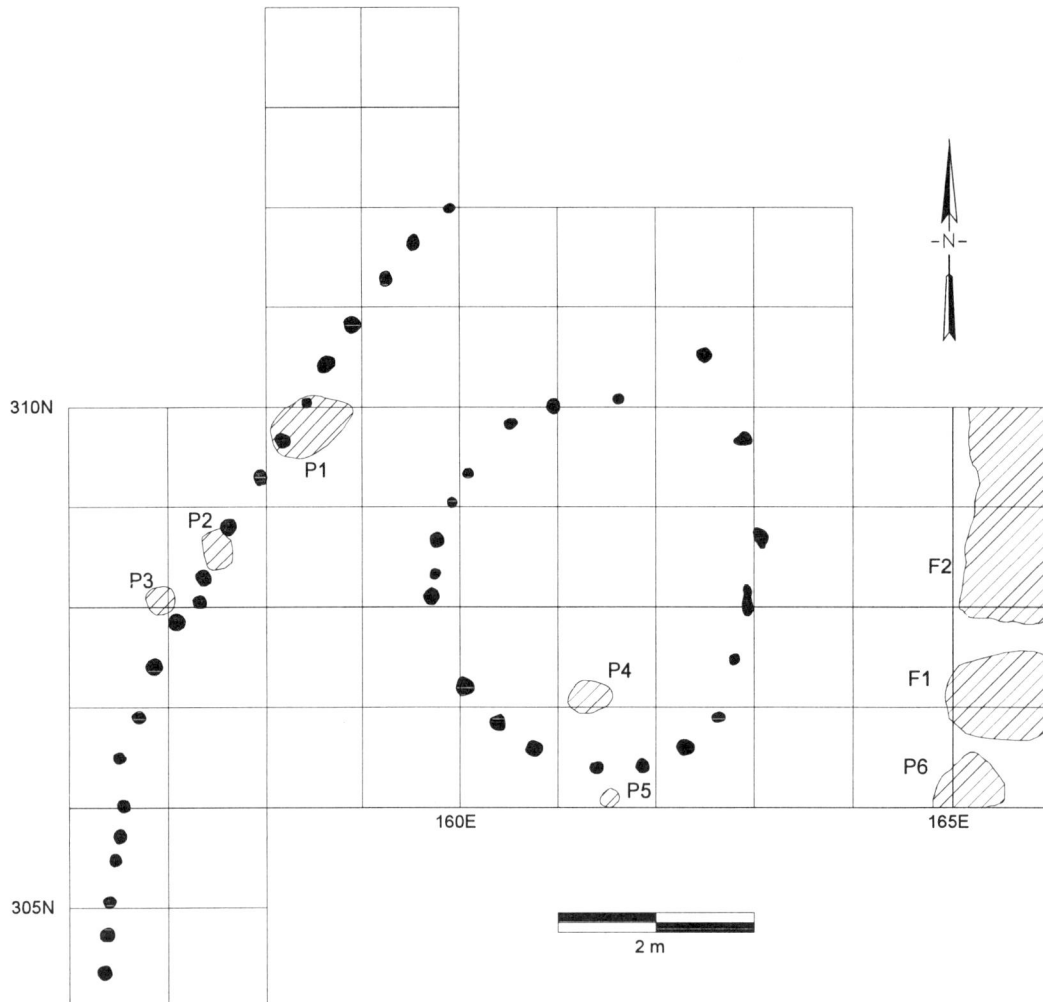

Figura 3.2. La excavación en área en la Unidad Doméstica 2 mostrando elementos arqueológicos. (Los círculos negros son huellas de poste.)
Figure 3.2. Expanded excavation area of Household 2 showing features. (Black circles are post molds.)

ra-vientos o una cerca prehistórica, que simplemente seguía la forma del terreno.

El otro grupo de huellas de poste habría encerrado un área de cerca de 11 m² con un diámetro de cerca de 3.8 m. Estas huellas se usan aquí para representar una casa. Una vivienda de este tamaño sería similar a varias habitaciones encontradas en otras excavaciones en la región (Duque Gómez 1964; Llanos Vargas y Durán de Gómez 1983; Llanos Vargas 1988). Aunque las manchas en los lados sur y occidental se reconocieron con facilidad, fue mucho más difícil definir las manchas del sector noroccidental, debido a la gran cantidad de raíces. Así, aunque se determinó el patrón general de la vivienda, no fue posible ubicar todas sus huellas de poste.

Se definieron siete pozos durante las excavaciones en el sitio. El Pozo 1 (P1 en la Figura 3.2) es una mancha poco profunda y relativamente grande (0.28 m²), que contenía unos pocos tiestos y cuatro lascas de obsidiana. Contenía también algunos

pedazos de carbón dispersos en la matriz del suelo. Cuatro de los cinco tiestos son Tachuelo Pulido mientras que el otro es Planaditas Rojo Pulido. Este pozo cubre una de las huellas de poste de la cerca o empalizada. Esto sugeriría que, si se construyó una cerca o empalizada, ésta se removió antes del abandono de la vivienda. Este pozo probablemente fue usado como basurero. El Pozo 2 es una mancha pequeña (0.1 m²), poco profunda (10 cm) con una pequeña cantidad de carbón pero sin material cultural. Su uso es previo a la posible cerca o empalizada ya que una huella de poste intruye en este elemento. Su función no se puede determinar. El Pozo 3 es una mancha pequeña (0.06 m²; 28 cm de diámetro) y profunda (39 cm por debajo del subsuelo). En este pozo se encontró un solo tiesto, Planaditas Rojo Pulido. Aunque esta mancha es pequeña, su morfología la distingue de las huellas de poste que la rodean. Primero, el diámetro de esta mancha (28 cm) es bastante más grande que el rango de 16–20 cm de las huellas de poste. Se-

guishes it from the surrounding post molds. First, the 28 cm diameter of this stain is significantly larger than the 16–20 cm range found for the post molds. Second, in contrast to an average terminal depth of about 2099.40 m (cf. Figure 3.3) for the surrounding post molds, this pit extends to a depth of 2099.22 m. This feature might have come from the placement of a post, but if so, the post was clearly different from the surrounding, smaller ones.

The most interesting of the pits is Pit 4 which is found within the dwelling perimeter. At the level where this pit was first observed in the light subsoil (at 2099.68 m), it had a diameter of 40 cm (0.1m²). Only 10 cm farther down, it constricts to a diameter of 16 cm (0.02 m²). Below this, it again widens to almost the original diameter. The disturbed soil continues to a depth of 56 cm below where the pit was first observed. Despite the fact that the soil was completely removed, no cultural material was found. However, eight seeds and seed fragments were recovered through flotation. Based on its depth and morphology this pit is most likely a storage pit, possibly for food, associated with the dwelling. Pit 5 is similar to Pit 3 in that it is a relatively small pit (20 cm diameter) which contained no cultural material. Also like Pit 3, this stain extends to a greater depth (2099.32 mm) than the nearby post molds (about 2099.40 m). This pit may also have resulted from the placement of a larger post to serve some other function than as part of the dwelling wall.

Pit 6 corresponds to a dark stain found at a depth of 32 cm below the modern surface (2099.48 m) and continuing 18 cm downward. Its matrix includes a lot of charcoal fragments but no evidence of *in situ* burning. Four Tachuelo Burnished sherds were recovered. This feature probably functioned as a trash pit.

Three features are found at Household 2. The first, F1 in Figure 3.2, is an area of dark compact gray soil in Unit 164E/307N. The soil difference was first observed at 10 cm below the modern surface. Screening of the soil matrix produced five Tachuelo sherds. It had already been disturbed by an earlier shovel probe and its function is unknown. Feature 2 corresponds to an area of artificial fill found at the point where the topography begins to drop to the east. Feature 3 is a thin (5 cm), carbon-filled layer in Unit 160E/308N. This stain was recognized at 10 cm below the modern surface. The origin of this feature is unknown.

Stratigraphic Context

The cultural deposits found at Household 2 do not extend very deep. Excavations reached a maximum of 60 cm below the modern surface, and generally, the sterile subsoil was reached at a little over 40 cm. Probably a lack of any major geologic activity, such as aeolian or colluvial deposition, because of the flatness of the top of the hill, resulted in very little discernible differentiation between the stratigraphic levels. Basically, four horizontal macrostrata are recognized (Figure 3.3). Stratum 1 (Soil Zones 1A, 1B) corresponds to the modern

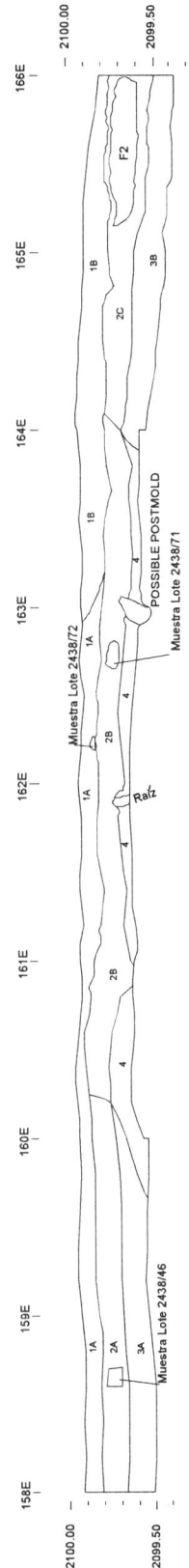

Figure 3.3. Excavation profile of Household 2 along 308N.
Figura 3.3. Perfil de la excavación en la Unidad Doméstica 2 a lo largo de 308N.

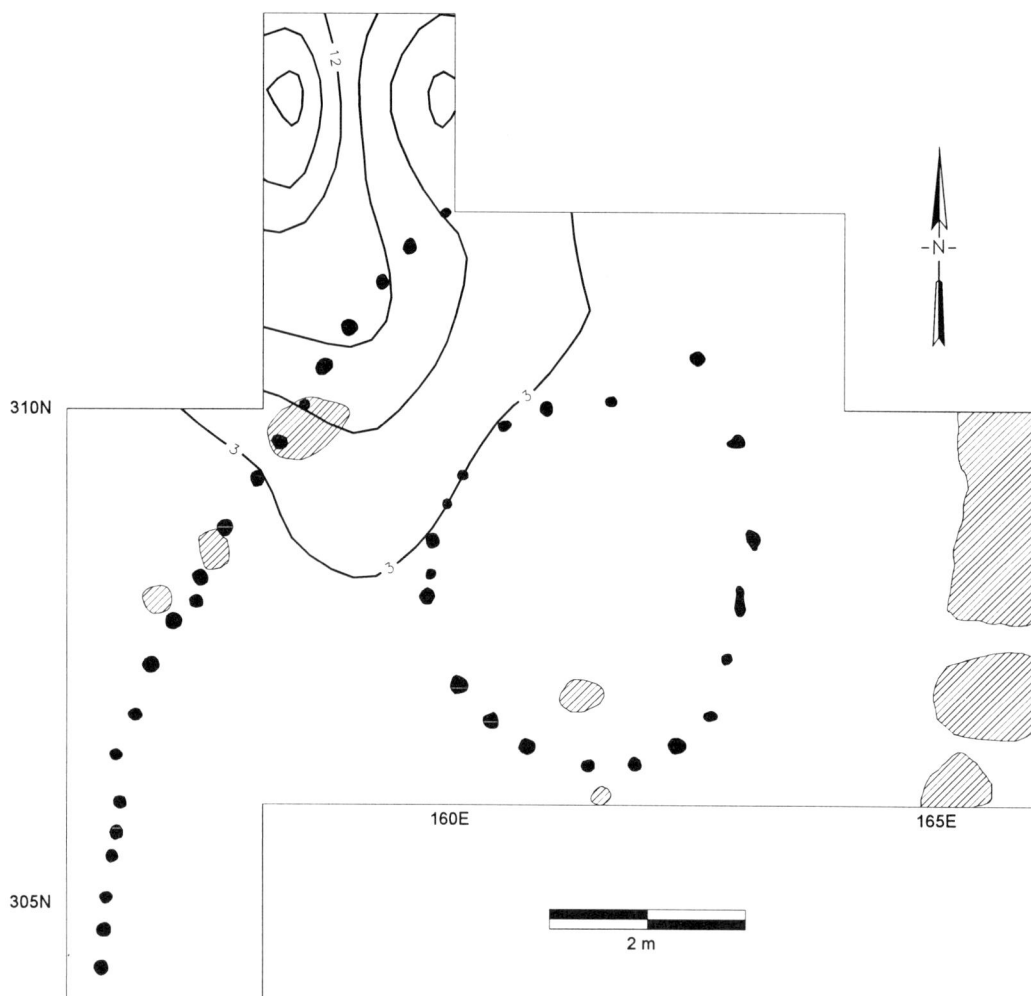

Figura 3.4. Densidad (por m³) de tiestos Barranquilla Crema en el Estrato 1 de la Unidad Doméstica 2.
Figure 3.4. Density (per m³) of Barranquilla Buff sherds from Stratum 1 of Household 2.

gundo, en contraste con un promedio de profundidad de la base cercana a 2099.40 m (cf. Figura 3.3) para las huellas de poste que la rodean, este pozo baja hasta una profundidad de 2099.22 m. Este elemento puede provenir de la colocación de un poste, pero de ser así, el poste era claramente diferente a los postes más pequeños que le rodeaban.

El más interesante de entre los pozos es el Pozo 4, que se encuentra al interior del perímetro de la vivienda. A la altura en donde el pozo empezó a ser visible sobre el subsuelo de color más claro (a 2099.68 m), éste tenía un diámetro de 40 cm (0.1 m²). Solamente 10 cm más abajo, se ve reducido a un diámetro de 16 cm (0.02 m²). Más abajo aún, se amplía otra vez casi hasta su diámetro original. El suelo mezclado continúa hasta una profundidad de 56 cm por debajo de donde el pozo fue observado inicialmente. No obstante el hecho de que el suelo se removió por completo, no se encontró ningún material cultural en él. Sin embargo, ocho semillas completas y frag-

mentos se recuperaron por flotación. En base a su profundidad y morfología este pozo es más probablemente un pozo de almacenamiento, posiblemente de alimentos, asociado a la vivienda. El pozo 5 es similar al pozo 3 en que es un pozo relativamente pequeño (20 cm de diámetro) que no contenía material cultural. Como en el Pozo 3, esta mancha se extiende también hasta una profundidad mayor (2099.32 m) que la de las huellas de poste cercanas (a unos 2099.40 m). Este pozo puede haber resultado también de la colocación de un poste más grande con una función diferente a los postes de las paredes de la vivienda.

El Pozo 6 corresponde a una mancha oscura que se encontró a una profundidad de 32 cm por debajo de la superficie moderna (2099.48 m) y que continua 18 cm hacia abajo. Su matriz incluye una gran cantidad de fragmentos de carbón pero sin evidencia de fuego in situ. Se recuperaron en él cuatro ties-

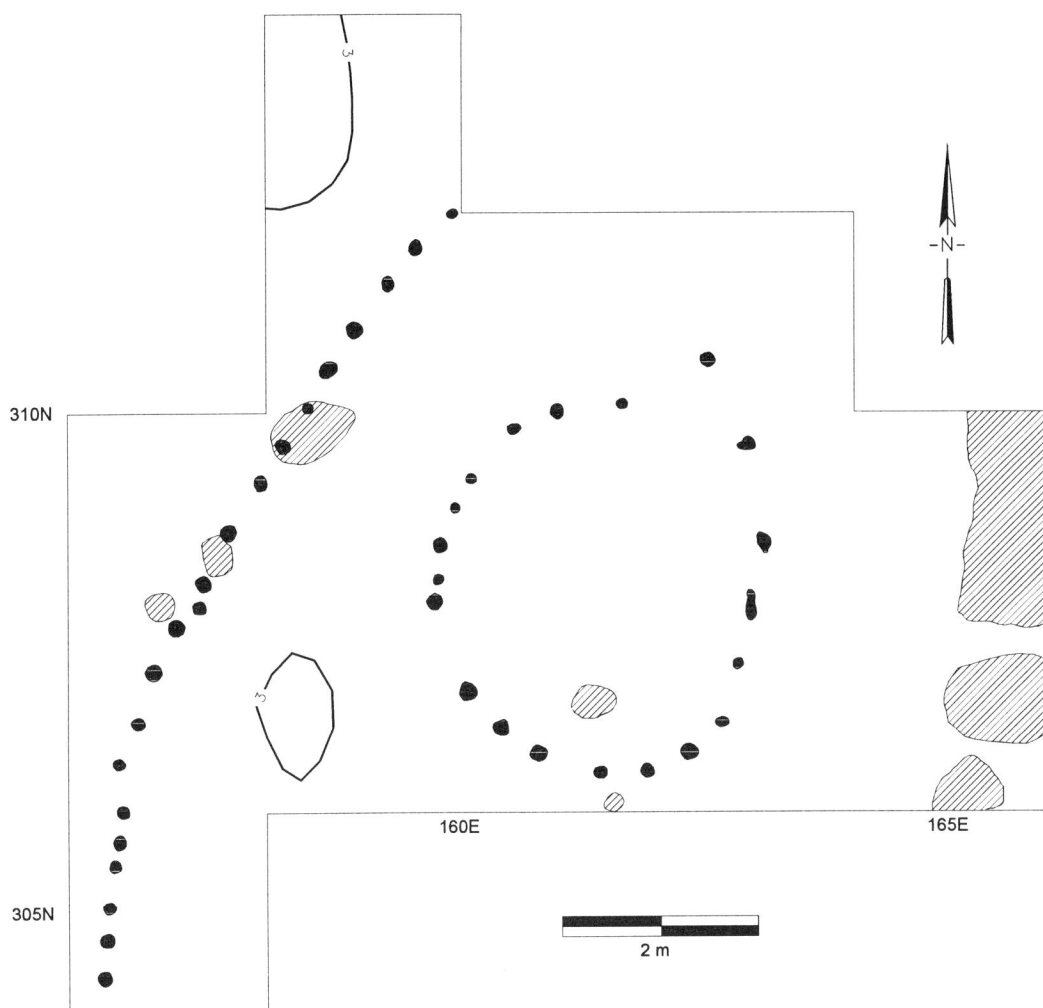

Figure 3.5. Density (per m³) of Barranquilla Buff sherds from Stratum 2 of Household 2.
Figura 3.5. Densidad (por m³) de tiestos Barranquilla Crema en el Estrato 2 de la Unidad Doméstica 2.

root zone and extends to an average depth of 10 cm. It was reddish black in color and contained significant quantities of organic material (grass, roots, etc.). Stratum 2 (variously designated as Soil Zones 2A, 2B, and 2C) is that which contained almost all of the cultural material. Differences in coloration within this stratum allowed for the delineation of different soil zones corresponding to the areas within the dwelling and outside it. Within the dwelling, Soil Zone 2B was a dark reddish brown with a significant amount of visible disturbance. To the west of the dwelling area, the soil (Zone 2A) was black in color and very greasy looking. In contrast, the soil zone to the east of the dwelling was dark brown (2C). Despite the fact that some minor color and texture differences could be seen in profile between the areas inside and outside the dwelling, it was impossible to define a household floor. Stratum 3 includes Soil Zones 3A and 3B that occur below Zones 2A and 2C respectively. Soil Zone 3A was dark brown in color and disturbed. In contrast, Soil Zone 3B was dark yellowish brown. The eastern soil zones (2C and 3B) were less compact than was the case in

the other areas and extended to a much greater depth. It is probable that these layers represent the deposition of soil onto a lower area during construction activities. Although the coloration, texture, and evidence of disturbance found in Soil Zones 3A and 3B are more similar to that seen in the overlying soil zones, they, nevertheless, contained minimal amounts of cultural material. This is the reason they are separated into a third stratum. The final stratum (4) corresponds to the transition stratum between the culture bearing layer and sterile soil.

Cultural Material Distribution

Significant quantities of cultural material were recovered during the excavation activities. This included pottery fragments, lithic flakes, and obsidian flakes. Of the five ceramic types found in the upper elevations of the Valle de la Plata project, only Guacas Reddish Brown, assigned to the Regional Classic Period, is not represented in the Household 2 cultural material. Of the remaining four types, Barranquilla Buff (Recent Period) and Lourdes Red Slipped (Formative 3 Period)

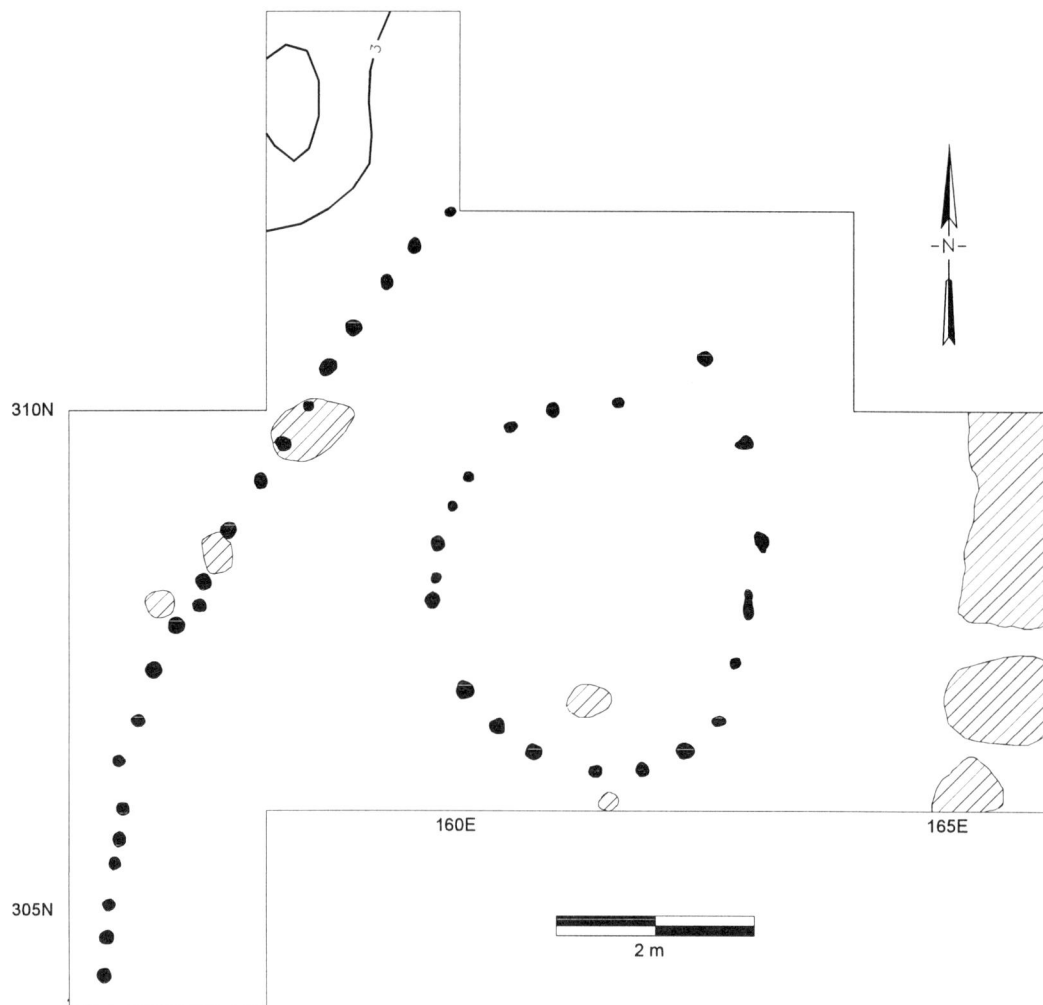

Figura 3.6. Densidad (por m³) de tiestos Lourdes Rojo engobado en el Estrato 2 de la Unidad Doméstica 2.
Figure 3.6. Density (per m³) of Lourdes Red Slipped sherds from Stratum 2 of Household 2.

tos Tachuelo Pulido. Este elemento probablemente funcionó como un pozo para basura.

En la Unidad Doméstica 2 se encontraron tres elementos. El primero, F1 en la Figura 3.2, es un área de suelo gris oscuro y compacto en la Unidad 164E/307N. Las diferencias del suelo se observaron inicialmente a 10 cm por debajo de la superficie moderna. El proceso de cernir la matriz del suelo produjo cinco tiestos Tachuelo. Este elemento había sido alterado por una prueba de garlancha previa y se desconoce su función. El Elemento 2 corresponde a un área de relleno artificial encontrado en donde la topografía comienza a caer hacia el oriente. El Elemento 3 es una capa delgada (5 cm) con carbón localizada en la Unidad 160E/308N. Esta mancha fue descubierta a 10 cm por debajo de la superficie moderna. Se desconoce el origen de este elemento.

Contexto Estratigráfico

Los depósitos culturales encontrados en la Unidad Doméstica 2 no son muy profundos. Las excavaciones alcanzaron un máximo de 60 cm por debajo de la superficie moderna, y en general, el subsuelo estéril se alcanzó a poco más de 40 cm. Es probable que una falta de actividades geológicas importantes, tales como deposición eólica o coluvial, debido a lo aplanado de la cima de la loma, resultara en la ausencia de diferencias visibles entre los niveles estratigráficos. Básicamente, se reconocen cuatro grandes estratos (Figura 3.3). El Estrato 1 (Zonas de Suelo 1A,1B) corresponde a la zona moderna de raíces y baja hasta una profundidad promedio de 10 cm. Esta era de color negro rojizo y contenía cantidades apreciables de materia orgánica (pasto, raíces, etc.). El Estrato 2 (denominado en distintos casos como Zona de Suelo 2A, 2B, y 2C) era el que contenía la mayoría del material cultural. Las diferencias en coloración al interior de este estrato permitieron delinear las diferentes zonas de suelo que corresponden a áreas al interior así como en la parte exterior de la vivienda. Al interior de la vivienda, la Zona de Suelo 2B era de un color café rojizo con una cantidad apreciable de perturbación. Al occidente del área de vivienda (Zona 2A), el suelo era de color negro y de apariencia

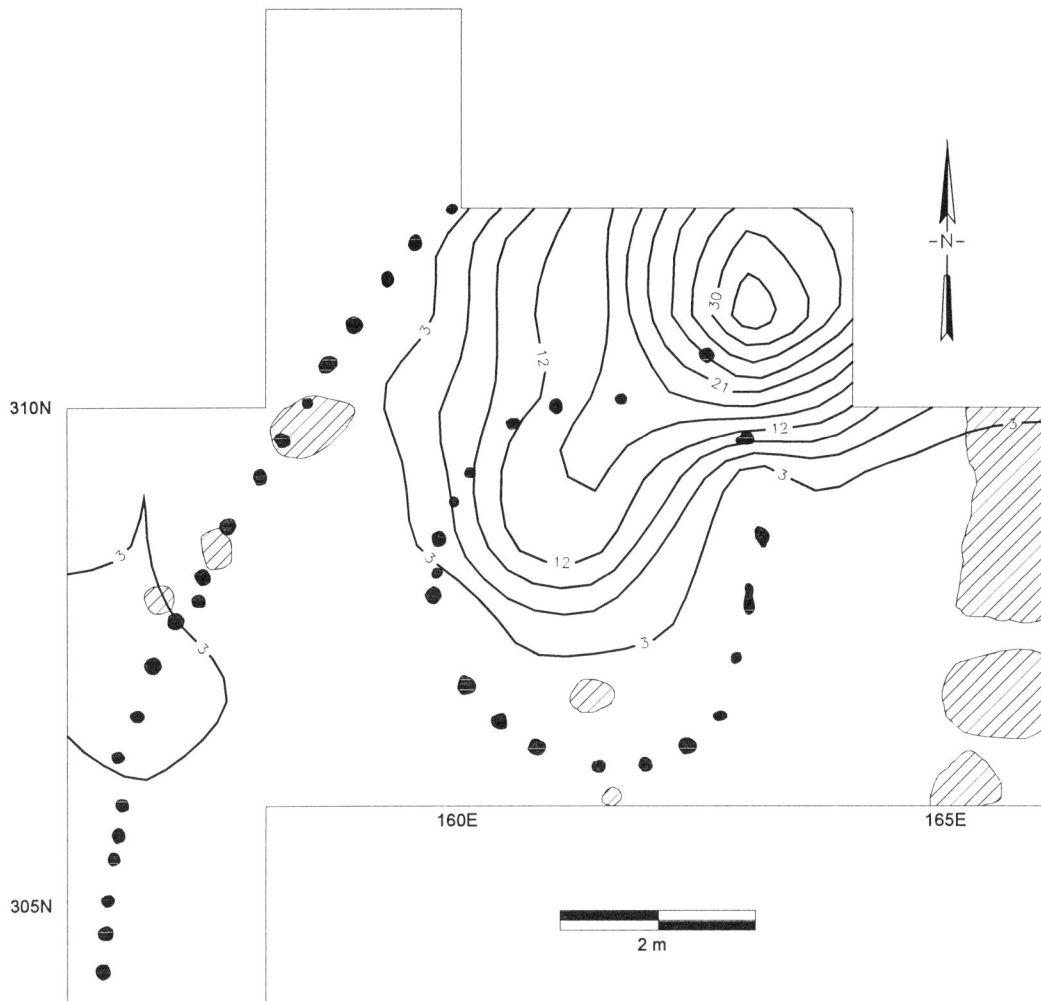

Figure 3.7. Density (per m³) of Planaditas Burnished Red sherds from Stratum 1 of Household 2.
Figura 3.7. Densidad (por m³) de tiestos Planaditas Rojo Pulido en el Estrato 1 de la Unidad Doméstica 2.

made up a relatively small proportion of the total ceramic collection (1.26% and 0.21% respectively). The next most abundant ceramic type is that of the Formative 2 Period Planaditas Burnished Red (13.54%). By far the most plentiful ceramic type found at Household 2 is Formative 1 Period Tachuelo Burnished that comprises 84.99% of the total ceramic material.

The distribution of the ceramics also provides us with additional information concerning temporal placement and archaeological context of Household 2. The contour maps (Figures 3.4–3.10) illustrate the varying densities (number of sherds per m³ excavated) of each ceramic type in Strata 1 and 2. There are no maps for Stratum 3 because such small amounts of cultural material came from this stratum.

Figure 3.4 shows that Barranquilla Buff sherds are restricted to the northwest corner of the excavation area in Stratum 1. Barranquilla Buff is all but absent from Stratum 2 (Figure 3.5). Results from the intensive shovel testing suggest a Recent Period occupation less than 20 m from Household 2.

The Barranquilla Buff sherds in the northwest corner of the excavation (and especially in Stratum 1) are probably part of this occupation. No Lourdes Red Slipped sherds were found in Stratum 1. The Lourdes Red Slipped sherds from Stratum 2 (Figure 3.6) were, like Barranquilla Buff, restricted to the northwest area.

In contrast to the previous two ceramic types, Planaditas Burnished Red sherds are heavily concentrated to the north, and just outside, of the circle of post molds representing the dwelling. This is true of both Strata 1 and 2 (Figures 3.7 and 3.8). Since these sherds were very thick and heavy relative to the other sherds found at the site and a significant quantity of them have thick carbon layers adhering to them and evidence heavy burning activity, it is not unreasonable to suggest that they were used in some intensive cooking activities.

The distribution of Tachuelo Burnished sherds in Stratum 1 is much more even throughout the excavation area than that of the previously discussed ceramic types (Figure 3.9). There are, nevertheless, some locations of slightly higher density

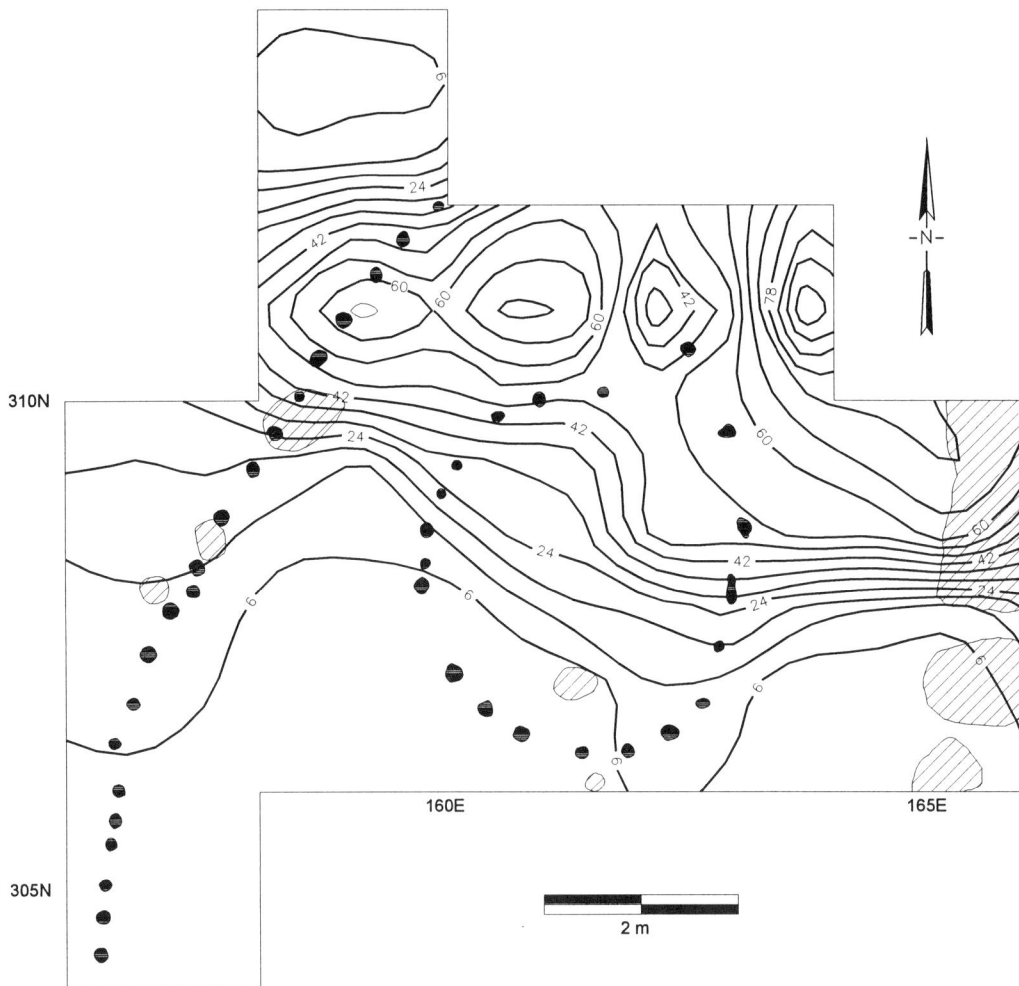

Figura 3.8. Densidad (por m³) de tiestos Planaditas Rojo Pulido en el Estrato 2 de la Unidad Doméstica 2.
Figure 3.8. Density (per m³) of Planaditas Burnished Red sherds from Stratum 2 of Household 2.

grasosa. En cambio, la zona de suelo al oriente de la vivienda era café oscuro (2C). No obstante el hecho de que en el perfil se apreciaban algunas pequeñas diferencias de color y textura entre las áreas adentro y fuera de la vivienda, fue imposible delimitar un piso de vivienda. El Estrato 3 incluye las Zonas de Suelo 3A y 3B que están por debajo de las Zonas 2A y 2C respectivamente. La Zona de Suelo 3A era de color café oscuro y estaba muy mezclada. En cambio, la Zona de Suelo 3B era color café amarillento oscuro. Las zonas de suelo al oriente (2C y 3B) eran menos compactas y bajaban hasta una profundidad mucho mayor que en las otras áreas. Es probable que estas capas representen la deposición de suelo sobre un área baja durante actividades de construcción. Aunque la coloración, la textura y la evidencia de alteración encontradas en las Zonas de Suelo 3A y 3B son muy similares a las encontradas en las zonas de suelo que las cubren, éstas en cambio contienen cantidades mínimas de material cultural. Esta es la razón por la cual se separaran en un tercer estrato. El estrato final (4) corresponde al estrato de transición entre la capa con restos culturales y el suelo estéril.

Distribución del Material Cultural

Durante las excavaciones se recuperaron cantidades significativas de material cultural. Este incluye fragmentos de cerámica, lascas líticas y lascas de obsidiana. De los cinco tipos cerámicos que se encuentran en las elevaciones altas del Proyecto Valle de la Plata, únicamente el Guacas Café Rojizo, asignado al período Clásico Regional está ausente del material cultural de la Unidad Doméstica 2. De los restantes cuatro tipos, Barranquilla Crema (período Reciente) y Lourdes Rojo Engobado (período Formativo 3) conforman una proporción relativamente pequeña del total de la colección cerámica (1.26% y 0.21% respectivamente). El siguiente tipo cerámico en abundancia es el Planaditas Rojo Pulido del período Formativo 2 (13.54%). Por un gran margen, el tipo cerámico más abundante que se encuentra en la Unidad Doméstica 2 es Tachuelo Pulido del período Formativo 1, el cual conforma el 84.99% del total del material cerámico.

La distribución de la cerámica también proporciona información adicional concerniente a la ubicación temporal y al

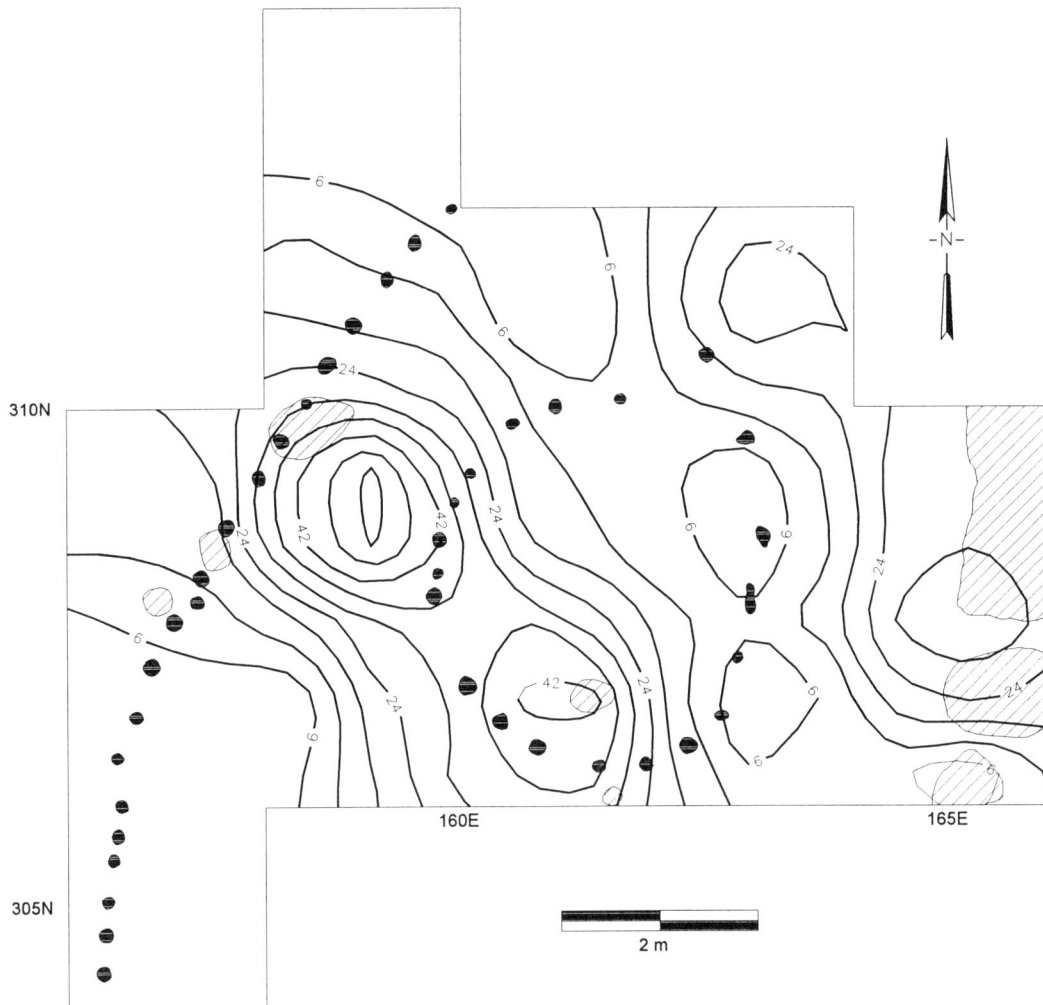

Figure 3.9. Density (per m³) of Lourdes Red slipped sherds from Stratum 2 of Household 2.
Figura 3.9. Densidad (por m³) de tiestos Lourdes Rojo Engobado en el Estrato 2 de la Unidad Doméstica 2.

near the post mold circle. Stratum 2 also shows a distribution with a single peak located just northwest of the dwelling (Figure 3.10). Since the highest concentration is found just on the outside of the larger arc of post molds, one has to wonder if the inhabitants were dumping refuse over a fence. Another possibility is that the relationship between the pits and the outer post molds might indicate that the outer structure represented by those post molds was not precisely contemporaneous with the refuse dumping. Whichever case it may be, the quantity and distribution of Tachuelo Burnished sherds clearly indicates that these are the ceramics associated with Household 2.

The ceramic data presented above allow the occupation of Household 2 to be confidently placed during the Formative Period and most probably during the Formative 1 Period.

Pollen Analysis Results

In order to achieve the best possible chance of obtaining pollen grains, five soil samples were collected from a variety of locations and contexts within the excavation of Household 2. The low density of Formative Period sites and the dispersed nature of their placement over the landscape would suggest that the inhabitants made their gardens close at hand. Thus, pollen evidence of the types of plants being cultivated could be expected in samples taken from around the dwelling.

The soil for Lot QT/2438/71 came from the north profile of Unit 162E/306N from Stratum 2B at about 19 cm below the modern surface. This is located within the perimeter of the dwelling post molds. Lot QT/2438/80 came from Unit 156E/306N in Stratum 2A at about 16 cm below the modern surface. Its location was outside the dwelling but within the perimeter delineated by the possible fence. Lot QT/2438/104

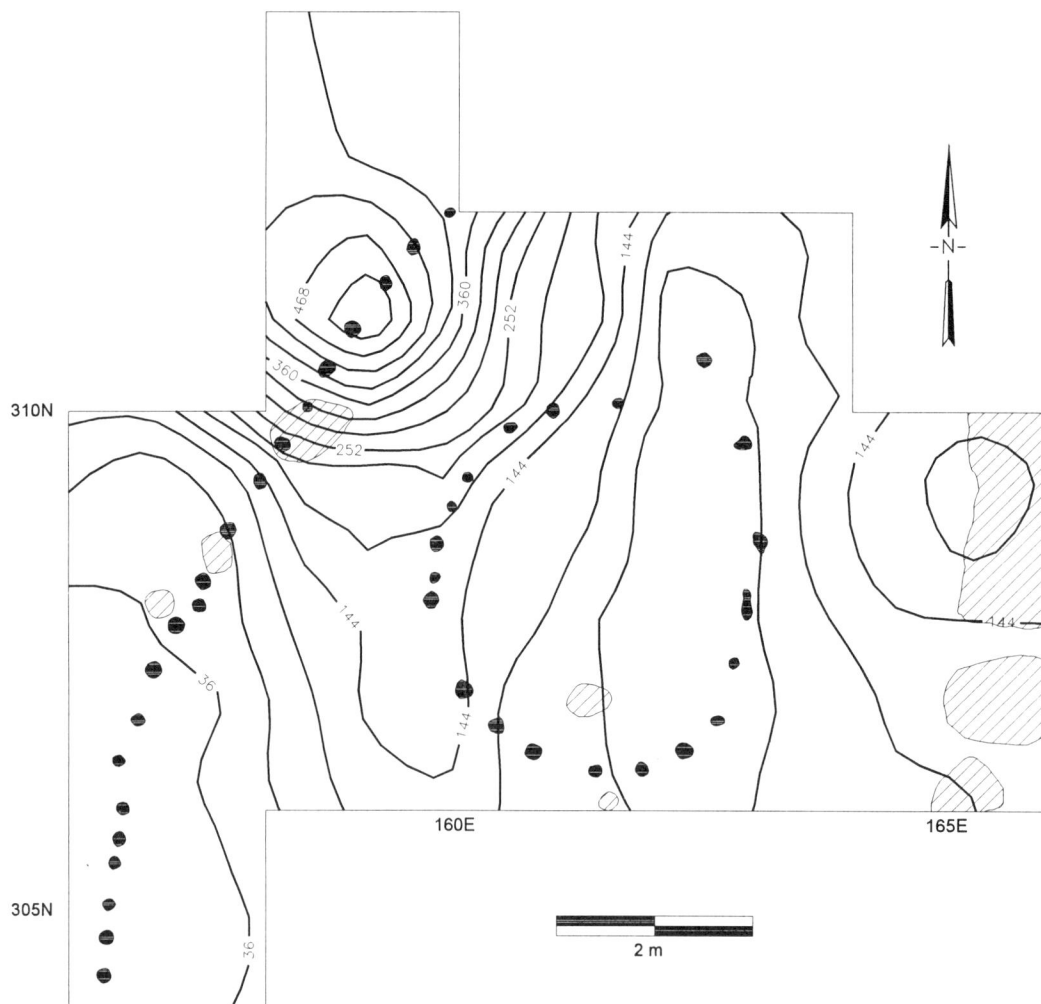

Figura 3.10. Densidad (por m³) de tiestos Tachuelo Pulido en el Estrato 2 de la Unidad Doméstica 2.
Figure 3.10. Density (per m³) of Tachuelo Burnished sherds from Stratum 2 of Household 2.

contexto arqueológico de la Unidad Doméstica 2. Los mapas de cotas (Figuras 3.4–3.10) ilustran la variación en las densidades (número de tiestos por m³ de excavación) de cada tipo cerámico en los Estratos 1 y 2. No hay mapas para el Estrato 3 debido a que las cantidades de material que provienen de este estrato son muy pequeñas.

La Figura 3.4 indica que los tiestos Barranquilla Crema se restringen a la esquina noroccidental del área excavada en el Estrato 1. El tipo Barranquilla Crema no está del todo ausente del Estrato 2 (Figura 3.5). Los resultados del programa intensivo de pruebas de garlancha sugieren que hubo una ocupación del período Reciente a menos de 20 m de la Unidad Doméstica 2. Los tiestos Barranquilla Crema en la esquina noroccidental de la excavación (y especialmente en el Estrato 1) son probablemente de esa ocupación. No se encontró ningún tiesto de Lourdes Rojo Engobado en el Estrato 1. Los tiestos Lourdes

Rojo Engobado del Estrato 2 (Figura 3.6) se restringían, como los del Barranquilla Crema, al área noroccidental.

En contraste con los dos tipos cerámicos previos, los tiestos Planaditas Rojo Pulido se concentran marcadamente hacia el norte, y justo afuera del círculo de huellas de poste que representan la vivienda. Esto es así en ambos Estratos 1 y 2. (Figuras 3.7 y 3.8). Como estos tiestos eran mucho mas gruesos y pesados que los demás tiestos encontrados en el sitio, y como una cantidad significativa de ellos tenían adheridas capas gruesas de carbón y como éstos además presentaban evidencias de fuego intenso, no es absurdo el sugerir que estos tiestos se usaron en alguna actividad de cocción intensiva.

La distribución de tiestos Tachuelo Pulido en el Estrato 1 es mucho más uniforme a lo largo del área de excavación que la de los tipos cerámicos previamente discutidos (Figura 3.9). Existen, sin embargo, algunos lugares con densidades ligeramente mayores cercanos al círculo de huellas de poste. El Es-

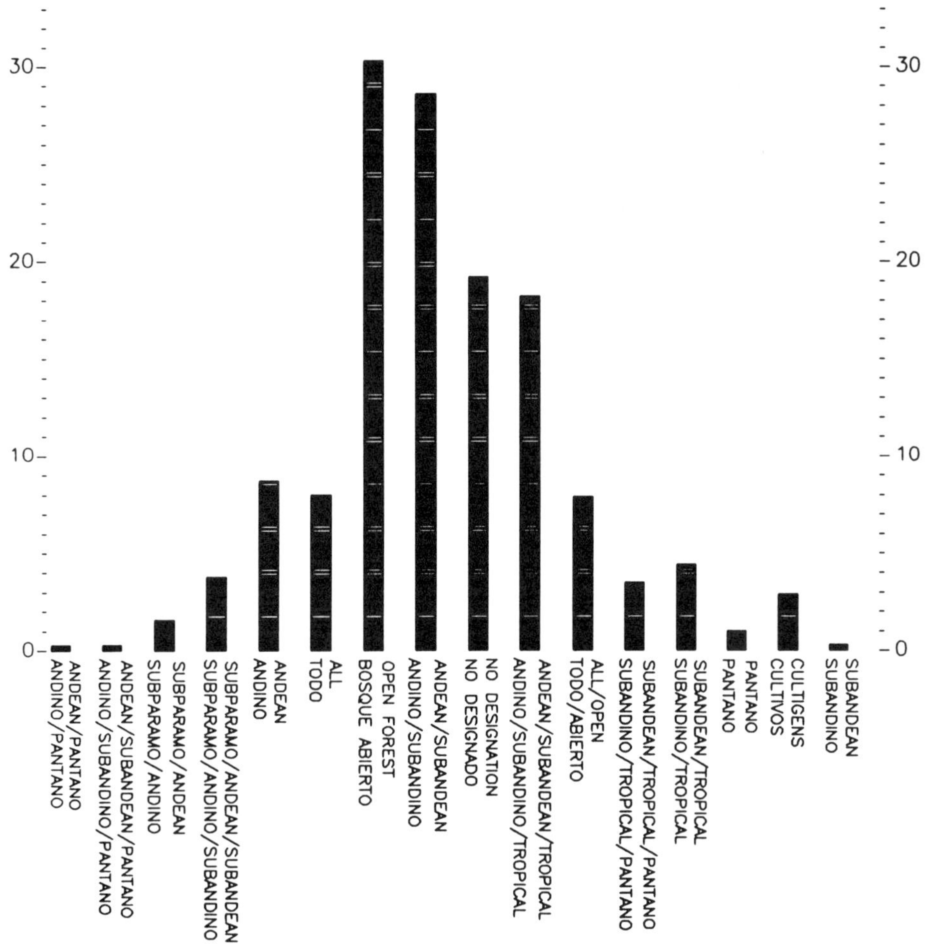

Figure 3.11. Percentages of pollen grains of species representing different environmental zones in the one pollen sample from Household 2 with a sufficient quantity of pollen to study.

Figura 3.11. Porcentajes de granos de polen de las especies de plantas que representan las diferentes zonas medioambientales para la única muestra de polen de la Unidad Doméstica 2 con cantidades suficientes para su estudio.

was gathered from the floor of Unit 162E/308N in Stratum 2C at about 15 cm below the modern surface. The location for this sample was outside the dwelling perimeter at the point where the topography begins to slope down to the east. Soil for Lot QT/2438/113 was obtained from Stratum 2C just to the west of the beginning of the probable fill designated Soil Zone F. This sample was taken from the floor of Unit 164E/308N at about 12 cm below the modern surface. Lot QT/2438/139 was gathered from the floor (ca. 19 cm) in Stratum 2A. The soil of this sample was located just inside the perimeter of the possible fence.

Of the five soil samples, four (all except Lot QT/2438/113) contained pollen grains (Appendix 1). However, since Lots QT/2438/71, QT/2438/80, and QT/2438/139 contained only 3, 9, and 2 grains of pollen, respectively, our views concerning the relative frequencies must be based on Lot QT/2438/104 which contained 437 grains of pollen.

As can be seen in Figure 3.11, the majority (58.9%) of the represented species are from Open Forest (30.3%) and Andean/Subandean (28.6%) environments. In general, the pollen

samples indicate an area dominated by a forested environment with species such as oak (16.7%).

The two certain species of cultivars identified in Lot QT/2438/104 comprise only 2.9% of the represented plant species (five pollen grains of maize, *Zea mays* [1.6%]; four of chiles, *Capsicum frutescens* [1.3%]). No certain cultigens were identified in the other samples. One other possible cultigen indicated by the pollen data, however, is *quinoa*, which might be included in the Chenopodiaceae identified. Thus, this indigenous food source might have been grown at Household 2. The small quantity of pollen evidence for cultivars could suggest either that the garden was not nearby or that the garden was so small as to contribute little to the general pollen rain.

Macrobotanical Remains

A total of 96.7 liters of soil from eight different archaeological contexts was collected and processed through flotation

trato 2 muestra también una distribución con un solo pico, hacia el noroccidente, justo después de la vivienda (Figura 3.10). Como la concentración más alta se encuentra justo en la parte exterior del arco más amplio de huellas de poste, uno tiene que preguntarse si es que los habitantes no estaban tirando la basura por encima de una cerca. Otra posibilidad es que la relación entre los pozos y las huellas de poste exteriores pueda indicar que la estructura exterior que estas huellas de poste representan, no era precisamente contemporánea a la acumulación de basuras. Cualquiera sea el caso, la cantidad y distribución de tiestos Tachuelo Pulido indica claramente que ésta es la cerámica asociada a la Unidad Doméstica 2.

Los datos sobre cerámica que se acaban de presentar, permiten colocar la ocupación de la Unidad Doméstica 2 con confianza durante el período Formativo y más probablemente durante el período Formativo 1.

Resultados del Análisis de Polen

Con el fin de mejorar al máximo la probabilidad de obtener granos de polen, se recolectaron cinco muestras de suelo de una variedad de localidades y contextos al interior de la excavación de la Unidad Doméstica 2. La baja densidad de sitios del período Formativo y la naturaleza dispersa de su localización sobre el paisaje sugeriría que los habitantes mantenían sus huertas a corta distancia. Entonces, en las muestras extraídas alrededor de la vivienda se esperarían evidencias del polen de los tipos de plantas que fueron cultivadas.

El suelo en el Lote QT/2438/71 proviene del perfil norte de la Unidad 162E/306N del Estrato 2B a unos 19 cm por debajo de la superficie moderna. Este se localiza al interior del perímetro de las huellas de poste de la vivienda. El Lote QT/2438/80 proviene de la Unidad 156E/306N en el Estrato 2A a unos 16 cm por debajo de la superficie moderna. Se ubicaba afuera de la vivienda pero adentro del perímetro delimitado por la posible cerca. El Lote QT/2438/104 fue recolectado del piso de la Unidad 162E/308N en el Estrato 2C a unos 15 cm por debajo de la superficie moderna. La ubicación de esta muestra era por fuera del perímetro de la vivienda en el punto donde la topografía comienza a descender al oriente. El suelo en el Lote QT/2438/113 se obtuvo del Estrato 2C, justo al occidente del comienzo del probable relleno denominado Zona de Suelo F. Esta muestra fue tomada del suelo de la Unidad 164E/308N a unos 12 cm por debajo de la superficie moderna. El Lote QT/2438/139 fue recolectado del piso (ca. 19 cm) en el Estrato 2A. El suelo de esta muestra se ubicaba justo al interior del perímetro de la posible cerca.

De las cinco muestras de suelo, cuatro (todas excepto el Lote QT/2438/113) contenían granos de polen (Apéndice 1). Sin embargo, como los Lotes QT/2438/71, QT/2438/80 y QT/2438/139 contenían sólo 3, 9 y 2 granos de polen respectivamente, nuestras observaciones en cuanto a las frecuencias relativas tuvieron que basarse en el Lote QT/2438/104, que contenía 437 granos de polen.

Como puede verse en la Figura 3.11, la mayoría (58.9%) de las especies representadas son de medio ambientes de Bosque Abierto (30.3%) y Andinos/Subandinos (28.6%). En general, las muestras de polen indican un área dominada por especies de medio ambientes boscosos como el roble (16.7%).

Las dos especies de plantas claramente cultivadas identificadas en el Lote QT/2438/104 conforman solamente el 2.9% de las especies de plantas representadas (5 granos de polen de maíz, *Zea mays* [1.6%]; 4 de ají, *Capsicum frutescens* [1.3%]). En las otras muestras no se encontró ninguna planta que con certeza fuese cultivada. Sin embargo, un cultivo adicional, indicado posiblemente por los datos de polen, es la quinoa, que puede estar incluida entre los Chenopodiaceae identificados. Es por esto que esta fuente indígena de alimento puede haber sido cultivada en la Unidad Doméstica 2. La pequeña cantidad de evidencias de polen de plantas cultivadas podría sugerir que la huerta no estaba muy cerca o que la huerta era tan pequeña que contribuía muy poco a la lluvia total de polen.

Restos Macrobotánicos

Un total de 96.7 litros de suelo de ocho diferentes contextos arqueológicos fue recolectado y procesado por medio de flotación (Apéndice 2). Aunque se recuperaron 6139 semillas durante la flotación, sólo 28 se identificaron al menos al nivel de familia.

La primera muestra de flotación, Lote QT/2438/17 es del Pozo 6 en la Unidad 164E/306N. De los 5.5 litros de suelo procesado, se recuperaron 15 semillas. De estas, 14 se identificaron como el aún desconocido Tipo 46. La otra semilla es una especie de mora. La segunda muestra de flotación es el Lote QT/2438/24 del Elemento 1 en la Unidad 164E/307N. En forma similar al Lote QT/2438/17, de las 17 semillas encontradas en 4.8 litros de suelo, 16 son del Tipo 46. La otra semilla, en cambio, es la única muestra macrobotánica de *Zea mays* encontrada en este sitio.

El Lote QT/2438/29 fue extraído de la parte sur del área de relleno (Elemento 2) en las Unidades 164E/307N y 164E/308N. Un total de 12 litros de suelo fueron extraídos y procesados. Todas las 59 semillas recuperadas son del Tipo 46. Aunque 30.95 litros de suelo del Pozo 1 (Lote QT/2438/58) fueron procesados, sólo se recuperaron 91 semillas. De estas, sólo se ha identificado la única semilla de *Rubus* sp. Veintitrés semillas están demasiado dañadas como para permitir su identificación (Grupo 20). Las restantes 66 semillas se asignaron al Tipo 46.

La matriz del suelo del Pozo 4 (Lote QT/24/38/65) se removió en su totalidad para flotación (14.85 litres). Solamente se recuperaron 30 semillas, todas o del tipo 46 (12) o del Grupo 20, semillas no-identificables (18). El Lote QT/2438/89 corresponde a los 5.25 litros de suelo extraídos del Pozo 5. De las 35 semillas recuperadas, 8 se clasifican como no-identificables (Grupo 20), 26 como Tipo 46, y 1 como *Phytolacca rivinoides*.

(Appendix 2). While 6139 seeds were recovered during flotation only 28 were identified to at least family level.

The first flotation sample, Lot QT/2438/17, came from Pit 6 in Unit 164E/306N. From the 5.5 liters of soil processed, 15 seeds were recovered. Of these, 14 are identified as the unknown Type 46. The other seed is a species of blackberry. The second flotation sample is Lot QT/2438/24 from Feature 1 in Unit 164E/307N. Similar to Lot QT/2438/17, of the 17 seeds found in 4.8 liters of soil, 16 have been assigned to Type 46. However, the other seed is the only macrobotanical sample of *Zea mays* found at this site.

Lot QT/2438/29 was taken from the southern part of the fill area (Feature 2) in units 164E/307N and 164E/308N. A total of 12 liters of soil were removed and processed. All 59 seeds recovered are classified as Type 46. Although 30.95 liters of soil were processed from Pit 1 (Lot QT/2438/58), only 91 seeds were recovered. Of these, only the single *Rubus* sp. seed has been identified. Twenty-three seeds are too damaged to allow identification (Group 20). The remaining 66 seeds are assigned to Type 46.

The soil matrix of Pit 4 (Lot QT/2438/65) was completely removed for flotation (14.85 liters). Only 30 seeds were recovered, all of which are placed in Type 46 (12) or unidentifiable Group 20 (18). Lot QT/2438/89 corresponds to the 5.25 liters of soil taken from Pit 5. Of the 35 seeds recovered, 8 are classified as unidentifiable (Group 20), 26 as Type 46, and 1 as *Phytolacca rivinoides*.

Lot QT/2438/92 is from Feature 3 in Unit 160E/308N. The 18.35 liters processed from this lot produced the greatest quantity of macrobotanical remains at the site. Of the 5629 seeds recovered, 5593 are classified as Type 46. Thirteen of the remaining 36 seeds are unidentifiable (Group 20). The remaining seeds have been identified as *Phytolacca rivinoides* (4), *Rosaceae* (2), and *Rubus* aff. *glaucus* (17). The final flotation sample (Lot QT/2438/106) was taken from Pit 7 in Unit 160E/308N. A total of 263 seeds were recovered from the 5 liters of soil. Of these, 259 are Type 46, 3 are unidentifiable, and 1 is identified as *Phytolacca rivinoides*.

The identifiable macrobotanical remains from Household 2 indicate that maize and wild blackberry (*Rubus* sp.) contributed to the inhabitants' diet. Several species of *Phytolacca* are said to have been used by native Colombians for the treatment of skin rashes and rheumatism at the time of the Spanish Conquest (Pérez-Arbeláez 1947:368). These medicinal properties might explain the presence of this species. In general, the macrobotanical and the pollen evidence taken together indicate that two cultigens (maize and chiles) were present at Household 2 and that they were used along with wild species (i.e., blackberries). If the unidentified seeds of Type 46 are a consumable product, however, their abundance indicates a major subsistence role.

Phytolith Analysis Results

Five soil samples from various archaeological contexts were submitted for processing and identification of phytoliths (Appendix 3). The first soil sample, Lot QT/2438/65, was extracted from within the storage pit (Pit 4) about 25 cm below the modern surface. Lot QT/2438/71 is from occupation Stratum 2B out of the northern excavation profile of Unit 162E/306N. This places the sample within the dwelling perimeter at about 20 cm below the modern surface. The third soil sample, Lot QT/2438/80, was collected from the floor in the northeast corner of Unit 156E/306N from within Stratum 2A (15 cm below the modern surface). This places Lot QT/2438/80 outside the dwelling but within the larger post mold line. Lot QT/2438/95 is from within the dwelling floor area (Stratum 2B). The soil sample was taken from the excavation floor at about 17cm below the modern surface. The final soil sample submitted for analysis from Household 2 is Lot QT/2438/113. This sample was taken from the excavation floor of Unit 164E/308N. Its location is in the central part of the unit slightly east of Feature 2.

The phytolith evidence (Figure 3.12) shows a dominance of grass species (Gramineae) in all of the samples. The second most abundant type of identified phytoliths comes from the palm family (Aracaceae). While the percentages of the rugulose spheres are higher than the Aracaceae, they are produced by a variety of trees and forbs (Pearsall 1994) and thus not as diagnostic. The predominance of these floral families probably results from a combination of human and natural processes. Material being intentionally brought to the location for use, as an unintentional by-product of human activities, and/or as the result of the natural environmental processes.

While no wild edible species are identified in the phytolith samples, several family and genus identifications indicate the possibility of exploitation of wild plants. The genus *Canna* is found in very low quantities in Lots QT/2438/65 and QT/2438/113. Several species from this genus were used for food (roots and rhizomes) and for medicinal purposes. Additionally, identification of phytoliths from the arrowroot family (Marantaceae) in all of the samples suggests that one of its species might have been exploited by the inhabitants. The fact that neither *Canna* nor Marantaceae were identified in the pollen samples lends support to the hypothesis that the introduction of these phytoliths is a byproduct of human domestic activities.

No cultigens were identified in any of the soil samples submitted for phytolith analysis. Examination of Lot QT/2438/80 did produce a single Variant 1 phytolith that is characteristic of *Zea mays* (Pearsall 1994). However, since this example is medium-sized, it cannot be definitively placed with the large and extra-large size phytoliths of maize. While it is tempting to claim that evidence of maize is found in all three data sources (pollen, macrobotanical, and phytolith), the maize phytolith identification is only tentative. Whether this example is or is not considered maize, the small quantity of maize

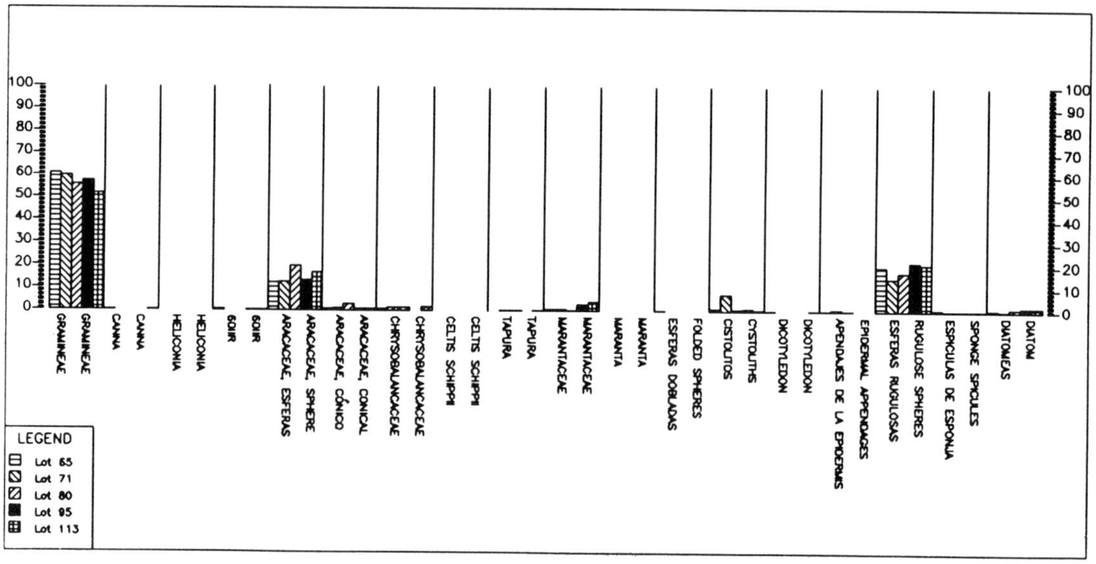

Figure 3.12. Percentages of phytoliths of plant species representing different environmental zones for the five phytolith samples from Household 2.
Figura 3.12. Porcentajes de fitolitos de las especies de plantas que representan las diferentes zonas medioambientales para cada una de las cinco muestras de fitolitos de la Unidad Doméstica 2.

El Lote QT/2438/92 viene del Elemento 3 en la Unidad 160E/308N. Los 18.35 litros procesados de este lote produjeron la más grande cantidad de restos macrobotánicos del sitio. De las 5629 semillas recuperadas, 5593 se clasifican como Tipo 46. Trece de las restantes 36 semillas son no-identificables (Grupo 20). Las semillas restantes han sido identificadas como *Phytolacca rivinoides* (4), *Rosaceae* (2), y *Rubus* aff. *Glaucus* (17). La muestra final de flotación (Lote QT/2438/106) se tomó del Pozo 7 en la Unidad 160E/308N. Un total de 263 semillas fueron recuperadas de los 5 litros de suelo. De éstas, 259 son del Tipo 46, 3 son no-identificables, y 1 se identificó como *Phytolacca rivinoides*.

Los restos macrobotánicos identificables de la Unidad Doméstica 2 indican que el maíz y la mora silvestre (*Rubus* sp.) contribuyeron a la dieta de los habitantes. Se ha dicho de varias especies de *Phytolacca* que éstas habían sido usadas por los nativos colombianos durante la Conquista Española para el tratamiento de erupciones de la piel y del reumatismo (Pérez-Arbeláez 1947:368). Estas propiedades medicinales podrían explicar la presencia de dichas especies. En general, las evidencias macrobotánica y de polen tomadas en conjunto indican que dos plantas de cultivo (maíz y ají) estaban presentes en la Unidad Doméstica 2 y que ellas se usaban junto con especies silvestres (i.e., moras). Sin embargo, si las semillas no-identificadas del Tipo 46 son de un producto de consumo, su abundancia indicaría su papel principal en la subsistencia.

Resultados del Análisis de Fitolitos

Cinco muestras de suelo de variados contextos arqueológicos se enviaron para procesamiento e identificación de fitoli-

tos (Apéndice 3). La primera muestra de suelo, Lote QT/2438/65, se extrajo del interior del pozo de almacenamiento (Pozo 4), unos 25 cm por debajo de la superficie moderna. El Lote QT/2438/71 viene del estrato de ocupación (2B) por fuera del perfil norte de la excavación en la Unidad 162E/306N. Esto coloca la muestra al interior del perímetro de la vivienda a unos 20 cm por debajo de la superficie moderna. La tercera muestra de suelo, Lote QT/2438/80, fue recolectada del piso en la esquina nororiental de la Unidad 156E/306N del interior del Estrato 2A (15 cm por debajo de la superficie moderna). Esto coloca al Lote QT/2438/80 por fuera de la vivienda pero al interior de la línea de huellas de poste más larga. El Lote QT/2438/95 viene del interior del área del piso de vivienda (Estrato 2B). La muestra de suelo se tomó del piso de excavación a unos 17 cm por debajo de la superficie moderna. La última muestra de suelo de la Unidad Doméstica 2 enviada para análisis es el Lote QT/2438/113. Esta muestra se tomó del piso de excavación de la Unidad 164E/308N. Se ubica en la parte central de la Unidad, ligeramente al oriente del Elemento 2.

La evidencia de fitolitos (Figura 3.12) muestra el predominio de especies de pasto (Gramineae) en todas las muestras. El segundo tipo más abundante de los fitolitos identificados proviene de la familia de las palmas (Aracaceae). Aunque los porcentajes de Esferas Rugulosas son más altos que los de Aracaceae, aquellos son producidos por una variedad de árboles y forraje (Pearsall 1994) y por lo tanto no son muy diagnósticos. El predominio de estas familias florales probablemente resulta de una combinación de procesos humanos y naturales. Estos son materiales traídos intencionalmente al lugar para su uso,

remains suggests that maize was not a major component of the Household 2 diet.

Conclusions

The predominance of Tachuelo Burnished sherds in the ceramics from Household 2 place its occupation squarely during the Formative 1 (1000–600 BC). This means that the occupation was in the earliest period recognized for the Valle de la Plata (Drennan 1985, 1993; Drennan et al. 1989). Evidence for a relatively substantial dwelling with an associated perimeter structure (stockade, fence, etc.) certainly indicates a fairly sedentary occupation.

According to the pollen evidence, the general environment in which the inhabitants of the Household 2 lived was open forest with a primarily Andean and Subandean plant regime. In addition, a small but significant amount of pollen from species found in boggy environments and the subpáramo environ-mental zone indicates that the area was cool with a significant amount of precipitation. The phytolith evidence suggests that the vicinity of the dwelling was covered in grassland.

The information from pollen analysis indicates that maize was produced nearby, but the small amount of maize pollen suggests that it was not grown on a large-scale. The presence of chiles (*Capsicum frutescens*) pollen suggests that a garden was found in the vicinity. However, the low quantity of pollen grains from these species indicates that the garden was either relatively small or not close by. The macrobotanical evidence indicates that maize was a part of the diet. The presence of seeds from wild foods shows that these also played a role in the Household 2 diet. While less definitive, the phytolith evidence suggests that wild tubers (Marantaceae) and rhizomes (Canna) might have contributed to the diet. The botanical evidence, as a whole, paints a picture of a group of people exploiting several different resources available to them, including cultivars, without heavy emphasis on any particular species.

un sub-producto inintencionado de las actividades humanas, y/o un resultado de procesos medioambientales naturales.

Aunque ninguna especie comestible se ha identificado en las muestras de fitolitos, varias identificaciones de familia y género indican la posibilidad de explotación de especies silvestres. El género *Canna* (achiras) se encuentra en cantidades muy bajas en los Lotes QT/2438/65 y QT/24/38/113. Varias especies de este género fueron usadas para alimento (raíces y rizomas) y para uso medicinal. Además, la identificación de fitolitos de la familia del guapo o *arrowroot* (Marantaceae) en todas las muestras sugiere que una de sus especies puede haber sido explotada por los habitantes. El hecho de que ni *Canna* ni Marantaceae fueran identificadas en las muestras de polen le da apoyo a la hipótesis de que la introducción de estos fitolitos es un sub-producto de actividades domésticas humanas.

Ninguna planta cultivada se identificó en ninguna de las muestras de suelo enviadas para análisis de fitolitos. La inspección del Lote QT/2438/80 sí produjo un solo fitolito de la Variante 1 que es característica del *Zea mays* (Pearsall 1994). Sin embargo, como este ejemplar es de tamaño medio, no puede ser colocado definitivamente con los fitolitos de tamaño grande o muy grande del maíz. Aunque es tentador el aseverar que la evidencia de maíz se encuentra en las tres fuentes de información (macrobotánica, de polen, y fitolitos), la identificación del fitolito de maíz es sólo tentativa. Ya sea que dicho ejemplar se considere o no maíz, la pequeña cantidad de restos de maíz sugiere que el maíz no era un componente principal de la dieta de la Unidad Doméstica 2.

Conclusiones

El predominio de tiestos Tachuelo Pulido en la cerámica de la Unidad Doméstica 2 coloca su ocupación firmemente durante el Formativo 1 (1000–600 AC). Esto significa que la ocupación fue durante el período más temprano reconocido para el Valle de la Plata (Drennan 1985, 1993; Drennan et al. 1989). Evidencias de una vivienda relativamente grande con una estructura asociada en su perímetro (empalizada, cerca, etc.) ciertamente indica una ocupación bastante sedentaria.

De acuerdo con la evidencia de polen, el medio ambiente general en el que vivieron los habitantes de la Unidad Doméstica 2 fue de bosque abierto con un régimen de plantas principalmente Andino y Subandino. Además, una pequeña pero significativa cantidad de polen de especies de zonas pantanosas y del subpáramo indican que el área era fría y tenía cantidades apreciables de precipitación. La evidencia de fitolitos sugiere que las inmediaciones de la vivienda estaban cubiertas de pastos.

La información del análisis de polen indica que el maíz era producido en las cercanías, pero la pequeña cantidad de polen dy maíz sugiere que éste no era cultivado en gran escala. La presencia de polen de ají (*Capsicum frutescens*) sugiere que una huerta se encontraba en las cercanías. Sin embargo, la baja cantidad de granos de polen de estas especies indica que dicha huerta o bien era relativamente pequeña o no estaba muy cerca. La evidencia macrobotánica indica que el maíz era parte de la dieta. La presencia de semillas de alimentos silvestres muestra que éstos también jugaban un papel en la dieta de la Unidad Doméstica 2. Aunque menos definitiva, la evidencia de fitolitos sugiere que tubérculos (Marantaceae) y rizomas (Canna) silvestres pueden haber contribuido a la dieta. La evidencia botánica, como un todo, nos pinta el cuadro de un grupo de gente que explotaba varios de los diferentes recursos a los que tenían acceso, incluyendo plantas de cultivo, pero sin ningún énfasis en una especie particular.

Household 3 Excavations

General Environmental Context

Household 3 is a single *tambo* (collection lot MR/93) in a group of *tambos* that comprise site VP817 in the regional survey (Figures 1.2 and 1.3). These *tambos* are found on a long, occasionally flat ridge protruding southwest from the mountainside at an elevation of 1700 m above sea level (Figure 4.1). Flanking this ridge on the northwest and southeast sides are two deep ravines with semi-permanent streams. The end of the ridge quickly descends into a very deep arroyo that eventually empties into the Río Loro. Except for a large flattened area in the center of the ridge, the pre-Columbian occupation of this site seems to have been restricted to the construction of *tambos* built into the ridge's sides. At present, the land is used as cattle pasturage.

Botero, León, and Moreno (1989:9) classify the area in which Household 3 is found as the "Ignimbrite High Plain" of the Temperate Humid Climatic Province (C1). This category is described as

> the undulating surface of the high plain [which] lies high above the river canyons deeply eroded into the parent material. Its general downward slope from west to east has been broken into a series of steps by vertical tectonic movements .... Soils are generally old, formed under climatic conditions very different from those of present day. They are very deep and leached and have not been rejuvenated because erosion is very slow in the gentle relief of the high plain's surface .... For human use, this great landscape presents problems in the form of low soil fertility, steep slopes, and lack of effective depth as the result of impermeable layers.

Despite these restrictions, in addition to livestock raising, the modern inhabitants cultivate coffee, plantains, yuca and sugar cane in this great landscape.

The modern climate for the location of Household 3 is indicated by data from the La Argentina climatological station located about 5 km to the south. The precipitation regime for this area is tetraseasonal (Rangel and Espejo 1989:25) "which produce[s] less climatic stress than the biseasonal ones because of the dispersal of suboptimal conditions throughout the year" (Sarmiento 1987 cited by Rangel and Espejo 1989:37). Annual precipitation for this area is 1974 mm with a monthly mean of 165 mm (Rangel and Espejo 1989:25). Data for the short period from 1979 to 1985 show a rather dramatic fluctuation between wet and dry years. A range from 43% above the yearly average to 35% below the yearly average is seen. This variability could cause significant stress to cultivated plants and less than reliable agricultural conditions.

Excavation

Investigation of VP817 began with placement of shovel probes at a spacing of 5 m across the site (Figure 4.1). Although a single grid system was employed across the whole site, several separate areas were investigated so as to concentrate on areas with evidence of human occupation, i.e., *tambos* and the flattened area in the middle of the ridge. Although the original shovel probes did not produce a clear cluster of Formative sherds, the presence of a few Planaditas Burnished Red sherds coming from upslope of *tambo* I indicated a Formative 2 occupation. During excavation of 1 x 2 m units in *tambos* I and II, another *tambo* was discovered. This *tambo* (III), located just uphill from *tambo* I, was overlooked on the first visit because of heavy scrub growth around it. A third 1 x 2 m unit was excavated at *tambo* III. It quickly became clear that this *tambo* was the origin of the Planaditas Burnished Red sherds seen earlier at *tambo* I. The test unit was expanded to encompass all of *tambo* III.

Household Features

Excavation uncovered several features (Figure 4.2) associated with the domestic activities of Household 3. Feature 1 is the dwelling trench placed on the uphill side of the dwelling. East of Feature 1 the grade increases demarcating the eastern edge of the *tambo*. As is the case at Household 1, this drainage channel probably functioned to redirect the water away from the dwelling floor. However, since the climate of this area is not as wet and the slope not as steep, the trench probably did not need to be as substantial as seen at Household 1. In general, Feature 1 extends about 16 cm into the underlying stratum. Directly adjacent to the southwest side of Feature 1 is a small post mold (PM1 in Figure 4.2). The stain is 16 cm in diameter and extended to a depth of 1702.05 m (cf. Figure 4.3). The complete matrix was removed for flotation, but no cultural material was found within it.

PM2 and PM3 in Figure 4.2 are two circular stains observed when contrasted against the lighter subsoil. They are about 30cm in diameter and extend to a depth of 1701.72 m and 1701.60 m respectively. Despite extracting and screening each feature matrix, no cultural material was found. Although relatively large in diameter, these circular stains lacked charcoal within their matrix and were shallow suggesting that they are post molds. However, Post Mold 2 and Post Mold 3 do not appear to be part of the dwelling structure. While probably as-

Capítulo 4

Excavaciones en la Unidad Doméstica 3

Contexto Medioambiental General

La Unidad Doméstica 3 es un solo tambo (lote de recolección MR/93) de los varios que conforman el sitio VP817 en el reconocimiento regional (Figuras 1.2 y 1.3). Estos tambos se encuentran sobre el filo de una loma alargada y en partes aplanada que sale de la falda de montaña hacia el suroccidente a una elevación de 1700 m sobre el nivel del mar (Figura 4.1). Paralelas a esta loma y a ambos lados noroccidental y suroriental corren dos pequeñas y profundas quebradas cuyo flujo es semipermanente. El extremo de la loma desciende rápidamente a un arroyo que se une luego al Río Loro. A excepción del área aplanada grande en el centro del filo, la ocupación precolombina del sitio se restringe en el sitio a la construcción de tambos en ambos lados del filo. En la actualidad, el terreno se usa para pastura de ganado.

Botero, León y Moreno (1989:9–10) clasifican el área en que se encuentra la Unidad Doméstica 3 como la "Altiplanicie de Ignimbritas" de la Provincia Climática Frío Húmedo (C1). Esta categoría se describe como

> la superficie de la altillanura [que] se encuentra a alturas considerables, en relación con los ríos encajonados en su material. Esta unidad presenta un relieve ondulado, afectado por movimientos tectónicos verticales que han alterado la continuidad de su pendiente, en el sentido occidente-oriente, formando escalones. . . .Los suelos típicos son viejos, desarrollados en condiciones diferentes a las actuales y que se caracterizan por ser profundos y muy lavados; no se han rejuvenecido como consecuencia de sus relieves suaves y porque los procesos erosivos son lentos. . . .Los limitantes para el uso humano de este gran paisaje son la baja fertilidad de los suelos, las pendientes pronunciadas y la profundidad efectiva, limitada por horizontes arcílicos.

No obstante dichas restricciones, y además de ganadería extensiva, los habitantes actuales de este gran paisaje cultivan café, plátanos, yuca y caña de azúcar.

El clima moderno para la ubicación de la Unidad Doméstica 3 lo indican los datos de la estación climatológica de La Argentina, situada a unos 5 km al sur. El régimen de precipitación para esta área es de los tetraestacionales (Rangel y Espejo 1989:28) los cuales son "menos contrastados que los biestacionales por la presencia de condiciones subóptimas durante todo el año, sin estres intenso." (Sarmiento 1987 citado por Rangel y Espejo 1989:38). La precipitación multianual para esta área es de 1974 mm con un promedio mensual de 165 mm (Rangel y Espejo 1989:25). Los datos para el corto período de 1979 a 1985 muestran una fluctuación más bien dramática entre años húmedos y secos. Se aprecia una variación de 43% por encima, a 36% por debajo del promedio multianual. Esta variación podría causar dificultades considerables para las plantas cultivadas y unas condiciones agrícolas poco confiables.

Excavación

El estudio del sitio VP817 comenzó con la colocación de pruebas de garlancha a intervalos de 5 m cubriendo el sitio (Figura 4.1). Aunque se usó un solo sistema de cuadrículas para todo el sitio, se investigaron varias áreas separadas para así concentrarse en áreas con evidencias de ocupación humana, tales como los tambos y el área aplanada en medio del filo. Aunque las pruebas de garlancha originalmente no produjeron una concentración clara de tiestos del Formativo, la presencia de unos pocos tiestos Planaditas Rojo Pulido provenientes de la inclinación arriba del Tambo I indicaban una ocupación del Formativo 2. Durante la excavación de unidades de 1 x 2 m en los Tambos I y II, se descubrió otro tambo. Este Tambo (III), localizado justo arriba del Tambo I, se pasó por alto en la primera visita debido al denso matorral que crece a su alrededor. Una tercera unidad de 1 x 2 m se excavó en el Tambo III. Inmediatamente quedó claro que este tambo era el origen de los tiestos Planaditas Rojo Pulido observados antes en el Tambo I. La unidad de sondeo se expandió en área para cubrir la totalidad del Tambo III.

Elementos de las Unidades Domésticas

La excavación dejó al descubierto varios elementos (Figura 4.2) asociados a las actividades domésticas de la Unidad Doméstica 3. El Elemento 1 es el canal de drenaje de la vivienda, colocada en la parte más elevada del piso. Al oriente del Elemento 1 la inclinación es más marcada, delimitando así el borde oriental del tambo. Como era el caso en la Unidad Doméstica 1, este canal de drenaje probablemente servía para encauzar el agua fuera del piso de la vivienda. Como el clima de esta área no es tan húmedo y la pendiente no es tan marcada, el canal de drenaje no necesitaba ser tan grande como el de la Unidad Doméstica 1. En general, el Elemento 1 baja unos 16 cm en el estrato inferior. Directamente al lado suroccidental del Elemento 1 se encuentra una pequeña huella de poste (PM1 en la Figura 4.2). La mancha tiene 16 cm de diámetro y baja hasta una profundidad de 1702.05 m (cf. Figura 4.3). La matriz

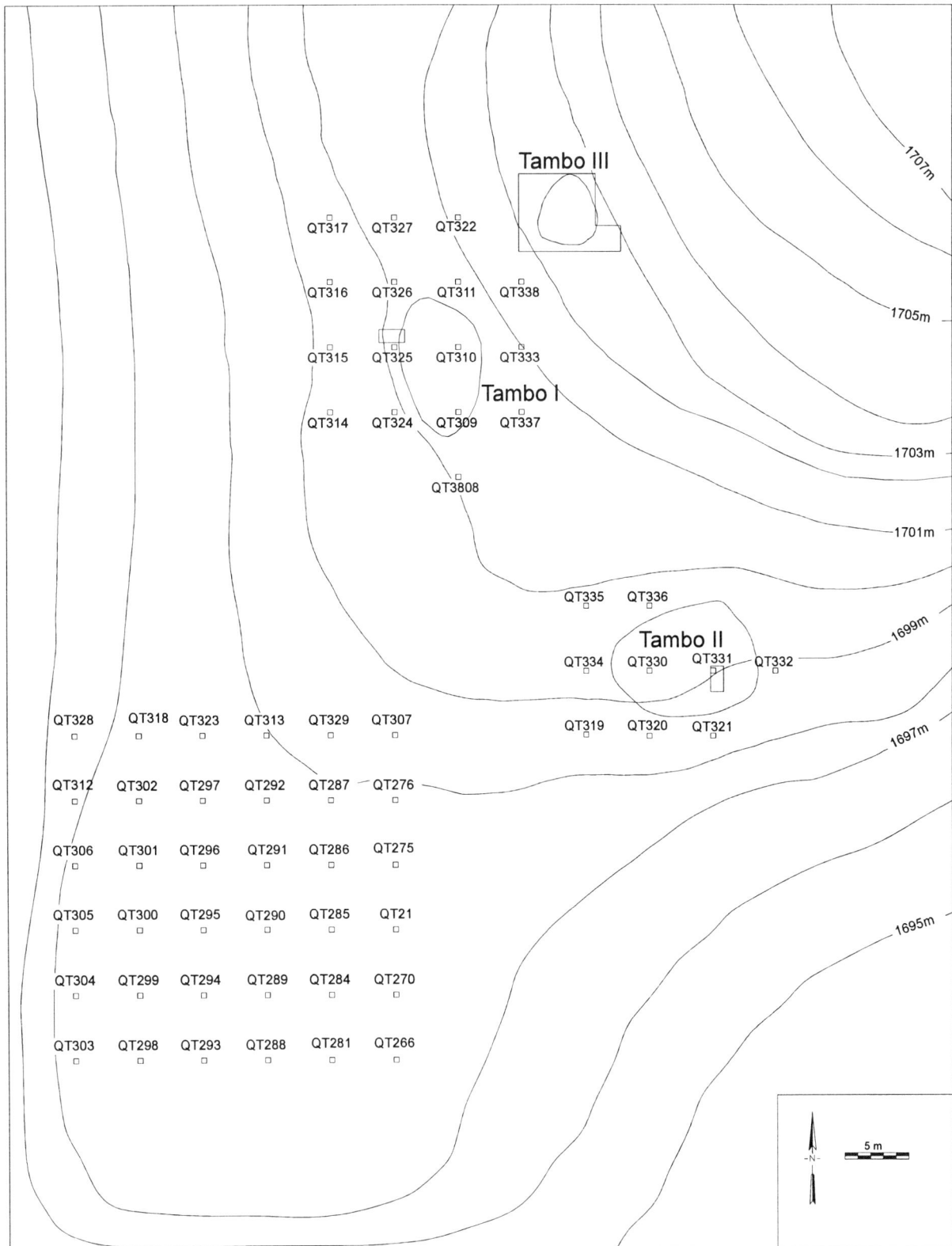

Figura 4.1. Mapa topográfico del área alrededor de la Unidad Doméstica 3 mostrando la ubicación de pruebas de garlancha (cuadrados pequeños) y las excavaciones en área realizadas posteriormente (sombreando).

Figure 4.1. Topographic map of the area around Household 3 showing the placement of shovel probes (small squares) and larger scale excavations conducted later (shading).

completa se removió para flotación, pero no se encontró ningún material cultural en ella.

PM2 y PM3 en la Figura 4.2 son dos manchas circulares que se observan en contraste con el subsuelo de color más claro. Estas tienen diámetros de 30 cm y bajan hasta una profundidad de 1701.72 y 1701.60 m respectivamente. Aunque se extrajo y se pasó por tamiz la matriz de cada elemento, no se encontró ningún material cultural. Aunque estas manchas circulares tienen un diámetro relativamente grande, no contenían carbón en sus matrices y eran poco profundas, lo cual sugiere que se trata de huellas de poste. Sin embargo, las Huellas de Poste 1 y 2 no parecen ser parte de la estructura de la vivienda. Aunque probablemente están asociados con actividades domésticas, se desconoce la función exacta de los postes que produjeron las manchas. No obstante el hecho de que las tres huellas de poste no delimitan en forma clara el contorno de la estructura, sí logramos determinar la forma básica de la vivienda de este tambo. Como el Elemento 1 demarca el límite oriental del tambo, el canal de drenaje demarca claramente la ubicación de la parte alta de la vivienda, así como su longitud aproximada. El borde occidental del tambo lo señala un incremento más bien marcado en la profundidad del nivel de ocupación, como puede verse en la Figura 4.4 a la altura de 304E. Este borde lo ilustra la Figura 4.2 como una línea curva en los 2 m más occidentales de la excavación. El incremento de la profundidad del nivel de ocupación que contiene el material cultural en este lugar, indica que el relleno se acumuló durante la ocupación del tambo y no como parte de la construcción de la vivienda. El uso de dichos parámetros como límites de la vivienda indicaría que la estructura era de 3.5 por 5.0 m con un total de área interna de cerca de 17.5 m².

Otro elemento, F2, se encuentra cerca de las Huellas de Poste 2 y 3 y por fuera de los límites de la estructura. Este pequeño elemento baja hasta una profundidad de 1702.3 m ó 7 cm bajo el subsuelo. Su matriz se compone de un suelo café ligeramente más oscuro mezclado con pequeños fragmentos de carbón. No se encontró ningún material cultural en este elemento. La falta de evidencias de acción del fuego *in situ* significa que este no puede haber sido un fogón. La sugerencia más lógica es que el Elemento 2 funcionó como un pequeño pozo para basura.

El Fogón 1 y el Fogón 2 se encuentran dentro de los límites de la estructura. Su principal característica es la presencia de grandes cantidades de tierra quemada entremezclada con carbón. Estos elementos se observaron inicialmente dentro del nivel de ocupación a profundidades de 1702.13 y 1702.11 m, respectivamente, y bajan hasta profundidades de 1702.00 y 1702.01 m. Las características de los Fogones 1 y 2 indican que se trata de los restos de dos tipos distintos de fogones domésticos. El Fogón 2 se divide en dos áreas distintas. El área interior se compone casi exclusivamente de suelo endurecido por el fuego y de carbón. El área exterior contiene cantidades de suelo endurecido y carbón, pero mezclados en una matriz de suelo. Las diferencias morfológicas entre dichos fogones probablemente se relacionan con diferencias en el tiempo de uso del fogón y en la intensidad del contacto entre el fuego y la tierra.

Contexto Estratigráfico

Se continuó la excavación hasta encontrar el subsuelo estéril. La profundidad a la que esto sucedió varió de 45 a 120 cm por debajo de la superficie moderna, con un promedio de unos 60 cm. Se definieron cuatro macrostratos para la Unidad Doméstica 3 (Figuras 4.3 y 4.4). El Estrato 1 corresponde a la zona moderna de raíces. Este estrato es generalmente de color café y contiene muchas raíces y materia orgánica, pero muy poco material cultural.

El Estrato 2 (dividido en Zonas de Suelo 2A, 2B, 2C, y 2D) es el nivel de ocupación. La mayoría del material cul-

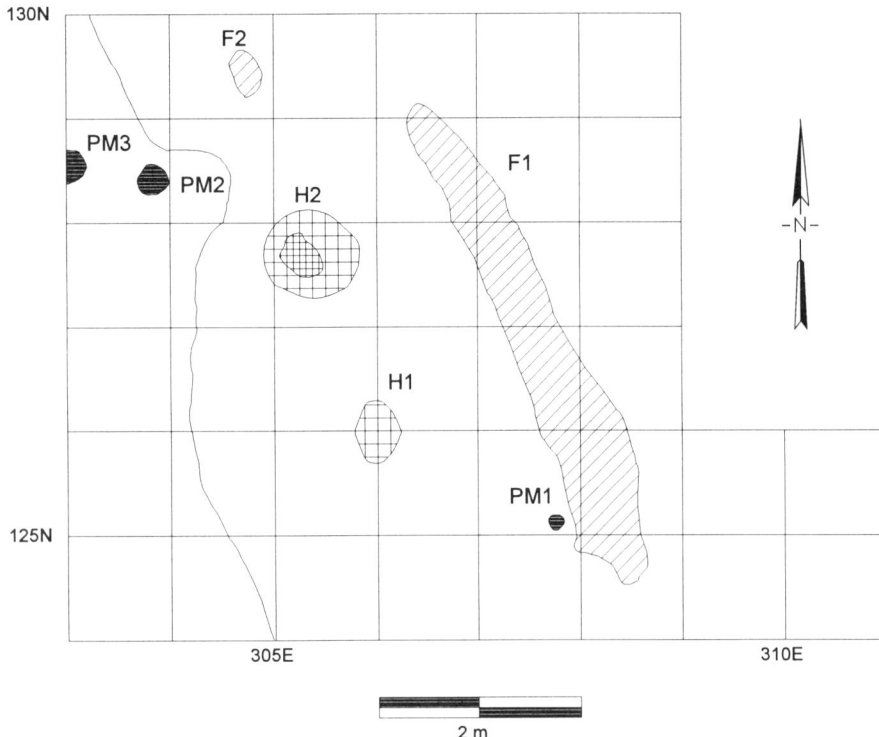

Figure 4.2. Expanded excavation area of Household 3, showing archaeological features. (Black circle is post mold.)

Figura 4.2. La excavación en área en la Unidad Doméstica 3 mostrando elementos arqueológicos. (Los círculos negros son huellas de poste.)

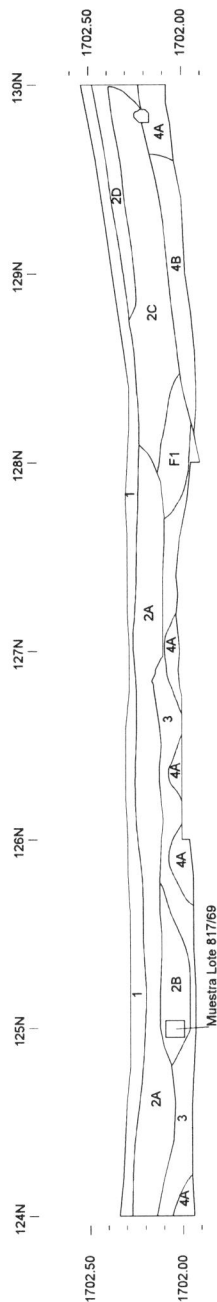

Figure 4.3. Excavation profile of Household 3 along 307E.
Figura 4.3. Perfil de la excavación en la Unidad Doméstica 3 a lo largo de 307E.

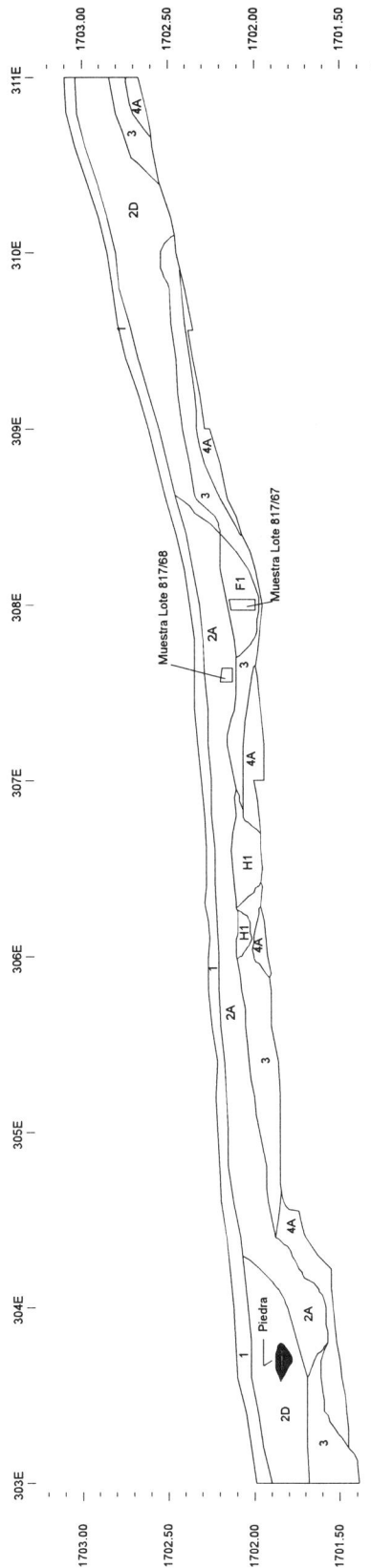

Figure 4.4. Excavation profile of Household 3 along 126N.
Figura 4.4. Perfil de la excavación en la Unidad Doméstica 3 a lo largo de 126N.

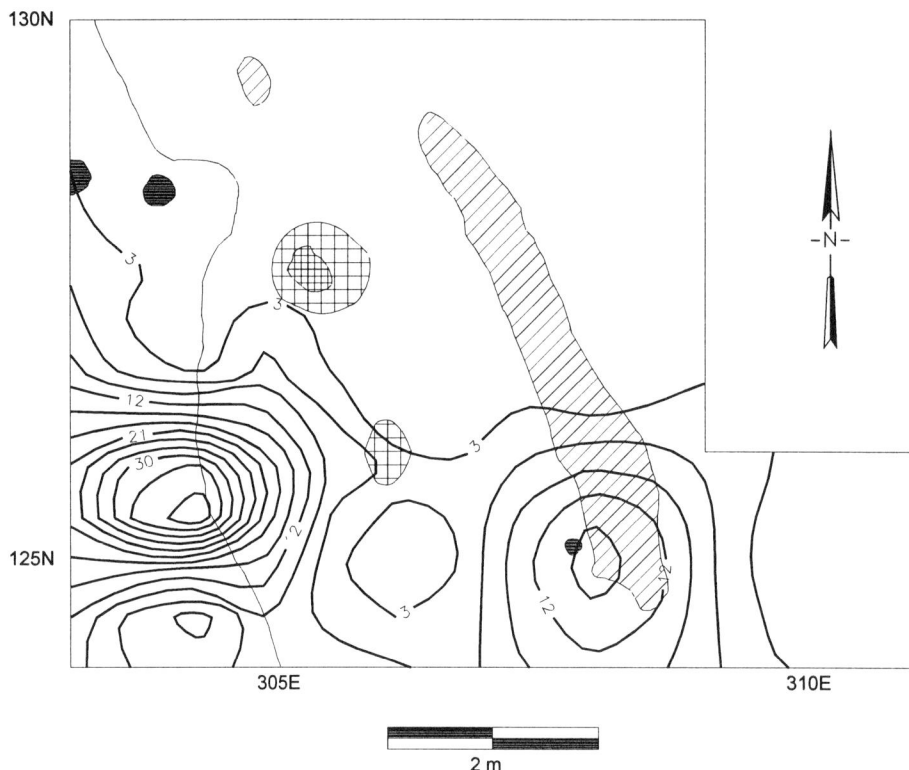

Figura 4.5. Densidad (por m³) de tiestos Barranquilla Crema en el Estrato 1 de la Unidad Doméstica 3.
Figure 4.5. Density (per m³) of Barranquilla Buff sherds in Stratum 1 of Household 3.

tural proviene de esta capa. El basurero de la vivienda se denomina Zona de Suelo 2A. El suelo de esta zona se caracteriza
por ser de color café y por ser bastante compacto. Ocasional-
mente se encuentran en él pedazos de carbón mezclados con el
suelo. La Zona de Suelo 2B es un área ubicada al interior de la
vivienda, de color ligeramente más oscuro (café negruzco).
Esta puede corresponder al área cercana a la pared interior de
la estructura en donde la basura doméstica tendía a acumular-
se. Por fuera de la estructura de la vivienda se encuentra la
Zona de Suelo 2C. Esta zona es de color café negruzco y contiene a veces fragmentos de carbón. La Zona de Suelo 2C se
encuentra en el área plana al norte de la estructura y cerca al
Elemento 2, a la Huella de Poste 2 y a la Huella de Poste 3. Esta
fue probablemente el área en donde ocurrió la mayoría de las
actividades domésticas por fuera de la vivienda. Por fuera del
área de la estructura, hacia el oriente y occidente, se encuentra
también la Zona de Suelo 2D, que se caracteriza por ser un suelo no muy compacto de color café amarillento. Una cantidad
apreciable de material cultural proviene de esta zona. Esta parece ser el resultado de la redeposición del relleno durante la
construcción y la ocupación de la Unidad Doméstica 3.

El Estrato 3 es la zona de transición entre la capa de ocupación y el subsuelo estéril (Estrato 4). El estrato de transición se
caracteriza por un suelo color café amarillento con algunos

materiales culturales en la matriz. Finalmente, el Estrato 4 se
divide en las Zonas de Suelo 4A y 4B. La Zona de Suelo 4A
está formada de suelo amarillo, mientras que la Zona de Suelo
4B es suelo amarillo rojizo. El color rojizo de la Zona de Suelo
4B es el resultado del origen volcánico del suelo local, y no el
resultado de actividades humanas.

Distribución del Material Cultural

En la Unidad Doméstica 3 se han encontrado fragmentos
cerámicos, lascas y núcleos líticos, obsidiana y artefactos de
piedra pulida. Tres de los cinco tipos cerámicos para el Valle
de la Plata se han encontrado en la Unidad Doméstica 3: Barranquilla Crema, Lourdes Rojo Engobado y Planaditas Rojo
Pulido. No se encontraron los tipos Guacas Café Rojizo ni Tachuelo Pulido. De los tipos presentes, la mayoría es Planaditas
Rojo Pulido, con un 99.49% de los 4465 tiestos. Barranquilla
Crema y Lourdes Rojo Engobado conforman el 0.29% y el
0.22% respectivamente.

Mientras que la preponderancia evidente de tiestos Planaditas Rojo Pulido en la colección de cerámica indica claramente una ocupación del Formativo 2, la distribución de tiestos proporciona información temporal y contextual adicional.
El patrón de los tiestos Barranquilla (Figura 4.5) indica que
esta cerámica se relaciona principalmente a actividades ubica-

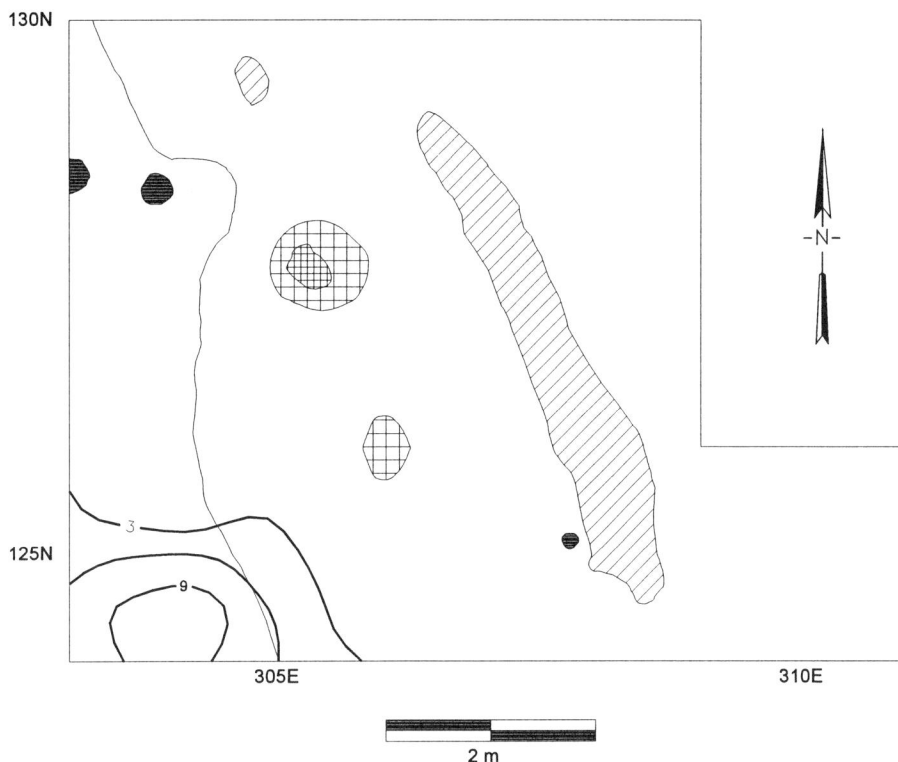

Figure 4.6. Density (per m³) of Lourdes Red Slipped sherds in Stratum 2 of Household 3.
Figura 4.6. Densidad (por m³) de tiestos Lourdes Rojo Engobado en el Estrato 2 de la Unidad Doméstica 3.

sociated with domestic activities, the exact function of the posts that created the stains is unknown. Despite the fact that the three post molds do not form a coherent structure outline, we are able to determine the basic form of the dwelling on this *tambo*. Since Feature 1 marks the eastern limit of the *tambo*, this drainage channel clearly demarcates the location of the upslope side and the general length of the dwelling. The western edge of the *tambo* is marked by a rather sharp increase in the depth of the occupation level stratum as can be seen in Figure 4.4 at 304E. This edge is illustrated in Figure 4.2 by the curving line in the westernmost 2 m of the excavation. The increased depth of the occupation level containing cultural material at this location indicates that the fill accumulated during the occupation of the *tambo* and not as part of the dwelling's construction. Using these parameters as the dwelling limits would indicate that the structure was 3.5 by 5.0 m with a total living area of about 17.5 m².

Another feature, F2, is found near Post Molds 2 and 3 and outside the structure limits. This small feature extends to a depth of 1702.3 m or 7 cm into the subsoil. Its matrix is comprised of a slightly darker brown soil intermixed with small fragments of charcoal. No cultural material was found within this feature. The lack of any evidence of *in situ* burning means

that it cannot have been a fire pit. The most logical suggestion is that Feature 2 functioned as a relatively small trash pit.

Hearth 1 and Hearth 2 are found within the structure limits. Their defining characteristic is the presence of significant quantities of burned soil intermixed with charcoal. These features were observed within the occupation level at depths of 1702.13 and 1702.11 m, respectively, and extended to depths of 1702.00 and 1702.01 m. The characteristics of Hearth 1 and Hearth 2 indicate that they are the remains of two distinct domestic hearths. Hearth 2 is divided into two distinct areas. The inner area is almost completely fire-hardened soil and charcoal. The outer area contains a lot of fire-hardened soil and charcoal but mixed with a soil matrix. The differences in morphology observed between these two hearths are likely related to differences in the length of time and contact intensity of the actual fire and the soil.

Stratigraphic Context

Excavation continued until sterile subsoil was reached. The depth at which this occurred varied from 45 to 120 cm below the modern surface, with an average of about 60 cm. Four macrostrata are defined for Household 3 (Figures 4.3 and 4.4). Stratum 1 corresponds to the modern root zone. This stratum is

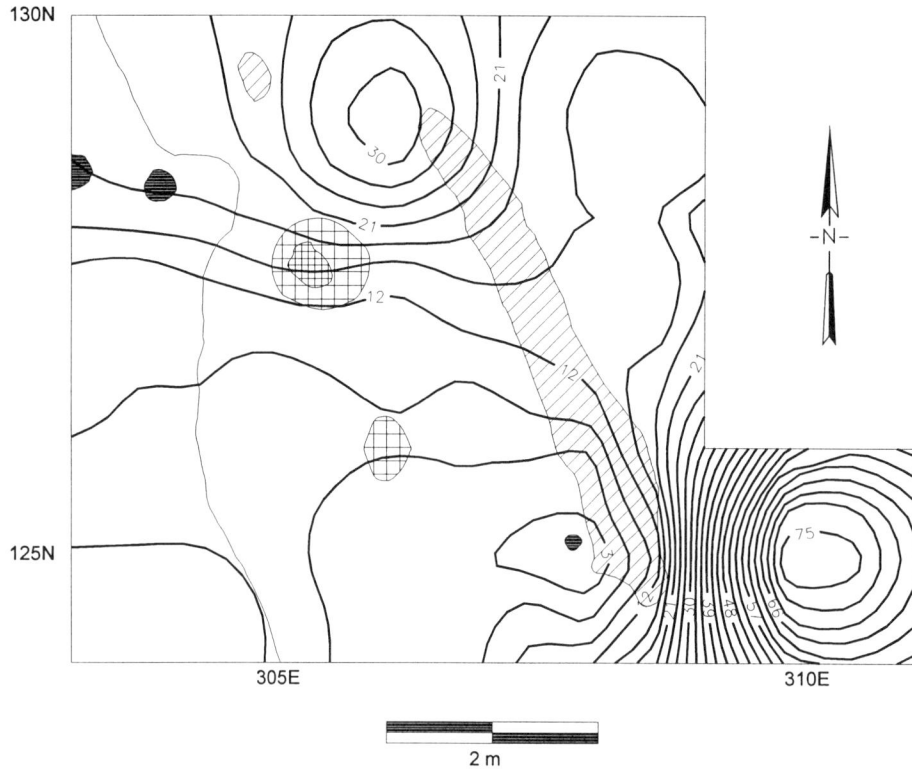

Figure 4.7. Density (per m³) of Planaditas Burnished Red sherds in Stratum 1 of Household 3.
Figura 4.7. Densidad (por m³) de tiestos Planaditas Rojo Pulido en el Estrato 1 de la Unidad Doméstica 3.

das por fuera del área de excavación. Barranquilla Crema se encuentra sólo en el Estrato 1. Además, estos tiestos se concentran en el lado suroccidental del tambo, el cual está en frente del centro del filo y del Tambo I.

Los pocos tiestos de Lourdes Rojo Engobado se encuentran en el Estrato 2 (Figura 4.6), concentrándose en la esquina suroccidental de la excavación. El tipo Lourdes Rojo Engobado o no se usó durante la ocupación de la Unidad Doméstica 3, o éste representaba un muy pequeño componente de las cerámicas del período.

El patrón de los tiestos Planaditas Rojo Pulido en el Estrato 1 muestran dos concentraciones (Figura 4.7). La primera de ellas se ubica subiendo la loma, hacia el oriente de la vivienda. Esta concentración es el resultado, probablemente, del rodamiento de basuras. El segundo pico se encuentra al norte de la estructura, en el área plana que probablemente fue usada para realizar actividades domésticas. Esta segunda concentración corresponde bien con una de las concentraciones observadas en el Estrato 2 (Figura 4.8). Los otros dos picos se encuentran arriba (oriente) y abajo (occidente) del tambo, con la mayor concentración localizada al occidente. Esta distribución tiene sentido en términos de una diseminación de la basura doméstica alrededor de la vivienda.

En suma, los datos de excavación muestran una estructura típica, con evidencias de actividades domésticas (fogones, pozos para basura, etc.). Los datos de la cerámica indican que la Unidad Doméstica 3 fue ocupada durante el período Formativo 2 (600–300 AC). Mientras que la presencia de tiestos Lourdes Rojo Engobado en el nivel de ocupación puede sugerir una fecha tardía dentro del Formativo 2, la pequeña cantidad de tiestos de este tipo no apoya una fecha muy tardía.

Resultados del Análisis de Polen

Se enviaron cinco muestras de suelo para el procesamiento, análisis e identificación de restos de polen (Apéndice 1). El Lote QT/817/41 se removió del perfil occidental de la unidad 303E/124N. Este corresponde al Estrato 3 a una profundidad de 50 cm por debajo de la superficie moderna. El suelo del Lote QT/817/42 proviene del Estrato 3 subiendo la loma desde el tambo. La muestra se extrajo del perfil oriental de la Unidad 309E/124N a una profundidad de 24 cm por debajo de la superficie moderna. El Lote QT/817/67 proviene del perfil norte de la Unidad 307E/124N (Figura 4.4). Este corresponde al canal de drenaje (F1 en la Figura 4.4) y fue tomado a una profundidad de 30 cm por debajo de la superficie moderna. El Lote QT/817/88 se tomó del suelo de excavación de la Unidad

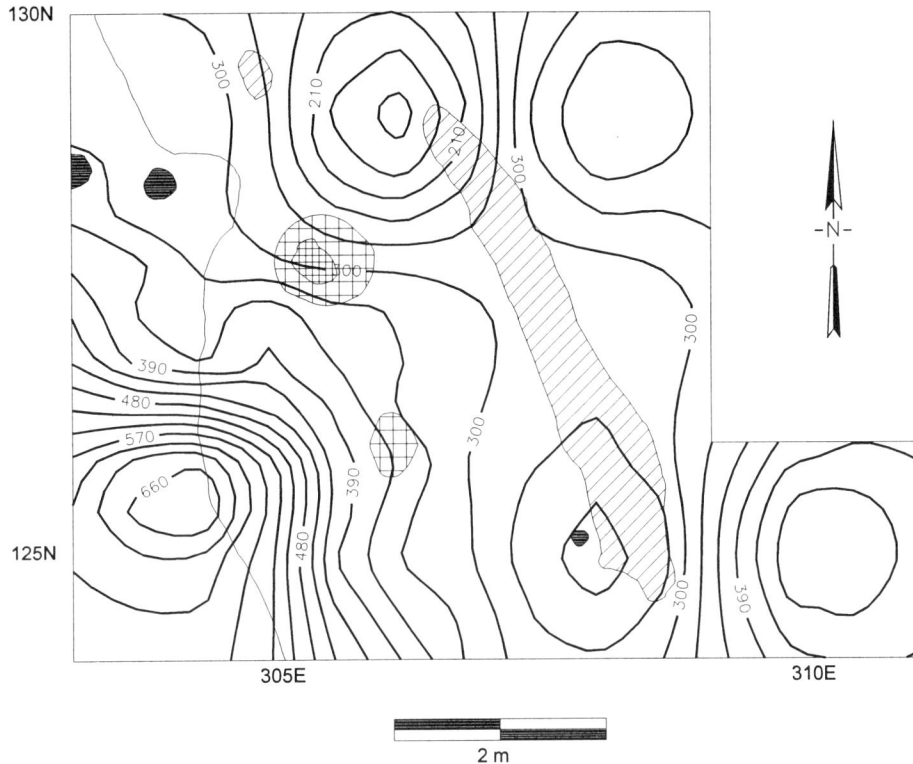

Figure 4.8. Density (per m³) of Planaditas Burnished Reds sherds in Stratum 2 of Household 3.
Figura 4.8. Densidad (por m³) de tiestos Planaditas Rojo Pulido en el Estrato 2 de la Unidad Doméstica 3.

generally brown in color with a high quantity of roots and organic remains but not much in the way of cultural material.

Stratum 2 (divided into Soil Zones 2A, 2B, 2C, and 2D) is
the occupation level. Most of the cultural material is found in
this layer. The dwelling midden is designated Soil Zone 2A.
Soil of this zone is characteristically brown in color and quite
compact. There are occasional fragments of the charcoal
mixed in the soil. Soil Zone 2B is an area located within the
dwelling and slightly darker in color (blackish brown). This
may correspond to the area near the inside wall of the structure
where domestic trash might tend to accumulate. Outside of the
dwelling structure is Soil Zone 2C. This zone is blackish
brown in color and sometimes contains fragments of charcoal.
Soil Zone 2C is found in the flat area to the north of the structure near Feature 2 and Post Molds 2 and 3. This is probably
the area where most of the outside domestic activities occurred. Also, outside the structure area to the east and west is
Soil Zone 2D, which is characterized by not very compact yellowish brown soil. There is an abundant quantity of cultural remains from this zone. This zone resulted from the redeposition
of fill during construction and occupation of the Household 3.

Stratum 3 is the transition zone between the occupation
layer and the sterile subsoil (Stratum 4). The transitional stratum is characterized by yellowish brown soil with some cultural material within its soil matrix. Finally, Stratum 4 is di-

vided into Soil Zones 4A and 4B. Soil Zone 4A is comprised
of yellow soil, while Soil Zone 4B is reddish yellow soil. The
reddish color of Soil Zone 4B is the result of the volcanic origin of the native soil and not the result of human activities.

Cultural Material Distribution

Ceramic fragments, obsidian, lithic flakes, lithic cores, and
ground stone tools have all been found at Household 3. Three
of the five Valle de la Plata ceramic types are identified at
Household 3: Barranquilla Buff, Lourdes Red Slipped, and
Planaditas Burnished Red. Not found at Household 3 are Guacas Reddish Brown and Tachuelo Burnished. Of the three
types comprising the ceramic collection from Household 3,
Planaditas Burnished makes up the vast majority, with
99.49% of the 4465 sherds. Barranquilla Buff and Lourdes
Red Slipped comprise 0.29% and 0.22%, respectively.

While the overwhelming predominance of Planaditas Burnished sherds in the ceramic collection clearly indicates a Formative 2 occupation, the distribution of the sherds provides
additional temporal and contextual information. The pattern
of Barranquilla sherds (Figure 4.5) indicates that this ceramic
type is related to activities largely outside the area of excavation. Barranquilla Buff is only found in Stratum 1. In addition,
the sherds are concentrated on the southwestern side of the
tambo which faces the center of the ridge and *tambo* I.

303E/126N del área al occidente del borde del tambo. Esta muestra proviene del área que corresponde a la parte baja del Estrato 2 y parte alta del Estrato 3, a una profundidad de 30 cm por debajo de la superficie moderna. La muestra final de suelo proviene del Estrato 2 a una profundidad de 24 cm por debajo de la superficie moderna. El suelo para esta muestra se extrajo del perfil occidental de la Unidad 303E/128N. Esto la coloca por fuera de la vivienda pero cerca del área plana en donde probablemente se llevaban a cabo las actividades domésticas.

Mientras que las cantidades de granos de polen y Pterydophyta de las cinco muestras de suelo son muy bajas, sí ofrecen algunas indicaciones sobre el medio ambiente local y sobre la producción de alimentos. Una zona medioambiental que está representada en todas las muestras de polen es Todo/Abierto. Además, cuando está presente, la Pterydophyta de bosque abierto es abundante. Así, la mejor hipótesis es que los alrededores de la Unidad Doméstica 3 eran principalmente pastos y bosque abierto, con condiciones algo húmedas.

No obstante la baja cantidad de granos de polen, éstos incluyen plantas de cultivo y las especies que se identificaron no diseminan sus granos de polen sobre distancias muy grandes (Herrera 1992, comunicación personal): *Manihot esculenta Krantz* (yuca) y *Xanthosoma* sp. (malangay). Además de estas especies, granos de polen de Amarantaceae se observan en dos de las muestras (Lotes QT/817/67 y QT/817/111). Esto sugiere que los habitantes de la Unidad Doméstica 3 explotaron una especie de bledos (*Amarantus caudatus*?). No se encontró polen de maíz en ninguna de las cinco muestras de suelo.

Restos Macrobotánicos

Siete muestras que totalizan 57 litros de suelo se extrajeron de diferentes contextos arqueológicos para la

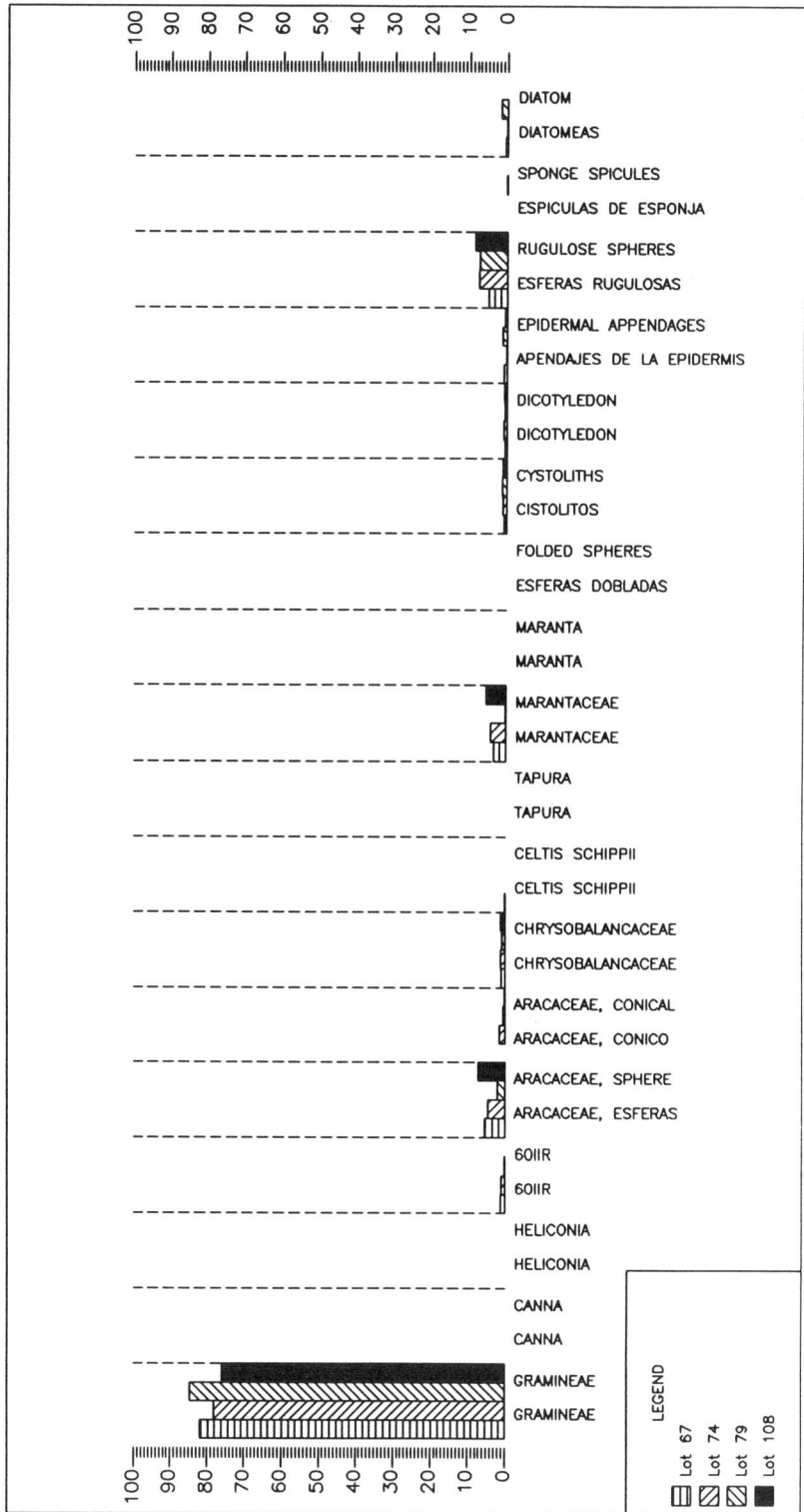

Figure 4.9. Percentages of phytoliths of plant species representing different environmental zones for the four phytolith samples from Household 3.
Figura 4.9. Porcentajes de fitolitos de las especies de plantas que representan las diferentes zonas medioambientales en las cuatro muestras de la Unidad Doméstica 3.

The few sherds of Lourdes Red Slipped are found in Stratum 2 (Figure 4.6), concentrated in the southwest corner of the excavation. Either Lourdes Red Slipped was not in use during the occupation of Household 3, or the Lourdes was a very, very small component of the ceramics of the period.

The Stratum 1 pattern of Planaditas Burnished Red sherds shows two concentrations (Figure 4.7). The first is located uphill to the east of the dwelling. This concentration is probably the result of the movement of occupational refuse downhill. The second peak is found to the north of the structure in the flat area probably used for domestic activities. This second sherd concentration matches one of the three seen in the Stratum 2 distribution (Figure 4.8). The other two peaks are found above (east) and below (west) of the *tambo* with the highest concentration located to the west. This distribution makes sense in terms of the spread of domestic refuse around the dwelling.

In summary, the excavation data show a typical structure with evidence of domestic activities (hearths, trash pit, etc.). Ceramic data indicate that Household 3 was occupied during the Formative 2 Period (600–300 BC). While the presence of Lourdes Red Slipped sherds within the occupation level might suggest a late Formative 2 date, the small quantity of sherds from this ceramic type does not support a date too late in the period.

Pollen Analysis Results

Five soil samples were submitted for processing, analysis, and identification of pollen remains (Appendix 1). Lot QT/817/41 was removed from the west profile of Unit 303E/124N. This corresponds to Stratum 3 at a depth of 50 cm below the modern surface. The soil taken for Lot QT/817/42 comes from Stratum 3 uphill from the *tambo*. The sample was removed from the east profile of Unit 309E/124N at a depth of 24 cm below the modern surface. Lot QT/817/67 comes from the north profile of Unit 307E/124N (Figure 4.4). It corresponds to the drainage channel (F1 in Figure 4.4) and was taken at a depth of 30 cm below the modern surface. Lot QT/817/88 was taken from the excavation floor of Unit 303E/126N from the area to the west of the *tambo* edge. From a depth of 30 cm below the modern surface, this sample comes from the area corresponding to lower part of Stratum 2 and upper part of Stratum 3. The final soil sample comes from Stratum 2 at a depth of 24 cm below the modern surface. The soil for this sample was removed from the west excavation profile of Unit 303E/128N. This places it outside the dwelling but nearby the flat area where domestic activities probably took place.

While the quantities of pollen grains and Pterydophyta from all five of the soil samples are very low there are still some indications of local environment and food production. One environmental zone that is represented in all of the pollen samples is All/Open. In addition, Pterydophyta from open forest are plentiful when found in a sample. Thus, the best hypothesis is that the Household 3 surroundings were primarily grassland and open forest presenting somewhat wet conditions.

Despite the low quantity of pollen grains, cultigens are included, and the species identified do not disperse their pollen grains widely (Luisa F. Herrera 1992 personal communication): *Manihot esculenta* Krantz (yuca) and *Xanthosoma* sp. (malangay). In addition to these species, pollen grains from Amarantaceae are seen in two samples (Lots QT/817/67 and QT/817/111). This suggests that the Household 3 inhabitants were exploiting a species of amaranth (*Amarantus caudatus*?). No pollen of maize are seen in any of the five soil samples.

Macrobotanical Remains

Seven samples totaling 57 liters of soil were taken from different archaeological contexts for flotation (Appendix 2). A total of only three seeds were recovered from the flotation samples.

Lot QT/817/66 is the 1.5 liters of soil removed from Post Mold 1. No macrobotanical remains were found in this sample. Lots QT/817/79 and QT/817/80 both come from Hearth 2. The 10.75 liters of Lot QT/817/79 is from the outer area of the hearth while the 9 liters of Lot QT/817/80 was taken from the inner, more compact area. Each of these samples produced a single seed. Lot QT/817/79 contains a seed from the unidentified Type 46. The only seed from Lot QT/817/80 is unidentifiable and thus placed in Group 20. Lot QT/817/108 corresponds to Post Mold 2 from which 7.75 liters of soil was taken. Like Lot QT/817/80, the single seed found in this flotation sample is unidentifiable (Group 20). The 6 liters of soil for Lot QT/817/109 comes from Post Mold 3. No macrobotanical remains were recovered in this sample. Lot QT/817/112 comes from Hearth 1. A total of 10.75 liters was taken from this feature, but no macrobotanical remains were found. The final soil sample, Lot QT/817/122, was taken from the drainage channel in Unit 307E/126N. Despite the processing of 11.25 liters of soil, no macrobotanical remains were recovered.

The paucity of macrobotanical material found at Household 3 does not allow definitive statements concerning the kinds of foods consumed by the inhabitants. One possible explanation for the lack of macrobotanical remains is indicated by the pollen data. The tuberous species represented in the pollen samples are notoriously uncommon among carbonized macroremains. Since maize does not suffer this problem, its absence from the Household 3 pollen suggests that it was not a major component of the diet here. Although such negative evidence is never definitive, the extreme scarcity of macrobotanical remains from good domestic contexts might suggest that foods like yuca and malangay, were the main staples at Household 3.

flotación (Apéndice 2). Un total de sólo 3 semillas se recuperó de las muestras de flotación.

El Lote QT/817/66 son 1.5 litros de suelo que se extrajeron de la Huella de Poste 1. En ésta no se encontró ningún macroresto. Los Lotes QT/817/79 y QT/817/80 provienen ambos del Fogón 2. Los 10.75 litros del Lote QT/817/79 son del área exterior mientras que los 9 litros del Lote QT/817/80 se tomaron del área compacta interior. Cada una de estas muestras produjo una sola semilla. El Lote QT/817/79 contiene una semilla del aún inidentificado Tipo 46. La semilla del Lote QT/817/80 es no-identificable (Grupo 20). El Lote QT/817/108 corresponde a la Huella de Poste 2, de la cual se tomaron 7.75 litros de suelo. Como en el Lote QT/817/80, la única semilla encontrada en esta muestra es no-identificable, y se asignó al Grupo 20. Los 6 litros de suelo para el Lote QT/817/109 provienen de la Huella de Poste 3. No se encontró ningún resto macrobotánico en esta muestra. El Lote QT/817/112 proviene del Fogón 1. Un total de 10.75 litros fue tomado de este elemento, pero no se encontró ningún macroresto. La muestra final, QT/817/122, se tomó del canal de drenaje en la Unidad 307E/126N. Aunque se procesaron 11.25 litros de suelo, no se encontró ningún resto macrobotánico.

La escasez de restos macrobotánicos en la Unidad Doméstica 3 no permite un análisis definitivo de la clase de alimentos consumidas por los habitantes. Los datos de polen indican una posible explicación de la falta de restos macrobotánicos. Las especies tuberosas representadas en las muestras de polen son extremadamente raras entre los restos carbonizados. Como el maíz no sufre de este problema, su ausencia en el polen de la Unidad Doméstica 3 sugiere que éste no era un componente importante de la dieta en el sitio. Aunque esta clase de evidencias negativas no es nunca muy definitiva, la escasez extrema de restos macrobotánicos de contextos domésticos bien conservados puede sugerir que alimentos como la yuca y el malangay eran la fuente básica de alimentos de la Unidad Doméstica 3.

Resultados del Análisis de Fitolitos

El suelo de cuatro lotes de la Unidad Doméstica 3 fue enviado para el procesamiento e identificación de restos de fitolitos (Apéndice 3). La Primera muestra, Lote QT/817/67, proviene del Elemento 1 (el canal de drenaje). El suelo se removió del perfil de excavación norte de la Unidad 307E/124N a una profundidad de 30 cm por debajo de la superficie moderna. El Lote QT/817/74 se tomó del área de basura al interior de la estructura de la vivienda (Unidad 305E/126N) a una profundidad de 20 cm por debajo de la superficie moderna. La muestra proviene del Estrato 2A. El suelo para la tercera muestra, Lote QT/817/79, proviene del anillo exterior del Fogón 2. El suelo se tomó a una profundidad de 30 cm por debajo de la superficie moderna. Finalmente, el Lote QT/817/108 corresponde a la Huella de Poste 2. Esta muestra viene de una profundidad de 25 cm por debajo de la superficie moderna.

Un rasgo sorprendente de los datos de fitolitos es el abrumador predominio de especies de pasto (Figura 4.9). Los pastos, que varían entre un 76.0% y 84.6% del total de los fitolitos, forman un componente mayor aquí que en cualquiera de las unidades domésticas investigadas en este proyecto. Las especies de palmas, en cambio, conforman aquí sólo un 50% de las proporciones encontradas en otras unidades domésticas. Además, son más escasos aquí los fitolitos que indican medio ambientes húmedos (e.g., Diatomeas, Cistolitos, Espículas de Esponja, etc.). En general, la evidencia de fitolitos indica un medio ambiente más seco, abierto y cubierto de pastos en los alrededores de la Unidad Doméstica 3. El tipo de medio ambiente que se observa indica un impacto humano mayor sobre el paisaje.

No se identificó ningún fitolito de plantas de cultivo. Sin embargo, es de interés que los fitolitos de Marantaceae contribuyen aquí con una mayor proporción del total de fitolitos que en ningún otro sitio. Dada la evidente contribución de los tubérculos a la dieta de la Unidad Doméstica 3, parece posible que una de las especies comestibles de Marantaceae estuviera presente.

Conclusiones

Dado el predominio de tiestos Planaditas Rojo Pulido en la colección cerámica, es claramente durante el período Formativo 2 que la Unidad Doméstica 3 fue ocupada. Mientras que los elementos asociados no son numerosos, el esfuerzo evidente en la construcción del tambo sobre el cual se erigió la vivienda indica una ocupación permanente.

Basándonos en los datos de polen y fitolitos, el medio ambiente en el cual vivían los habitantes de la Unidad Doméstica 3 parece haber sido principalmente de pastos. Otra zona representada en los datos de polen, aunque probablemente no formaba gran parte de los alrededores del sitio, es el bosque abierto. Aunque se corre el riesgo de sobre-estimar los pastos como un componente mayor de las inmediaciones del lugar, sus altos porcentajes sugieren que las poblaciones humanas habían comenzado a afectar dramáticamente el medio ambiente a través de la tala de bosques en las inmediaciones de la Unidad Doméstica 3.

La presencia de dos tipos de raíces cultivadas en las muestras de polen indican la existencia de una huerta en las cercanías del lugar. Además, el polen de Amarantaceae indica que el bledo (borla) puede haber sido parte de la dieta. Desafortunadamente, los restos macrobotánicos añaden muy poco a lo que sabemos sobre los alimentos de la gente en el sitio, excepto posiblemente en forma de evidencias negativas relacionadas con el consumo de tubérculos. Los fitolitos añaden sólo la indicación de la explotación de Marantaceae, una especie de la familia del *arrowroot*, encontrada también en las Unidades Domésticas 1 y 2. El cultivo y consumo de raíces, entonces, puede haber sido el rasgo principal de la subsistencia en la Unidad Doméstica 3.

Phytolith Analysis Results

Soil from four different Household 3 lots were submitted for processing and identification of phytolith remains (Appendix 3). The first sample, Lot QT/817/67, comes from Feature 1 (the drainage channel). The soil was removed from the northern excavation profile of Unit 307E/124N at a depth of 30 cm below the modern surface. Lot QT/817/74 was taken from the midden area within the dwelling structure (Unit 305E/126N) at a depth of 20 cm below the modern surface. The sample comes from Stratum 2A. The soil for the third sample, Lot QT/817/79, comes from the outer ring of Hearth 2. The soil was taken at a depth of 30 cm below the modern surface. Finally, Lot QT/817/108 corresponds to Post Mold 2. This sample comes from a depth of 25 cm below the modern surface.

The most striking feature of the phytolith data is the overwhelming dominance of the grass species (Figure 4.9). Ranging between 76.0% and 84.6%, the grasses are a greater component of the phytolith data than at any of the other households investigated in this project. Correspondingly, the palm phytoliths comprise only about half the proportions seen at the other households. In addition, the phytoliths that indicate a highly moist environment are fewer (e.g., diatoms, cystoliths, sponge spicules, etc.). In general, the phytolith evidence indicates a dryer, open grassy environment surrounding Household 3. The kind of environment seen here might indicate a greater impact by humans on the landscape.

No cultigen phytoliths were identified. However, it is interesting that Marantaceae phytoliths contribute a larger percentage to the total phytolith count than is the case at the other sites. Given the evident contribution of tubers to the Household 3 diet, it seems possible that one of the edible species of Marantaceae contributed its phytoliths to these samples.

Conclusions

Given the prevalence of Planaditas Burnished Red sherds in the ceramic collection, the Formative 2 Period is clearly the period during which Household 3 was occupied. While the associated features are not numerous, the amount of effort that went into creating the *tambo* on which the dwelling was built indicates a permanence of occupation.

Based on both the pollen and phytolith data, the environment in which the Household 3 inhabitants lived appears to have been generally grassland. Another zone represented in the pollen data, although possibly not comprising a large area near this household, is that of open forest. While it is easy to overstate the importance of the grasses as a component of the nearby surroundings, the very high percentages suggest that humans were beginning to dramatically affect their environment through forest clearance in the vicinity of Household 3.

The presence of two different cultivated root crops in the pollen samples points to the existence of a nearby garden. In addition, pollen from Amarantaceae indicates that amaranth might have been part of the diet. Unfortunately, the macrobotanical remains add little to our knowledge of the foods consumed by these people, except possibly as negative evidence for the consumption of tubers. The phytoliths supply only the additional indication of exploitation of Marantaceae, a species of the arrowroot family, as at Households 1 and 2. Cultivation and consumption of root crops, then, may have been the principal feature of subsistence at Household 3.

Chapter 5

Household 4 Excavations

General Environmental Context

Household 4 is found in a group of *tambos* comprising site VP1125 in the regional survey (Figures 1.2 and 1.3). This Household corresponds to survey collection lot 87/267 and is located at 1600 m above sea level on a short wide tongue of land that protrudes westward into the Quebrada Riecito (Figure 5.1). The land falls quickly on the north and south to a series of lower terraces on the *quebrada* floodplain, and the western end of this tongue makes an abrupt descent directly to the Quebrada Riecito. To the east, the slope is quite dramatic as it rises into the Serranía de las Minas. At present, the site is a cleared plot used for pasturage of horses and cows in front of an occupied house.

The locality of Household 4 is placed within the Temperate Humid Climatic Province which is characterized by "higher precipitation than evapotranspiration" (Botero et al. 1989:9). This description is supported by the fact that Household 4's position subjects it to frequent and short but strong rainstorms that originate in the upper plains of the colder and wetter La Ciénaga. Several times a day during excavation we watched these storms as they traveled down the Quebrada Riecito toward and then past the site location. Assuming similar conditions, the inhabitants of Household 4 could have been assured of a continuous supply of precipitation.

Given the dramatic nature of the topography found in the this part of the Valle de la Plata, the nearby meteorological station cannot accurately reflect the climate in the vicinity of Household 4. However, a general picture can be obtained from the La Argentina station. For the period 1971 to 1981 the annual total rainfall was 1974 mm with a mean monthly precipitation of 165 mm (Rangel and Espejo 1989:25). While the bimodal-tetraseasonal precipitation regime found at La Argentina is probably accurate, Household 4's proximity to the La Ciénaga plains would tend to moderate the seasonal differences.

The landscape in which Household 4 is found has been classified as "Structural-Erosional Mountains and Hills." One of the three subdivisions that Botero, León, and Moreno (1989:11) describe for this landscape province clearly relates to the Household 4 locale. Within this province are the

structural-erosional slopes of the Serranía de las Minas and other high mountains. These tend toward the formation of fertile soils but steep slopes and massive soil movements limit their use.

In addition, this household is found at the transition between two subdivisions of this Great Landscape: Colluvial-Erosional Fan and Structural-Erosional Mountains and Hills of Saldaña Formation Material (Botero et al. 1988 unpublished manuscript). The Colluvial-Erosional Fan is described as flat to undulating relief with 1% to 25% slope. While cultivation of coffee, sugar cane, and plantain is found, the soil is generally gravelly, of low fertility and badly drained. In contrast, the relief of the Structural-Erosional Mountains and Hills of Saldaña Formation Material is characterized as undulating to steep with slopes of greater than 50%. Cultivation of coffee, plantain, sugar cane, yuca, and maize is found despite the steep slopes, low fertility, and susceptibility to mudslides. Generally, the vicinity of Household 4 is quite variable with relatively quick access to several resource zones.

Excavation

Shovel probes were excavated at 5 m spacing across the *tambos* (Figure 5.1). The most westerly *tambo* was a Formative 2 occupation, as indicated by the significant quantity of Planaditas sherds.

Household Features

Excavation of Household 4 uncovered a series of post molds, a hearth, and several other features (Figure 5.2). The dark and uniform composition of the soil made most of the features unrecognizable until viewed against the lighter subsoil. Post Molds 1 through 6 (PM1–PM6 in Figure 5.2) form the exterior wall of the dwelling. The dwelling post mold diameters are quite large with a range from 28 to 32 cm (mean = 27.6 cm). The fill of several post molds (PM1, PM2 and PM4) contained sherds. All of the sherds recovered from post mold contexts were Planaditas Burnished Red. The area of the dwelling would have been about 17.34 m² with a diameter of 5.35 m. This size is similar to other archaeologically known dwellings of the region.

Directly associated with the dwelling are two other features. Feature 1 is the same type of shallow ditch that is seen on the uphill sides of Households 1 and 3. Once again, this ditch probably functioned to direct water away from the house. Morphologically very different, Feature 2 is a shallow stain between Post Molds 4 and 5. Containing dark blackish-brown soil with small flecks of charcoal, the most logical suggestion

Capítulo 5

Excavaciones en la Unidad Doméstica 4

Contexto Medioambiental General

La Unidad Doméstica 4 se encuentra en un grupo de tambos que conforman el sitio VP1125 del reconocimiento regional (Figuras 1.2 y 1.3). Esta unidad doméstica corresponde al lote de recolección 87/267 y se localiza a 1600 m sobre el nivel del mar sobre una pequeña y amplia lengua de terreno que se extiende al occidente hacia la quebrada Riecito (Figura 5.1). El terreno cae en forma rápida al norte y al sur desde una serie de terrazas bajas hacia la planicie de inundación de la quebrada, mientras que la punta occidental de esta lengua presenta un descenso abrupto a la quebrada Riecito. Al oriente, la inclinación es bastante marcada y sube hacia la Serranía de las Minas. Hoy día, el sitio es un potrero desmontado usado para pastura de caballos y vacas al frente de una casa ocupada.

La Unidad Doméstica 4 se ubica al interior de la Provincia Climática Templado Húmedo que se caracteriza por un "predominio de la precipitación sobre la evapo-transpiración" (Botero et al. 1989:9–10). Esta descripción se apoya en el hecho de que la ubicación de la Unidad Doméstica 4 la expone a aguaceros cortos y frecuentes pero fuertes, que se originan en la altiplanicie fría y húmeda de La Ciénaga. Varias veces al día durante las excavaciones, observamos estos aguaceros mientras bajaban sobre la Quebrada Riecito para pasar eventualmente sobre el sitio en cuestión. Asumiendo condiciones similares, los habitantes de la Unidad Doméstica 4 tenían asegurado un continuo abastecimiento de precipitación.

Dada la naturaleza dramática de la topografía en esta parte del Valle de la Plata, la estación más cercana no refleja exactamente el clima de las inmediaciones de la Unidad Doméstica 4. Sin embargo, un cuadro general se puede obtener de la estación de La Argentina. Para el período 1971 a 1981 el promedio multianual fue de 1974 mm con una precipitación promedio de 165 mm (Rangel y Espejo 1989:25). Mientras que el régimen bimodal-tetraestacional de La Argentina es probablemente bastante preciso, la proximidad de la Unidad Doméstica 4 a las planicies de La Ciénaga tenderían a hacer más moderadas las diferencias estacionales.

El paisaje en el que se encuentra la Unidad Doméstica 4 ha sido clasificado como "Montañas y Colinas Estructural-Erosionales." Una de las tres subdivisiones que Botero, León y Moreno (1989:11) describen para esta provincia de paisajes se relaciona claramente con la localización de la Unidad Doméstica 4. Al interior de esta provincia se encuentran las pendientes estructural-erosionales que bajan de la Serranía de Minas y de otras montañas altas. Hay tendencias de formación de suelos fértiles pero muy limitadas por las fuertes pendientes y las remociones en masa activas.

Además, esta unidad doméstica se encuentra en la transición entre dos subdivisiones de este Gran Paisaje: el Abanico Coluvial- Erosional y Montañas y Colinas Estructural-Erosional del material de la Formación Saldaña (Botero et al. 1988, manuscrito sin publicar). El Abanico Coluvial-Erosional es descrito como relieve de plano a ondulado con inclinación de 1% a 25%. Aunque se encuentran aquí cultivos de café, caña de azúcar y plátano, los suelos son en general pedregosos, de baja fertilidad y mal drenados. En cambio, el relieve de las Montañas y Colinas Estructural-Erosionales del material de la Formación Saldaña se caracteriza por ser de ondulado a inclinado, con inclinaciones de más de 50%. No obstante lo marcado de las pendientes, la baja fertilidad y la susceptibilidad a deslizamientos, se encuentran aquí cultivos de café, plátano, caña de azúcar, yuca y maíz. En términos generales, las inmediaciones de la Unidad Doméstica 4 son variadas y tienen acceso relativamente rápido a las varias zonas medioambientales.

Excavación

Se excavaron pruebas de garlancha a intervalos de 5 m cubriendo el área de tambos (Figura 5.1). El tambo más occidental era una ocupación del Formativo 2, como lo indica la cantidad significativa de tiestos Planaditas.

Elementos de las Unidades Domésticas

En la excavación de la Unidad Doméstica 4 de descubrió una serie de huellas de poste, un fogón y otros elementos (Figura 5.2). La composición uniforme de color oscuro del suelo hizo que los elementos fueran reconocidos únicamente en el contraste con el subsuelo de color más claro. Las Huellas de Poste 1 a 6 (PM1–PM6 en la Figura 5.2) forman la pared exterior de la vivienda. Los diámetros de estas huellas de poste son bastante grandes, con un rango de 28 a 32 cm (media = 27.6 cm). El relleno de varias de las huellas de poste (PM1, PM2 y PM4) contenía tiestos. Todos los tiestos recuperados en el contexto de huellas de poste eran Planaditas Rojo Pulido. El área de vivienda pudo haber sido de cerca de 17.34 m² con

for this feature is that it is the remnant of the dwelling threshold. That the doorway of the structure would be found on this side seems logical as it would face away from the prevailing winds and frequent rainstorms.

Other features directly associated with the dwelling structure include additional post molds (PM9), three pits (P3; P4; P5), an amorphous feature (F3), and a hearth (H1). Post Mold 9 is a shallow stain (at 1594.93 m) with compact soil but lacking any carbon. While small (0.01 m³) and not extending very deep into the sterile subsoil (1594.86 m), Pit 3 contained a significant amount of small charcoal fragments in its matrix. The best suggestion for the function of this feature is a storage pit.

Pit 4 extends slightly deeper into the sterile subsoil to a depth of 1594.74 m. Although not large (30 cm diameter), its depth and its proximity to the hearth (H1) might suggest that it functioned as a storage pit. Similar in morphology to Pit 4, the amorphous Pit 5 extends to a depth of 1594.68 m. The dark soil of Pit 5 also contained small fragments of charcoal. Like Pit 4 this feature may have been a storage pit. Quite shallow relative to the other subsoil stains (1595.07 m), Feature 3 is composed of burned soil with fragments of carbon. Feature 3's morphology would suggest that this was a hearth. However its proximity to the northern wall of the dwelling might cast doubt on this suggestion. Finally Hearth 1 contains burnt chunks of clay and some charcoal. In contrast to the other soil stains this feature was observed in and contained within the dwelling midden.

Outside, but associated with the dwelling, were two additional post molds (PM7 and PM8) and two pits (P1 and P2). The two post molds are small (12 cm in diameter) with only slight color differentiation from the surrounding subsoil. They do extend some 12 to 14 cm into the sterile soil. While their function is unclear, the fact that both produced Planaditas Burnished Red sherds indicates a contemporaneity with the other features. Associated with these post molds is Pit 2. As in the case of the post molds, the color differentiation is only slight between the feature matrix and the surrounding subsoil. However, a significant quantity of cultural material was uncovered during its excavation. Included within the 0.03 m³ of soil were 98 Planaditas Burnished Red sherds, 17 lithic flakes, 3 obsidian flakes, and 1 core. The large quantity of cultural material, the lack of a distinct color differentiation, and the almost complete absence of charcoal indicate that this feature probably functioned as a trash pit. In contrast, Pit 1 contained a significant amount of charcoal, a much darker soil matrix, and a relatively small amount of cultural material (14 sherds and 2 lithic flakes). Its morphology and contents would indicate a fire pit.

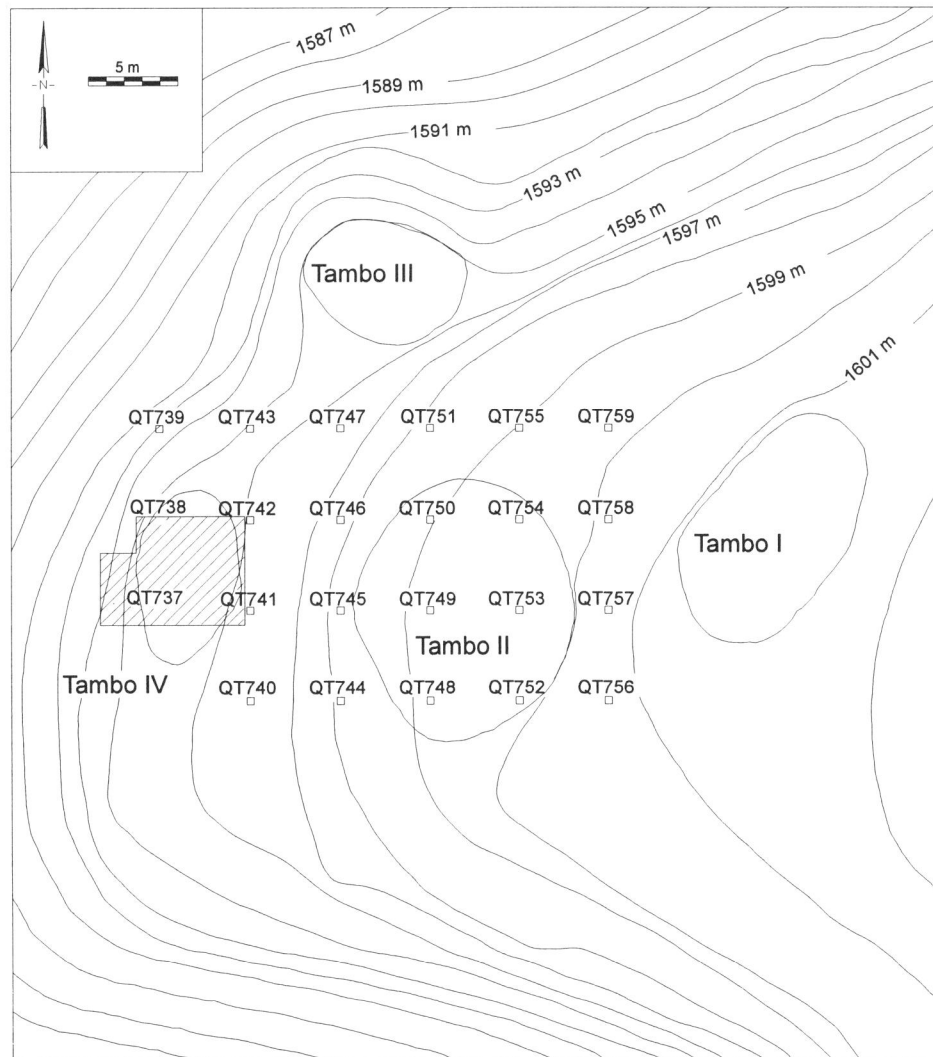

Figura 5.1. Mapa topográfico del área alrededor de la Unidad Doméstica 4 mostrando la ubicación de pruebas de garlancha (cuadrados pequeños) y las excavaciones en área realizadas posteriormente (sombreado).
Figure 5.1. Topographic map of the area around Household 3 showing the placement of shovel probes (small squares) and larger excavations conducted later (shading).

un diámetro de 5.35 m. Este tamaño es similar a otras viviendas que se conocen en la arqueología de la región.

Hay otros dos elementos directamente asociados con la vivienda. El Elemento 1 es del mismo tipo de canal poco profundo que se observó en las partes elevadas de las Unidades Domésticas 1 y 3. De nuevo, este canal probablemente servía para encauzar el agua fuera de la casa. Morfológicamente muy diferente, el Elemento 2 es una mancha poco profunda entre las Huellas de Poste 4 y 5. Ya que contiene un suelo café negruzco con pequeñas pintas de carbón, la sugerencia más lógica para este elemento es que se trata de los restos del umbral de la vivienda. Parece lógico que la entrada a la estructura se encuentre a este lado, ya que así estaría protegida de los vientos y lluvias frecuentes.

Otros elementos asociados directamente con la estructura de la vivienda incluyen una huella de poste adicional (PM9), tres pozos (P3; P4; P5), un elemento amorfo (F3), y un fogón (H1). La Huella de Poste 9 es una mancha poco profunda (a 1594.93 m) de suelo compacto pero sin ningún resto de carbón. Aunque pequeño (0.01 m³) y aunque baja muy poco en el subsuelo estéril (1594.86 m), el Pozo 3 contiene en su matriz una cantidad apreciable de pequeños fragmentos de carbón. La mejor sugerencia para la función de este elemento es que se trata de un pozo de almacenamiento. El Pozo 4 baja a una profundidad ligeramente mayor en el subsuelo estéril, hasta una profundidad de 1594.74 m. Aunque de reducido tamaño (30 cm de diámetro), su profundidad y la proximidad al fogón (H1) pueden sugerir que éste funcionaba como un pozo de almacenamiento. Con una morfología similar al Pozo 4, el Pozo 5, pozo amorfo, baja hasta una profundidad de 1594.68 m. El suelo oscuro del Pozo 5 contiene también fragmentos de carbón. Así como el Pozo 4, el Pozo 5 puede haber sido un pozo de almacenamiento. El Elemento 3, bastante superficial en comparación con las otras manchas del subsuelo (1595.07 m), se compone de tierra quemada con fragmentos de carbón. La morfología del Elemento 3 sugeriría que se trata de un fogón. Sin embargo, su proximidad a la pared norte de la vivienda pondría en duda esta interpretación. Finalmente, el Fogón 1 contiene bloques de arcilla y algo de carbón. En contraste con las otras manchas de suelo, este elemento quedaba al interior del basurero de la vivienda.

Por fuera de la vivienda, pero asociadas a ésta, habían dos huellas de poste adicionales (PM7 y PM8) y dos pozos (P1 y P2). Las dos huellas de poste son pequeñas (12 cm de diámetro) y de color sólo ligeramente diferente al suelo circundante. Estas bajan a una profundidad de unos 12 a 14 cm en el subsuelo estéril. Mientras que su función no está clara, el hecho de que ambas produjeron tiestos Planaditas Rojo Pulido indica que son contemporáneas con los otros elementos. Asociado a estas huellas de poste encontramos el Pozo 2. Como en el caso de las huellas de poste, la diferenciación entre la matriz del elemento y el suelo circundante es muy ligera. Sin embargo, al excavarlo, se descubrió en éste una cantidad apreciable de material cultural. Había en los 0.03 m³ de suelo 98 tiestos Planaditas Rojo Pulido, 17 lascas líticas, 3 lascas de obsidiana y 1 núcleo. La gran cantidad de material cultural, la ausencia de una clara diferenciación de color y la casi completa ausencia de carbón indican que este elemento probablemente servía como un pozo para basura. En cambio, el Pozo 1 contenía una cantidad apreciable de carbón, un color mucho

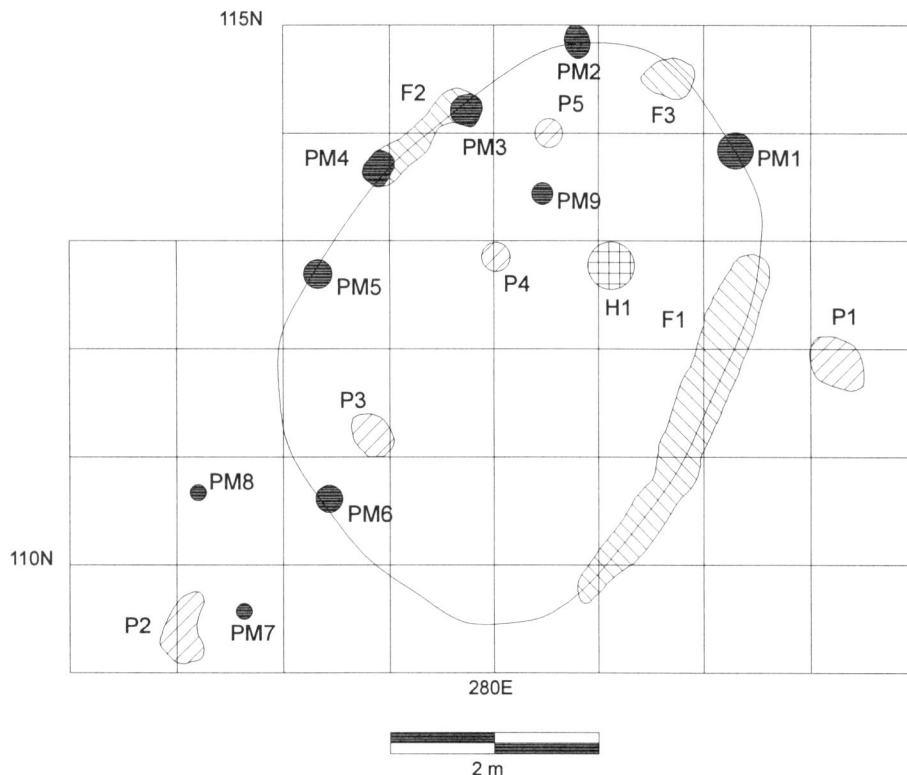

Figura 5.2. La excavación en área en la Unidad Doméstica 4 mostrando elementos arqueológicos. (Los círculos negros son huellas de poste.)
Figure 5.2. Expanded excavation area of Household 3, showing archaeological features. (Black circles are post molds.)

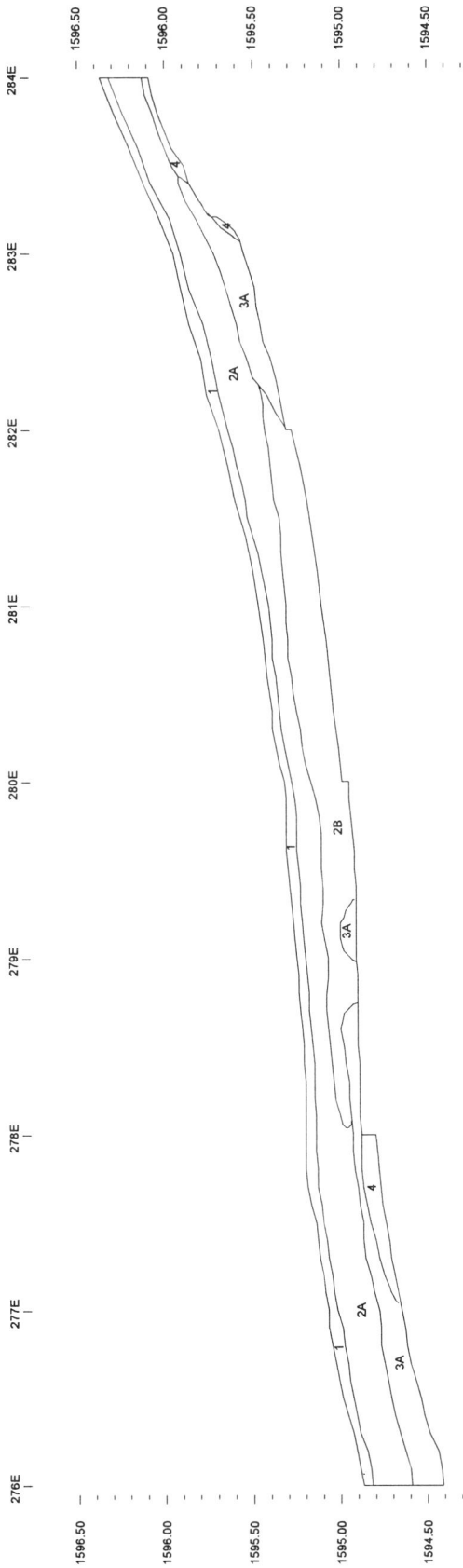

Figure 5.3. Excavation profile of Household 4 along 111N.
Figura 5.3. Perfil de la excavación en la Unidad Doméstica 4 a lo largo de 111N.

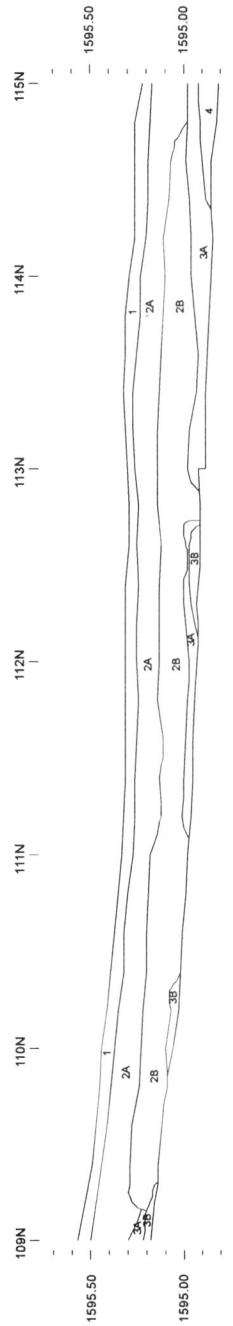

Figure 5.4. Excavation profile of Household 4 along 280E.
Figura 5.4. Perfil de la excavación en la Unidad Doméstica 4 a lo largo de 280E.

más oscuro y una cantidad de material cultural relativamente pequeña (14 tiestos y 2 lascas líticas). Su morfología y contenidos indicarían que se trata de un fogón.

Contexto Estratigráfico

Como fue el caso con las excavaciones de las otras unidades domésticas, el perfil estratigráfico de la Unidad Doméstica 4 no es muy profundo (Figuras 5.3 y 5.4). El subsuelo estéril de color amarillo se alcanzó generalmente a unos 60 cm ó a 1 m. Se definieron cuatro macrostratos para la Unidad Doméstica 4. El Estrato 1 corresponde a la zona de raíces moderna que baja en promedio unos 10 cm. La mayoría del material cultural recogido se encontró en el Estrato 2 (subdividido a su vez en Substratos 2A y 2B). El suelo del Substrato 2A tiene una composición relativamente arenosa y suelta de color café y se le atribuye en general a la ocupación de la Unidad Doméstica 4. En cambio, el Substrato 2B es más denso, compacto y negruzco y contiene pintas de carbón. La asociación bastante clara entre los límites horizontales de este estrato y las huellas de poste exteriores de la vivienda, indican muy claramente que se trata de un basurero doméstico. El Estrato 3 (separado en Substratos 3A y 3B) se relaciona a la zona transicional entre el estrato que contiene los materiales culturales y el estrato del subsuelo estéril (Estrato 4). Las distinciones de color entre 3A (café amarillento) y 3B (amarillo café) se le atribuye a las diferencias transicionales al bajar hacia el subsuelo amarillo.

Distribución del Material Cultural

Durante las excavaciones se recuperaron cantidades significativas de material cultural, incluyendo tiestos, lascas líticas, lascas de obsidiana, y artefactos de piedra pulida. Aunque entre los 6084 tiestos recuperados se identificaron cuatro de los cinco tipos cerámicos para el Valle de la Plata, la gran mayoría son Planaditas Rojo Pulido (99.84%). Barranquilla Crema, Guacas Café Rojizo, y Lourdes Rojo Engobado conformaban el resto (0.03%, 0.03%, y 0.1% respectivamente).

Mapas de cotas (Figuras 5.5–5.9) de la distribución de tiestos de los Estratos 1 y 2 proporcionan información adicional sobre la Unidad Doméstica 4. El único tipo cerámico encontrado en el Estrato 1 (Figura 5.5) es Pla-

naditas Rojo Pulido. Se observan tres concentraciones. La primera ocurre al sur del Pozo 1 y refleja probablemente una área de actividad próxima al fogón. El segundo pico de densidad ocurre al interior del piso de vivienda junto al Fogón 1. Esto resultaría de una actividad que típicamente produce la ruptura de vasijas. Finalmente, el tercer pico de densidad de cerámicas se encuentra al occidente de la vivienda. Esta es una área plana abajo del borde del tambo que probablemente sirvió como un área de actividades exteriores. Al occidente de esta área aplanada, la pendiente cae en forma dramática hacia la llanura inundable de la quebrada Riecito. Las basuras probablemente eran lanzadas sobre este barranco—un patrón de disposición de basuras que se observa en las viviendas modernas en el área. La conjunción de estos factores explicaría la concentración de tiestos. El mapa de cotas para el tipo Planaditas Rojo Pulido en el Estrato 2 (Figura 5.6) muestra un cuadro muy similar al observado en el Estrato 1. Las primeras dos concentraciones están aún presentes, pero se han fusionado en una sola unidad, y la tercera concentración continua como una entidad separada.

La distribución de otros tipos cerámicos se concentra cada una en picos individuales. Barranquilla Crema (Figura 5.7) se encuentra en una pequeña concentración en la esquina sur de la vivienda. En cambio, los tiestos Guacas Café Rojizo (Figura 5.8) se encuentran únicamente en el lado al norte de la vivienda. Estas concentraciones se entienden mejor como deposicio-

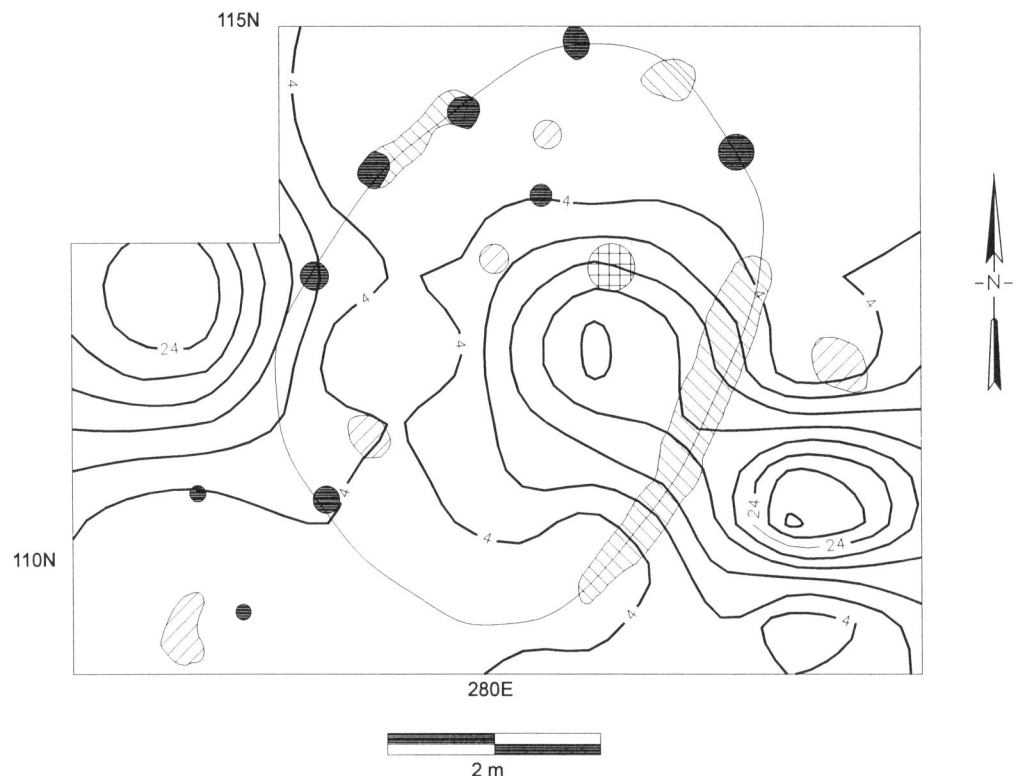

Figura 5.5. Densidad (por m³) de tiestos Planaditas Rojo Pulido en el Estrato 1 de la Unidad Doméstica 4.
Figure 5.5. Density (per m³) of Planaditas Burnished Red sherds in Stratum 1 of Household 4.

Stratigraphic Context

As is the case with the other household excavations, the stratigraphic profile of Household 4 does not extend very deep (Figures 5.3 and 5.4). The yellow sterile subsoil was generally reached between 60 cm and 1 m. Four macrostrata are defined for Household 4. Stratum 1 corresponds to the brown modern root zone and extends for an average of 10 cm. Most of the cultural material uncovered was found in Stratum 2 (subdivided into Substrata 2A and 2B). The soil of Substratum 2A has a brown relatively loose sandy composition and is attributed to the general occupation of Household 4. In contrast, Substratum 2B is denser, more compact, and blackish with flecks of charcoal. The clear association between the horizontal limits of this substratum and the dwelling exterior post molds strongly indicates a house midden. Stratum 3 (separated into Substrata 3A and 3B) relates to the transition zone between the culture-bearing and sterile subsoil strata (Stratum 4). The color distinction between 3A (yellowish brown) and 3B (brownish yellow) is attributed to transitional differences as one moves down to the yellow subsoil.

Cultural Material Distribution

Significant quantities of cultural material including ceramic sherds, lithic flakes, obsidian flakes, and ground stone tools were uncovered during excavation. While four of the five Valle de la Plata ceramic types were identified among the 6084 sherds uncovered, the vast majority are Planaditas Burnished Red (99.84%). Barranquilla Buff, Guacas Reddish Brown, and Lourdes Red Slipped made up the remainder (0.03%, 0.03%, and 0.1% respectively).

Contour maps (Figures 5.5–5.9) of the sherd distribution in Strata 1 and 2 provide additional information about Household 4. The only ceramic type found in Stratum 1 (Figure 5.5) is Planaditas Burnished Red. Three concentrations are observed. The first occurs to the south of Pit 1 and probably reflects an activity area next to the fire pit. The second location showing higher sherd density occurs within the dwelling floor near Hearth 1. This would be the result of typical household activity resulting in pot breakage. Finally, the third ceramic peak is found to the west of the dwelling. This is a flat area below the edge of the *tambo* that probably served as an exterior household activity area. West of this flattened area, there is a dramatic drop to the floodplain of the Quebrada Riecito, and household refuse was probably often dumped over this crest—a pattern of waste disposal seen at the modern houses in the area. These factors together could account for this sherd concentration. The Planaditas Burnished Red contour map for Stratum 2 (Figure 5.6) shows a picture very similar to that seen in Stratum 1. The first two concentrations are present but have merged into a single unit, and the third concentration continues to be a distinct entity.

The distributions of the other ceramic types are each concentrated in single locations. Barranquilla Buff (Figure 5.7) is found in a small concentration at the southern end of the dwelling. In contrast, Guacas Reddish Brown (Figure 5.8) sherds are only found on the northern side of the dwelling. These concentrations are best understood as incidental deposition from later occupations of the nearby *tambos*. Distribution of Lourdes Red Slipped sherds (Figure 5.9) is limited but corresponds to the third Planaditas Burnished concentration, perhaps indicating contemporaneity of the deposition of the sherds from these two ceramic types. However, the very small proportion of Lourdes Red Slipped sherds (0.1%) makes it clear that this ceramic type comprised only a tiny portion of the ceramic assemblage during the Formative 2 occupation of this *tambo*.

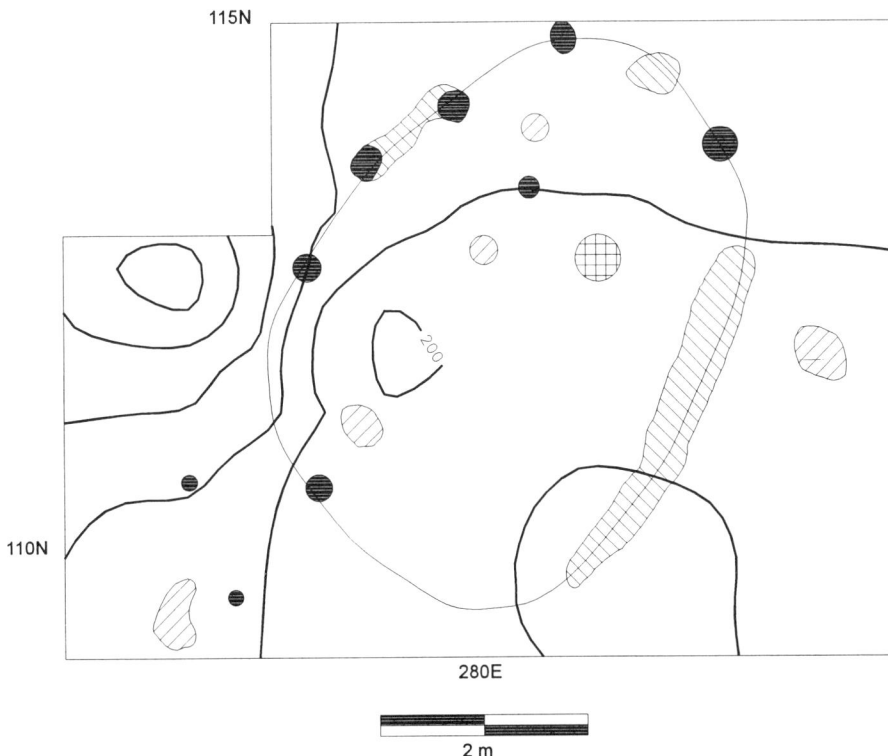

Figure 5.6. Density (per m³) of Planaditas Burnished Red sherds in Stratum 2 of Household 4.
Figura 5.6. Densidad (por m³) de tiestos Planaditas Rojo Pulido en el Estrato 2 de la Unidad Doméstica 4.

nes accidentales de ocupaciones posteriores de los tambos vecinos. La distribución de tiestos Lourdes Rojo Engobado (Figura 5.9) se limita y corresponde a la tercera concentración de Planaditas Rojo Pulido, indicando quizás la contemporaneidad de la deposición de tiestos de estos dos tipos cerámicos. Sin embargo, la proporción tan pequeña de tiestos Lourdes Rojo Engobado (0.1%) deja claro que este tipo cerámico conformaba sólo una pequeña porción del conjunto cerámico usado durante la ocupación del período Formativo 2 en este tambo.

En resumidas cuentas, la distribución de la cerámica, la muy clara predominancia de tiestos Planaditas Rojo Pulido en la colección, y la presencia de Planaditas Rojo Pulido en varios de los Elementos de la vivienda, colocan claramente la ocupación de la Unidad Doméstica 4 en el período Formativo 2.

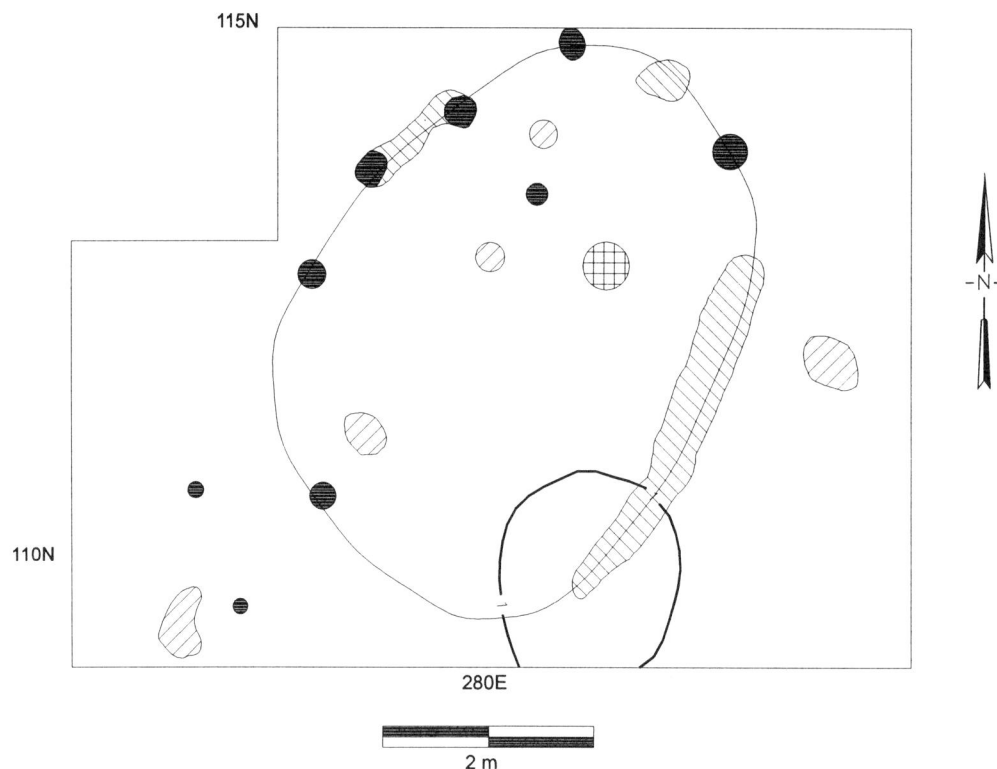

Figura 5.7. Densidad (por m³) de tiestos Barranquilla Crema en el Estrato 2 de la Unidad Doméstica 4.
Figure 5.7. Density (per m³) of Barranquilla Buff sherds in Stratum 2 of Household 4.

Resultados del Análisis de Polen

Se enviaron cuatro muestras de suelo (Lotes QT/1125/20, QT/1125/21, QT/11125/7, y QT/1125/84) a la Fundación Erigaie para el procesamiento y análisis de restos de polen. El Lote QT/1125/20 se tomó de la pared de la Unidad 282E/110N a unos 18 cm por debajo de la superficie moderna en el Estrato 2A. Esto se localiza subiendo la loma al oriente del tambo. Como los lados norte, occidental y sur descienden rápidamente hacia la quebrada Riecito, es más probable que la ubicación de cualquier huerta casera estuviera hacia el oriente. El suelo para el Lote QT/1125/21 se tomó de la pared occidental de la Unidad 282E/110N. Esta muestra se sacó del Estrato 2A (a 25 cm por debajo de la superficie moderna) pero cerca a la parte de atrás de la vivienda.

La tercera muestra de suelo, Lote QT/1125/47, fue tomada del relleno del pozo de basuras al occidente de la vivienda (P2) en la Unidad 276E/109N. La muestra proviene de una profundidad de unos 34 cm por debajo de la superficie moderna. Esta muestra se envió para su análisis con la esperanza de encontrar restos de polen de las basuras. La muestra final se tomó de la pared oriental de la Unidad 282E/111N. El suelo para esta muestra se tomó de un nivel café grisáceo (Estrato 2C) que se

encontró bajo el Estrato 2A. Se esperaba en este caso, como en los Lotes QT/1125/20 y QT/1125/21, que la muestra produjera polen que representara una posible huerta en los alrededores.

De las cuatro muestras enviadas, solo tres (Lotes QT/1125/20, QT/1125/21/, y QT/1125/84) contenían granos de polen (Apéndice 1). El Lote QT/1125/84 contenía un grano de polen (Quercus sp.) y tres *Pterydophyta*. Los Lotes QT/1125/20 y QT/1125/21 contenían números de polen que permiten sólo conclusiones tentativas (47 y 145 granos respectivamente).

De acuerdo con ambas muestras de polen, la categoría medioambiental Todo/Abierto (22.7% y 31.4% incluyendo la categoría Todo/Abierto/Alterado) domina claramente el medio ambiente de la Unidad Doméstica 4 (Figura 5.10). Este es un medio ambiente muy diferente al de las Unidades Domésticas 1 y 2, donde la categoría Todo/Abierto conformaba del 4% al 6% en todas las muestras. Parece que la población humana tuvo un impacto mayor sobre el medio ambiente debido a la tala del bosque cerca a la Unidad Doméstica 4 en comparación con las tierras más altas.

La siguiente categoría medioambiental más común en la evidencia de polen es la clasificación Andina/Subandina/Tropical (14.7% y 11.9%). Esto también contrasta con los sitios a elevaciones más altas donde dominan las especies Andinas/Subandinas. Además, las especies de páramo, subpáramo y pantano conforman aquí un porcentaje más pequeño (2.7% y

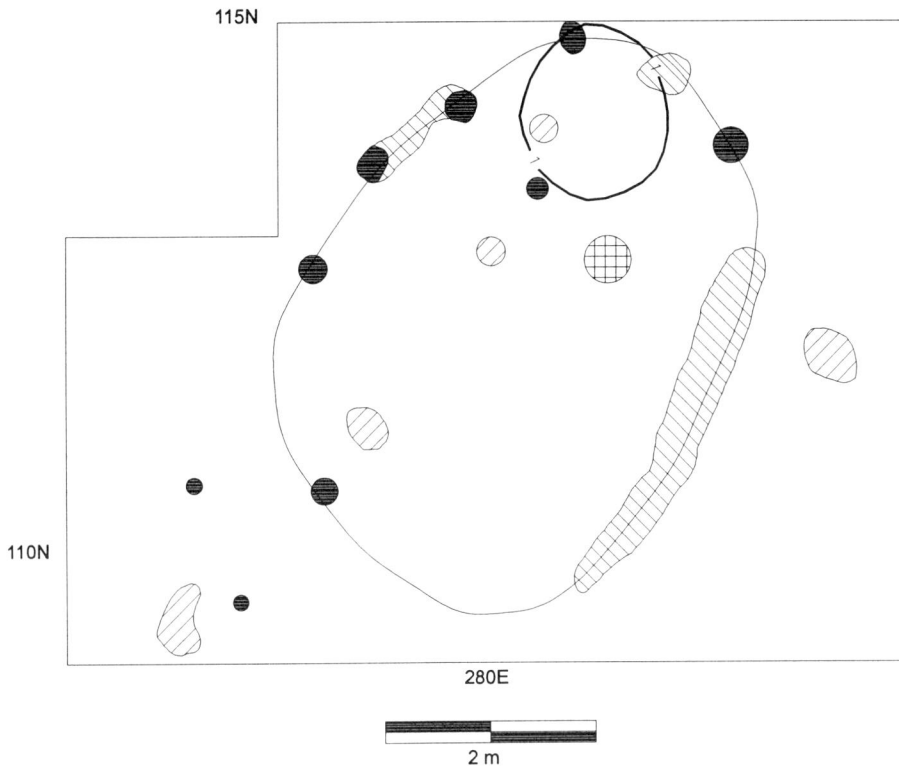

Figure 5.8. Density (per m³) of Guacas Reddish Brown sherds in Stratum 2 of Household 4.
Figura 5.8. Densidad (por m³) de tiestos Guacas Café Rojizo en el Estrato 2 de la Unidad Doméstica 4.

In summary, the distribution of ceramics, the overwhelming dominance of Planaditas Burnished sherds in the collection, and the presence of Planaditas Burnished in several of the dwelling features clearly place Household 4 in the Formative 2 Period.

Pollen Analysis Results

Four soil samples (Lots QT/1125/20, QT/1125/21, QT/1125/7, and QT/1125/84) were submitted to the Fundación Erigaie for processing and analysis of pollen remains. Lot QT/1125/20 was taken from the wall of Unit 282E/110N at about 18 cm below modern surface in Stratum 2A. This is located uphill and east of the *tambo*. Since the north, west, and south sides of the *tambo* very quickly descend to the Quebrada Riecito, it is most likely that any household garden would have been located to the east. Similarly, the soil for Lot QT/1125/21 was removed from the west wall of Unit 282E/110N. This sample was also taken from Stratum 2A (25 cm below the modern surface) but near the back wall of the dwelling.

The third soil sample, Lot QT/1125/47, was taken from the fill of the trash pit to the west of the dwelling (P2) in Unit 276E/109N. The sample came from a depth of about 34 cm below the modern surface. This sample was submitted with the hope of finding pollen remains from the discarded trash. The

final sample submitted for analysis was taken from the east wall of Unit 282E/111N. The soil for this sample was taken from a grayish brown level (Stratum 2C) found beneath Stratum 2A. The expectation, as with Lots QT/1125/20 and QT/1125/21, was that this sample would produce pollen reflecting a nearby garden.

Of the four samples submitted, only three (Lots QT/1125/20, QT/1125/21, and QT/1125/84) contained pollen grains (Appendix 1). Lot QT/1125/84 had one pollen grain (Quercus sp.) and three Pterydophyta. Lots QT/1125/20 and QT/1125/21 contained a barely sufficient number (47 and 145 grains respectively) upon which to base tentative conclusions.

According to both pollen samples the All/Open environmental category (22.7% and 31.4% including the All/Open/Disturbed category) clearly dominated the environment of Household 4 (Figure 5.10). This is a very different environment than that of Households 1 and 2 where the All/Open category comprised between 4% and 6% in all of the samples. It appears that humans had much greater impact on the environment through forest clearance near Household 4 than in the higher elevations.

The next most common environmental category found in the pollen evidence is the Andean/Subandean/Tropical classification (14.7% and 11.9%). This also contrasts with the higher elevation sites where Andean/Subandean species dominated. In addition, páramo, subpáramo, and pantano species make up a much smaller percentage (2.7% and 2.9%) of the total. Open Forest species also comprise a much smaller proportion (1.3% and 5.2%) of the pollen than seen at the higher elevation households especially the 30.3% at Household 2. The pollen data shows relatively warmer and dryer conditions around Household 4, with more open fields including a significant amount of grassland.

Several species of cultigens were identified in Lots QT/1125/20 and QT/1125/21, representing 5.3% of the total pollen grains in both lots. The most abundant cultigen is *Zea mays* (2.7% and 4.3% respectively). Sapotaceae are found in low quantities (1.3% and 1.0%) in both soil samples. A single

2.9%) del total. Especies de Bosque Abierto comprenden también una proporción más pequeña (1.3% y 5.2%) del polen en contraste con las unidades domésticas a elevaciones mayores, en especial respecto al 30.3% de la Unidad Doméstica 2. Los datos de polen muestran condiciones relativamente más cálidas y secas alrededor de la Unidad Doméstica 4, con un campo más abierto que incluye una apreciable cantidad de pastos.

Varias especies de plantas de cultivo se identificaron en los Lotes QT/1125/20 y QT/1125/21, y éstas representan 5.3% del total de granos de polen en ambos lotes. El cultivo más abundante es *Zea mays* (2.7% y 4.3% respectivamente). Sapotaceae se encuentran en bajas cantidades (1.3% y 1.0%) en ambas muestras. Un sólo grano de polen de batata (*Ipomoea batatas*) en el Lote QT/1125/20 indica claramente la cercanía de una huerta, ya que el polen de esta especie no se dispersa a grandes distancias (Luisa F. Herrera, comunicación personal). Aunque no es exactamente una planta de cultivo, el *Polygonum* sp. puede haber sido usado por los habitantes. Se sabe que varias especies de este género fueron usadas por los colombianos desde el tiempo de la Conquista. Además del consumo de sus semillas, otras partes de las plantas del género Polygonum se han usado como medicina y como repelente de insectos (Pérez-Arbeláez 1947:624–25). Aunque el porcentaje de plantas de cultivo identificadas en la Unidad Doméstica 4 no es muy alta, su proporción y variedad es mayor aquí que en los sitios a elevaciones más altas. Esto puede estar indicando una mayor (aunque no exclusiva) dependencia de plantas cultivadas. De todas formas, la evidencia indica claramente la producción de varias plantas de cultivo, incluyendo el maíz.

Restos Macrobotánicos

Un total de 76.75 litros del suelo de siete contextos arqueológicos fueron procesados por medio de flotación y enviados para su análisis. De estas muestras se recuperó un total de 151 semillas. De este total, 71 semillas (47%) se identificaron al menos al nivel de familia (Apéndice 2).

El Lote QT/1125/40 proviene del pozo de almacenamiento (P5) en la unidad 280E/133N. La flotación y el análisis de esta muestra produjo sólo una semilla, no-identificable (Grupo 20). El Lote QT/1125/43 se tomó del posible fogón (Elemento 3) localizado en la esquina nororiental de la Unidad 280E/113N. Un total de 6.75 litros fue procesado y produjo una sola semilla del tipo 50, que aún no se ha identificado. Como en los lotes previos, y aunque se recolectaron y procesaron 15.75 litros del suelo, el Lote QT/1125/47 produjo una sola semilla, no-identificable (Grupo 20).

Aunque se flotaron 16 litros del suelo del pozo de almacenamiento P3, no se encontró ninguna semilla. El Lote QT/1125/75 proviene de la Huella de Poste 1 en la Unidad 282E/113/N. Se removieron 7 litros de suelo y sólo se encontró una semilla (tipo 50) en este lote. La muestra de suelo más productiva de este sitio fue el Lote QT/1125/76. Los 10.75 litros de suelo para esta muestra se tomaron del fogón encontra-

do en la Unidad 282E/111N. De las 144 semillas recuperadas de este elemento, 64 (44.4%) son de *pokeweed* (Phytolacca rivinoides). Estudios etnográficos muestran que varias parte de esta planta son utilizables. Las hojas y retoños se comen y las raíces son usadas como jabón (Usher 1974:457). Cinco semillas adicionales del género *Rubus* (especie 2) se encontraron en el Lote QT/1125/76. Las restantes 75 semillas se han colocado en categorías aun por identificar ([58] Tipo 47; [8] Tipo 50) o en la categoría no-identificable ([9] Grupo 20).

La mayoría (82.1%) de los restos macrobotánicos de la Unidad Doméstica 4 consiste de dos especies: *Phytolacca rivinoides* y el aun por identificar Tipo 47. El *pokeweed* evidentemente contribuía a la dieta de los habitantes de la Unidad Doméstica 4, pero determinar exactamente cuanto nos es imposible, como suele suceder. El tipo 47 puede mostrarnos parte de la dieta, pero esto depende en la identificación de la especie. Ambas especies eran, evidentemente, plantas silvestres recolectadas, así que estos datos no aclaran mucho la contribución de plantas de cultivo a la dieta de la Unidad Doméstica 4.

Resultados del Análisis de Fitolitos

Cinco muestras de suelo de la Unidad Doméstica 4 fueron enviados para el procesamiento y análisis de fitolitos (Apéndice 3). El Lote QT/1125/42 se tomó del piso de excavación de la Unidad 278E/111N en el Estrato 2B. Esto la coloca al interior de la vivienda y a una profundidad de 30 cm por debajo de la superficie moderna. El Lote QT/1125/47 proviene del relleno removido de pozo de basura (P2) en la Unidad 276E/109N. Este se tomó a una profundidad de 34 cm por debajo de la superficie moderna. El Lote QT/1125/51 proviene del perfil occidental de la Unidad 280E/113N. Este se ubica en el basurero de la vivienda (Estrato 2B) a una profundidad de 27 cm por debajo de la superficie moderna. La prueba siguiente, Lote QT/1125/59, se tomó del pozo de almacenamiento P3 a una profundidad de 32 cm por debajo de la superficie moderna. El Lote QT/1125/79, la muestra final, es del Elemento 2 entre las Huellas de Poste 3 y 4. La muestra proviene del posible umbral de la casa a una profundidad de 35 cm por debajo de la superficie moderna.

De igual manera a lo observado en todas las otras unidades domésticas estudiadas en esta investigación, predominan aquí las Gramineae en todas las cinco muestras (Figura 5.11). El porcentaje de Gramineae es mucho más alto aquí que en la Unidad Doméstica 1, más bajo que en la Unidad Doméstica 3 y casi igual al de la Unidad Doméstica 2. También similar aquí a la Unidad Doméstica 2 es la presencia significativa de Aracaceae. Sin embargo, los indicadores de un medio ambiente húmedo (Esferas Rugulosas, Diatomeas, Espículas de Esponja, etc.) no son tan abundantes en la Unidad Doméstica 4 como lo son en la Unidad Doméstica 2. Los datos de fitolitos presentan la impresión de un medio ambiente alrededor de la Unidad Doméstica 4 similar en términos generales al que se encontró para la Unidad Doméstica 2 pero menos húmedo. Esto puede

sweet potato (*Ipomoea batatas)* grain in Lot QT/1125/20 clearly indicates the proximity of a garden since the pollen of this species does not travel far (Luisa F. Herrera, personal communication, 1992). While not strictly a cultigen, *Polygonum* sp. might have been used by the inhabitants. Several species of this genus are known to be used by Colombians from the time of the Conquest onward. In addition to consumption of the seeds, other parts of the Polygonum plant has been used as medicines and as an insect repellent (Pérez-Arbeláez 1947:624–25). Although the percentage of cultigens identified at Household 4 is not very high, it is higher than at the upper elevation sites as well as a greater variety. This may indicate greater (although not necessarily exclusive) reliance on cultivated plants. In any event, the pollen evidence clearly indicates the production of several cultigens including maize.

Macrobotanical Remains

As is seen in all of the other households investigated in this study, Gramineae predominates in all five of the samples (Figure 5.11). The percentage of Gramineae is much higher than seen at Household 1, lower than at Household 3, and about the same as Household 2. Also, similar to Household 2 is the significant presence of Aracaceae. However, the indicators of a moist environment (rugulose spheres [see pp. 77,131], diatoms, sponge spicules, etc.) are not as abundant at Household 4 as at Household 2. The phytolith data present a general impression of the environment around Household 4 as similar to Household 2 but less moist. This might be related to a quicker drainage capability due to a more dissected local topography.

None of the five samples produced definitive evidence for cultigens. In fact, in contrast with Households 1 and 2 there are no examples of medium-sized Cross Variant 1 to even suggest the possibility of maize. However, several identified specimens might indicate the exploitation of other resources. Lot QT/1125/59, a storage pit, produced *Canna* and hackberry (*Celtis schippii*) phytoliths. The fact that there is no pollen evidence for either of these plants might support this contention. The *Canna* phytoliths might be from "Canna edu-

lis" which is used to make cakes (Facciola 1990:62). Hackberry might also have been exploited for its fruit. The soil sample from Pit 2 (Lot QT/1125/47) produced evidence for *Maranta* which might include the domesticated species (Pearsall 1994).

In general, the phytolith data from Household 4 further clarify the environment in which the inhabitants lived. There was an area of grassland in the vicinity along with the presence of palm species. The environment was also less wet than that at Households 1 and 2. While no cultivated edible species were identified at Household 4, the cultivated species of *Maranta* might have been grown. *Canna* and *Celtis schippii* are wild species that were also exploited. Household 4 also appears to show a wide range of both cultivated and wild food sources.

Conclusions

With 99.84% of the sherds classified as Planaditas Burnished Red, it is clear that Household 4 can confidently be placed into the Formative 2 Period (600–300 BC). The presence of a dwelling with numerous associated features such as storage pits, hearths, and trash pits, as well as a household midden, indicates that this structure was occupied for a significant period of time.

The pollen evidence from Household 4 indicates a predominantly open environment with an Andean/Suban-

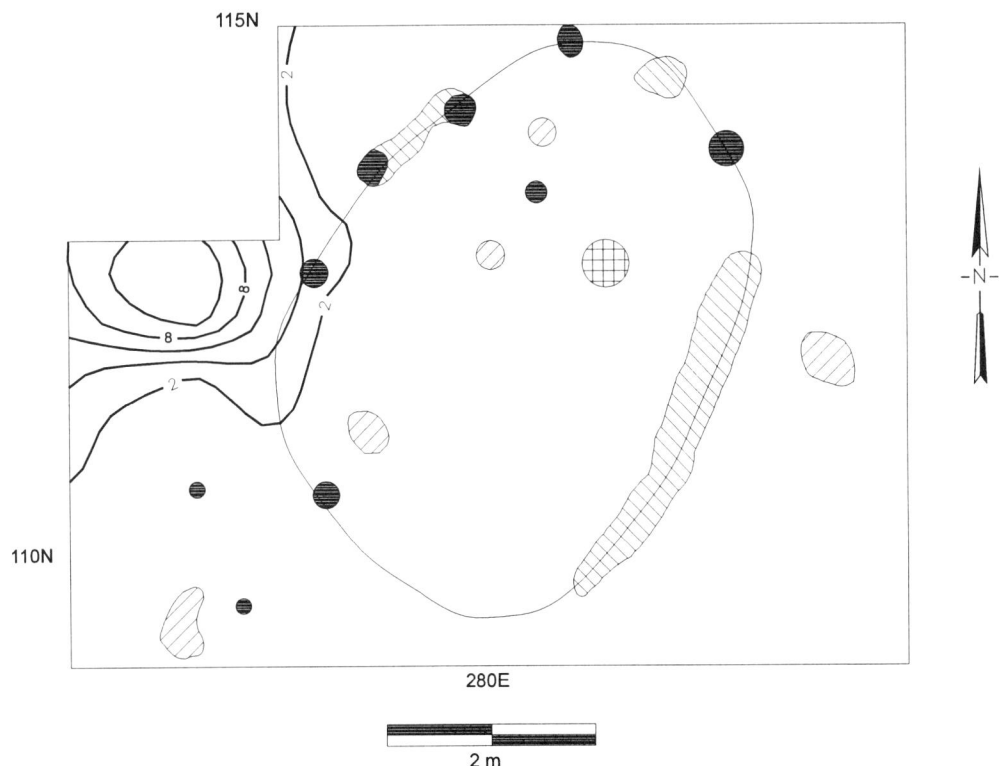

Figure 5.9. Density (per m³) of Lourdes Red Slipped sherds in Stratum 2 in Household 4.
Figura 5.9. Densidad (por m³) de tiestos Lourdes Rojo Engobado en el Estrato 2 de la Unidad Doméstica 4.

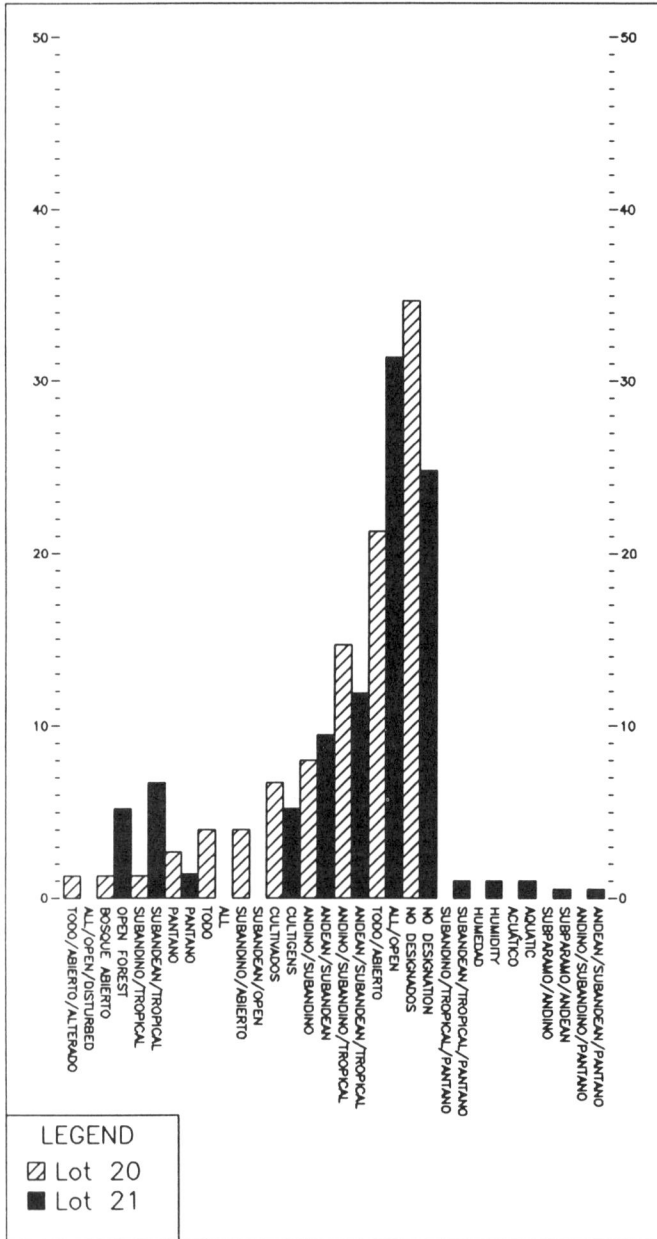

Figura 5.10. Porcentajes de granos de polen de las especies de plantas que representan las diferentes zonas medioambientales para las dos muestras de polen de la Unidad Doméstica 4 con cantidades suficientes para su estudio.
Figure 5.10. Percentages of pollen grains of species representing different environmental zones in each of the four pollen samples from Household 4.

estar relacionado con capacidades de drenaje más rápidas debido a una topografía local más quebrada.

Ninguna de las cinco muestras produjo evidencias definitivas de plantas de cultivo. De hecho, en contraste con las Unidades Residenciales 1 y 2 no hay ningún ejemplar de la Variante de Cruz 1 de tamaño medio que sugieran siquiera la posibilidad del uso de maíz. Sin embargo, varios especímenes identificados indican la explotación de otros recursos. El Lote QT/1125/59, un pozo de almacenamiento, produjo fitolitos de *Canna* y de *hackberry* (*Celtis schippii*). El hecho de que no hay evidencia de polen para ninguna de estas plantas puede apoyar dicha afirmación. Los fitolitos de *Canna* pueden provenir de la achira *Canna edulis* que se usa para hacer tortas (Facciola 1990:62). El *hackberry* puede asimismo haber sido explotado por su fruto. La muestra de suelo del Pozo 2 (Lote QT/1125/47) produjo evidencias de Marantáceas que pueden incluir la especie domesticada (Pearsall 1994).

En términos generales, los datos de fitolitos de la Unidad Doméstica 4 aclaran el cuadro del medio ambiente en el que vivían los habitantes de dicha unidad. Había un área de pastos en las inmediaciones con presencia de especies de palma. El medio ambiente era también más seco que el de las Unidades Domésticas 1 y 2. Aunque no se identificaron especies de cultivos comestibles en la Unidad Doméstica 4, es posible que se halla cultivado una variedad de *Maranta*. *Canna* y *Celtis schippii* son especies silvestres que también eran explotadas. La Unidad Doméstica 4 parece mostrar también un amplio rango de fuentes de alimentos tanto silvestres como cultivadas.

Conclusiones

Con un 99.84% de los tiestos clasificados como Planaditas Rojo Pulido, queda claro que la Unidad Doméstica 4 puede colocarse con confianza en el período Formativo 2 (600–300 AC). La presencia de una vivienda con numerosos elementos asociados tales como pozos de almacenamiento, fogones, y pozos para basura, así como también un basurero doméstico, indican que esta estructura fue ocupada por un período de tiempo considerable.

La evidencia de polen de la Unidad Doméstica 4 indica un medio ambiente predominantemente abierto y con un régimen de plantas Andinas/Subandinas/Tropicales. Una ausencia casi total de especies de páramo indica un clima cálido. La ausencia de restos de plantas de un medio ambiente de pantano indica que esta área era también menos húmeda que la de las Unidades Domésticas 1 y 2. Los datos de fitolitos tampoco contienen indicios de plantas de áreas húmedas. Aunque las plantas de áreas de pastos conforman un porcentaje importante de los fitolitos, la Unidad Doméstica 4 es similar en este respecto a la Unidad Doméstica 2 e intermedia entre la Unidad Doméstica 1 (menos pastos) y la Unidad Doméstica 3 (mucha más evidencia de pastos).

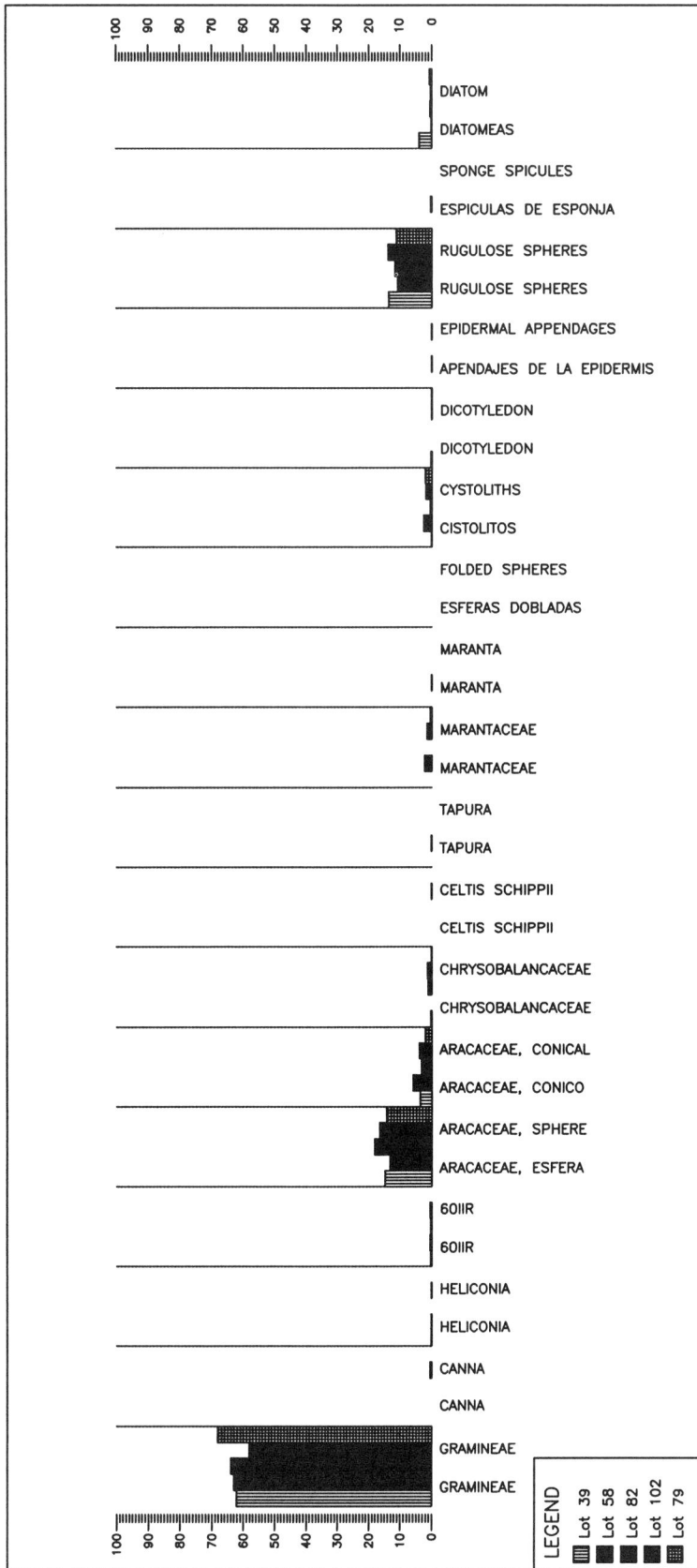

Figure 5.11. Percentages of phytoliths of plant species representing different environmental zones for the four phytolith samples from Household 4.

Figura 5.11. Porcentajes de fitolitos de las especies de plantas que representan las diferentes zonas medioambientales para cada una de las cinco muestras de fitolitos de la Unidad Doméstica 4.

La evidencia de producción y consumo de alimentos en la Unidad Doméstica 4 no es tan clara como esperaríamos. Los datos de polen indican una huerta cercana en la cual se cultivaban especies alimenticias tales como el maíz, la batata (camote) y una especie de Sapotaceae. Sin embargo, ni los datos macrobotánicos ni los de fitolitos muestran que los restos de estos alimentos entraran en los contextos domésticos. En cambio, los restos macrobotánicos indican la explotación del *pokeweed* y posiblemente de otra especie (Tipo 47) aún sin identificar. En contraste, los datos de fitolitos no brindan apoyo a ninguno de los cultivos mencionados ni al *pokeweed*. Claramente, la ausencia de fitolitos identificados de *pokeweed* puede ser un resultado de las presentes limitaciones del análisis de fitolitos. Además, la identificación de fitolitos del género *Canna* y *Maranta* puede indicar el cultivo o explotación de las especies comestibles. Sin embargo, mientras que esta hipótesis no está confirmada por las otras fuentes de datos, la ausencia de *Canna* y *Maranta* en las muestras de polen indica que éstas no eran un componente principal del medio ambiente natural, y así, no aparecerían en los contextos domésticos por causas naturales.

En suma, parece que el cultivo de tres especies y posiblemente otras cuantas más, eran parte del sistema económico al que se dedicaban los habitantes de la Unidad Doméstica 4. Sin embargo, la baja visibilidad de todas estas plantas de cultivo sugiere que los alimentos producidos en las huertas caseras eran solo un componente de la dieta total. La dieta se complementaba con especies silvestres tales como el *pokeberry* (Phytolacca rivinoides) y el *hackberry* (*Celtis schippii*).

dean/Tropical plant regime. An almost complete absence of páramo and subpáramo plant species indicate warm conditions. The lack of evidence for species assigned to a pantano environment indicates that this area was also less wet than that of Households 1 and 2. The phytolith data also contain fewer remnants from wetland species. While grassland species comprise a significant percentage of the phytolith data, Household 4 is similar to Household 2 and in between Households 1 (less grasslands) and Household 3 (greater grasslands).

The evidence for the production and consumption of foodstuffs at Household 4 is not as clear as one would hope. The pollen data indicate a nearby household garden in which foods such as maize, sweet potato, and a species of Sapotaceae were grown. However, neither the macrobotanical nor the phytolith data show that the remains of these foods entered a domestic context. Instead, the macrobotanical remains indicate the exploitation of pokeberry and possibly another unidentified species (Type 47). In contrast, the phytolith data do not support ei-

ther the above mentioned cultigens or pokeberry. Of course, the absence of identified pokeberry phytoliths might be a result of limitations in phytolith analysis. In addition, the identification of phytoliths from the genera *Canna* and *Maranta* might indicate the cultivation or exploitation of the edible species. However, while this hypothesis is not confirmed by the other data sources, the absence of *Canna* and *Maranta* in the pollen samples indicate that they were not a major component of the natural environment and thus do not appear naturally in household contexts.

In summary, it appears that cultivation of three species and possibly a few more was a part of the economic system pursued by those living at Household 4. However, the very low visibility of all of these cultigens suggests that the food produced in the household garden was only one component of the overall diet. It was further supplemented by wild species such as pokeberry (*Phytolacca rivinoides*) and hackberry (*Celtis schippii*).

Chapter 6

Conclusion

The aim of this investigation was to investigate the presence during the Formative Period in the Valle de la Plata of a vertical economy that might have contributed to increased social complexity. The following conclusions utilize fossil pollen evidence to document patterns of production because samples of the pollen rain should be rich in pollen of cultivars grown nearby. Carbonized plant macroremains and phytolith remains are considered the principal indicators of patterns of consumption. Recovery of carbonized plant macroremains from household excavation contexts records the species most likely consumed by the inhabitants. In addition, phytoliths, as remains of decomposed plant material found in household contexts, complement the macrobotanical information. Both of these data sources combine to create a cross section of the household diet for the investigation of verticality.

The concept of verticality is based on access to different environmental zones at different elevations within relatively short distances. Data from pollen and phytolith analyses provide evidence of the natural environment to complement that of human activities. Pollen samples were collected in an effort to represent the pollen rain produced by vegetation in the area around each of the four households studied. Phytoliths identified from each household indicate the plant species that decayed immediately around the dwelling. Each of these has its advantages and weaknesses (Pearsall 1989), and using them in conjunction with each other provides for a more accurate reconstruction of the environmental conditions found at each household.

The environmental data from the four excavated households show very different surroundings, despite the fact that only seven to ten lineal kilometers separate them. Household 1, located at 2250 m above sea level, is characterized by species found in cold, wet Andean, Subandean, and subpáramo conditions. In contrast, the plant species seen at Household 2 (2100 m above sea level) indicate an open forest and Andean/Subandean environment. While still cold and wet, the surrounding conditions are not as severe as those seen at Household 1.

The lower elevation Households 3 and 4 (1700 and 1600 m above sea level respectively) are in a very different environment. Data from Household 3 indicate that its surroundings were typified by open grasslands and open forest species. Similarly, Household 4 is found in an area characterized by All/Open species with a lower occurrence of species found in cold and wet conditions. It is evident that the inhabitants of these four dwellings lived in quite different climatic conditions. If verticality were present in the Valle de la Plata during the Formative Period, one should observe evidence for it in four such climatically different locations.

According to the verticality model, the agricultural production at upper elevation Households 1 and 2 would have emphasized species such as potatoes, *quinoa, oca, mashua, mellocos*. In contrast, the lower elevation Households 3 and 4 would have emphasized the cultivation of maize, yuca, and beans. Therefore, if a vertical economy existed during the Formative Period in the Valle de la Plata, one would see little or no pollen evidence of maize, yuca, or bean at the upper elevation localities although macrobotanical and phytolith evidence for the consumption of these species would occur. The pollen evidence from Households 3 and 4 would demonstrate production of lower elevation species such as maize, beans, and yuca while macrobotanical and phytolith evidence would show consumption of both these and upper elevation foods such as *quinoa*, potato, etc.

Production Evidence

Of the important species found in a vertical economy, no pollen, macrobotanical, or phytolith evidence was identified for beans, *oca, mashua, mellocos,* or *ullucos* at any of the households in this study. However, pollen evidence for several other cultigens was recovered (Figure 6.1). Since many previous archaeological reconstructions assume that the shift to sedentary life is dependent on the adoption of maize agriculture, this cultivar receives much attention. Pollen of maize (*Zea mays*) is found at Households 1, 2, and 4. This runs counter to the expectations of a vertical economy described above, since maize production evidence occurs at upper elevation Households 1 and 2. While low in both frequency of pollen grains and ubiquity (one sample of four at each household), clearly maize was cultivated above 1800 m. Consistent with a vertical economy model, upper elevation Household 2 produced pollen evidence for the cultivation of *quinoa*.

Although low in frequency, maize occurred in two of the three samples from Household 4 that contained pollen grains. This suggests that production of maize was more important here than at the other three households, as would be expected at this lower elevation. In addition, the pollen data indicate

Capítulo 6

Conclusión

El objeto de este estudio es de investigar la presencia durante el período Formativo en el Valle de la Plata de una economía vertical que podría haber contribuido a una mayor complejidad social. Las conclusiones siguientes utilizan la evidencia del polen fósil para documentar patrones de producción ya que las muestras de lluvia de polen deben contener el polen de las plantas cultivadas en las cercanías. Macrorestos de plantas carbonizados y restos de fitolitos se consideran como los indicadores principales de patrones de consumo. La recuperación de macrorestos de plantas carbonizados de contextos domésticos excavados registra las especies que más probablemente eran consumidas por los habitantes. Adicionalmente, los fitolitos, como son restos del material vegetal descompuesto en contextos domésticos, complementan la información macrobotánica. Ambas fuentes de información se combinan para crear un cuadro más completo de la dieta de las unidades domésticas en la investigación sobre verticalidad.

El concepto de verticalidad se basa en el acceso a diferentes zonas situadas a diferentes elevaciones al interior de distancias relativamente cortas. Los datos de los análisis de polen y de fitolitos proporcionan evidencias del medio ambiente natural para complementar el cuadro de las actividades humanas. Se recolectaron muestras de polen en un intento de representar la lluvia de polen producida por la vegetación en el área alrededor de cada una de las unidades domésticas que se estudiaron. Los fitolitos identificados para cada unidad doméstica indican las especies de plantas que se descompusieron en las inmediaciones de cada vivienda. Cada uno de éstos análisis tiene sus ventajas y desventajas (Pearsall 1989), y usándolos en conjunto proporcionan una reconstrucción más precisa de las condiciones medioambientales que se encontraban en cada unidad doméstica.

Los datos medioambientales de las cuatro unidades domésticas excavadas muestran áreas circundantes muy diferentes, no obstante el hecho de que éstas están separadas en línea recta solamente unos 7 a 10 km. La Unidad Doméstica 1, ubicada a 2250 m sobre el nivel del mar, se caracteriza por tener especies de clima frío y condiciones Andinas, Subandinas y de Subpáramo. En cambio, las especies de plantas observadas en la Unidad Doméstica 2 (2100 m sobre el nivel del mar) indican un medio ambiente Andino/Subandino y condiciones de bosque abierto. Aunque aún frías y húmedas, las condiciones circundantes no son tan severas aquí como eran las de la Unidad Doméstica 1.

Las Unidades Domésticas 3 y 4 de las elevaciones más bajas (1700 y 1600 m sobre el nivel del mar respectivamente), se encuentran en un medio ambiente totalmente diferente. Los datos de la Unidad Doméstica 3 indican que su área circundante se caracterizaba por especies de pastos y de bosque abierto. De forma similar, la Unidad Doméstica 4 se encuentra en un área caracterizada por especies de Todo/Abierto con una menor presencia de especies de condiciones frías y húmedas. Es evidente que los habitantes de estas cuatro localidades vivían en condiciones climáticas bastante diferentes. Si la verticalidad estaba presente en el Valle de la Plata durante el período Formativo, uno esperaría encontrar la evidencia para ello en tales localidades tan diferentes en términos del clima.

De acuerdo con el modelo de verticalidad, la producción agrícola en las Unidades Domésticas 1 y 2, ubicadas a elevaciones más altas, se habría concentrado en especies tales como papa, quinoa, oca, mashua, y mellocos. En cambio, las Unidades Domésticas 3 y 4, a elevaciones más bajas se habrían concentrado en el cultivo de maíz, yuca y frijol. Por consiguiente, si una economía vertical existía durante el período Formativo en el Valle de la Plata, uno no debería encontrar mucha evidencia de polen de maíz, yuca o frijol en las localidades de las elevaciones más altas y en cambio sí se encontrarían evidencias macrobotánicas y de fitolitos del consumo de dichas especies. La evidencia de polen de las Unidades Domésticas 3 y 4 debería mostrar la producción de especies de las elevaciones bajas, tales como maíz, frijol y yuca, mientras que la evidencia macrobotánica y de fitolitos debería mostrar el consumo de estos alimentos y al mismo tiempo el consumo de los alimentos de las elevaciones más altas tales como quinoa, papa, etc.

Evidencias de Producción

De las especies que serían importantes en una economía vertical, no se identificó ninguna evidencia de polen, fitolitos o restos macrobotánicos para frijol, oca, mashua, mellocos o ullucos en ninguna de las unidades domésticas en este estudio. Sin embargo, se recolectó evidencia de polen para varios otros cultivos (Figura 6.1). Como muchas reconstrucciones arqueológicas previamente realizadas han asumido que el paso a la vida sedentaria depende de la adopción de la agricultura del maíz, este cultivo recibe una atención especial. Se encontró polen de maíz (*Zea mays*) en las Unidades Domésticas 1, 2 y 4. Esto contradice las expectativas de una economía vertical que

that sweet potato (*Ipomea batatas)* (one of three samples) and a species of the Sapodilla family (Sapotaceae) (two of three samples) were cultivated near Household 4. The presence of pollen from both cultivated grain and root crops indicates a rather broad production strategy.

Despite the analysis of five soil samples, the other lower elevation location, Household 3, does not have any evidence for maize production. Instead, the pollen data indicate the cultivation of yuca (*Manihot esculenta*), malangay (*Xanthosoma* sp.), and possibly amaranth (Amarantaceae). Since species such as yuca and malangay do not distribute their pollen very widely this would suggest that the house garden was quite nearby. If, in fact, maize was being grown in this house garden, it would seem quite unlikely that its pollen would not occur in at least one of the soil samples. Therefore, it appears that the Household 3 inhabitants were emphasizing the production of other crops over maize.

In sum, evidence of high elevation cultivars was very scarce but relative low elevation cultivars occurred at both low and high elevation households. In particular, maize, often regarded as the essential low-elevation cultivar in vertical economies was grown at both high elevations households and only one of the two low elevation households. This is not consistent with the production patterns of a vertical economy.

Consumption Evidence

The macrobotanical and phytolith remains from Household 1 show that the foods consumed included several wild species in addition to cultigens. Pokeberry (*Phytolacca rivinoides*) and blackberry (*Rubus* aff. *glaucus*) seeds are found in household contexts, and phytolith evidence tentatively suggests the consumption of maize and arrowroot (*Maranta*). A similar pattern is seen at Household 2. In addition to pokeberry and blackberry seeds, maize is found in one of the eight flotation samples. Although not securely identified, phytoliths from maize may also be present. The phytolith data suggest that *Canna* and a species of Marantaceae may also have been exploited by the Household 2 people.

The lower elevation locations show a slightly different pattern. Neither pokeberry nor blackberry is found at Household 3 while only pokeberry is seen at Household 4. Instead, the phytolith data indicate the presence of hackberry (*Celtis schippii*) and a species of Marantaceae at both households. In addition, one of five soil samples from Household 4 contains *Canna* that may also have been exploited. There are no maize macroremains at either lower elevation household.

Macroremains Type 46 presents a dilemma for understanding the consumption evidence of Households 1 and 2. The quantity of Type 46 seed remains recovered from Household 1 (n = 1195) and Household 2 (n = 6045) suggests that this species may have been a large component of the diet at these locations. Since most cultigens have been extensively studied, the fact that Type 46 is unidentifiable makes it highly unlikely that

this seed type was a cultivated species. While it might be more likely that Type 46 seeds come from a wild comestible species, even this seems improbable since most wild food species are known and, therefore, identifiable. However, even if Type 46 were extensively exploited, the general conclusions of this study would not be affected. The fact that this species is almost exclusively found at the upper elevation sites would indicate that this species was a potential consumable at only the higher elevations. There is no evidence of extensive consumption at the lower elevation sites. The lack of a uniform distribution of this species contradicts the expectations of a vertical economy.

Differences in food consumption at the four households seem to involve wild species more than cultivated ones (such as pokeberry and blackberry at higher elevations versus hackberry at lower elevations). Maize is most abundantly represented at higher elevation households where its cultivation was thought doubtful (although, as noted above, this expectation was not supported by the pollen data).

Summary

Clear evidence of maize production at all elevations and the indications of the consumption of several different wild plant species argue strongly against the presence of a vertical economy during the Formative Period in the Valle de la Plata. Instead, the botanical information reveals a picture of a broad diet including both wild and cultivated species at all elevations. A wider range of species appears to have been cultivated at lower elevations (Figure 6.1).

The distribution of grinding stones (whose major use was probably grinding maize) further argues against a vertical economy. Excavation at Household 1 produced no grinding stones of any sort. Household 2 has only four stone fragments flattened by use. These may be true *manos* or simply grinding stones. In contrast, the lower elevation locations show a very different pattern. At Household 3 the cultural material contains 13 stones or stone fragments flattened by grinding use, three true *manos* or *mano* fragments, and two *metates*. Ground stone found at Household 4 includes nine stone or stone fragments flattened by grinding use and four *manos* or *mano* fragments. These comparisons of number of grinding stones are not affected substantially by differing scale of excavation at the different households since similar quantities of artifacts were recovered at all four locations. Jaramillo (1996) also found almost no grinding stones, *manos*, or *metates* at upper elevation sites during the Formative 3 Period.

A vertical economy should show relatively equal levels of consumption of different plant species at different elevations. The dramatic disparity in frequency of maize processing tools between the upper and lower elevation households argues strongly that this is not the case. Given the vagaries of the processes by which botanical remains of all kinds are incorporated into the archaeological record, the quantitative differ-

se enumeraron anteriormente, ya que la evidencia de producción de maíz aparece en las Unidades Domésticas 1 y 2 que se encuentran en las elevaciones más altas. Aunque la ubicuidad (una muestra de cuatro en cada unidad doméstica) y frecuencia de los granos de polen son bajas, está claro que el maíz se cultivó por encima de los 1 800 m. En forma consistente con un modelo de economía vertical, la Unidad Doméstica 2, ubicada en las elevaciones altas, produjo evidencias de polen para el cultivo de la quinoa.

Aunque en frecuencias bajas, el maíz apareció en dos de las tres muestras de la Unidad Doméstica 4 que contenían granos de polen. Esto sugiere que la producción de maíz era más importante aquí que en las otras tres unidades domésticas, como se esperaría de estas elevaciones más bajas. Además, los datos de polen indican que la batata (*Ipomoea batatas*) (una de tres muestras) y una especie de la familia de las Sapotaceae (dos de tres muestras) fueron cultivadas en las cercanías de la Unidad Doméstica 4. La presencia de polen de ambos granos cultivados y raíces cultivadas indica una estrategia productiva más bien amplia.

No obstante el análisis de cinco muestras de suelo, la otra localidad estudiada en las elevaciones más bajas, la Unidad Doméstica 3, no produjo evidencias de producción de maíz. En cambio, los datos indican aquí el cultivo de yuca (*Manihot esculenta*), malangay (*Xanthosoma* sp.), y posiblemente bledos (Amarantaceae). Ya que las especies como la yuca y el malangay no dispersan su polen a distancias muy grandes, se sugiere que la huerta casera se encontraba bastante cerca. Si, de hecho, el maíz era cultivado en dicha huerta, sería bastante improbable que su polen no apareciera al menos en una de las muestras de suelo. Por lo tanto, parece que los habitantes de la Unidad Doméstica 3 se concentraron en la producción de otros cultivos diferentes al maíz.

En suma, la evidencia de cultivos de las elevaciones altas fue muy escasa pero los cultivos que se dan bien a elevaciones relativamente bajas aparecieron en unidades domésticas situadas en ambas elevaciones altas y bajas. Maíz, en particular, considerado a menudo como el cultivo esencial de las elevaciones bajas en las economías verticales, se cultivaba en las ambas unidades domésticas de las elevaciones altas y en sólo una de las unidades a elevaciones más bajas. Esto no es consistente con los patrones de producción de una economía vertical.

Evidencias de Consumo

Los restos macrobotánicos y de fitolitos de la Unidad Doméstica 1 muestran que los alimentos consumidos incluían varias especies silvestres y no sólo plantas de cultivo. Se encontraron semillas de *pokeberry* (*Phytolacca rivinoides*) y de una mora silvestre (*Rubus* aff. *glaucus*) en contextos domésticos, y la evidencia de fitolitos sugiere tentativamente el consumo de maíz y de guapo (*Maranta*). Un patrón similar se aprecia en la Unidad Doméstica 2. Además de semillas del *pokeberry* y de mora silvestre, se encontró maíz en una de las ocho muestras

de flotación. Los fitolitos del maíz también pueden estar presentes, aunque aún no están identificados con seguridad. Los datos de fitolitos sugieren que la achira (*Canna*) y una especie de Marantaceae pueden haber sido explotadas también por los habitantes de la Unidad Doméstica 2.

Las localidades a elevaciones más bajas muestran un patrón ligeramente diferente. No se encontraron restos ni de *pokeberry* ni de mora silvestre en la Unidad Doméstica 3, mientras que sólo el *pokeberry* apareció en la Unidad Doméstica 4. En cambio, los datos de fitolitos indican la presencia de *hackberry* (*Celtis schippii*) y de una especie de Marantáceas en ambas unidades domésticas. Además, una de las cinco muestras de suelo de la Unidad Doméstica 4 contiene achira (*Canna*), que pudo también haber sido explotada. No se encontraron macrorestos de maíz en ninguna de las unidades domésticas de las elevaciones bajas.

Los macrorestos del Tipo 46 presentan un dilema para poder entender la evidencia del consumo en las Unidades Domésticas 1 y 2. La cantidad de restos de semillas del Tipo 46 que se recuperaron de la Unidad Doméstica 1 (n=1195) y de la Unidad Doméstica 2 (n=6045) sugieren que esta especie pudo haber formado un gran componente de la dieta en dichos lugares. Pero, como la gran mayoría de las plantas cultivadas han sido estudiadas en forma extensa, el hecho de que el Tipo 46 no sea identificable hace improbable que esta semilla hubiera sido una especie cultivada. Aunque podría ser que las semillas del Tipo 46 provinieran de una especie comestible silvestre, aun esto parece improbable, ya que la mayoría de las especies silvestres se conocen bien y son, por lo tanto, identificables. Sin embargo, aunque el Tipo 46 hubiera sido explotado en forma extensa, las conclusiones generales de este estudio no se verían afectadas. El hecho de que esta especie se encuentra casi exclusivamente en sitios de las elevaciones más altas, indicaría que esta especie era un comestible potencial solamente en las elevaciones más altas. No existen evidencias del consumo extensivo de esta especie en las elevaciones más bajas. La falta de uniformidad en la distribución de esta especie contradice las expectativas de una economía vertical.

Las diferencias de consumo entre las cuatro unidades domésticas parecen tener que ver más con las especies silvestres (tales como el *pokeberry* y mora de las elevaciones altas versus el *hackberry* de las elevaciones bajas) que con las especies cultivadas. El maíz está representado en una abundancia mayor en unidades domésticas a elevaciones mayores, en donde se pensaba (aunque los datos de polen que se presentaron no apoyan esta idea) que su cultivo era menos probable.

Sumario

El hallazgo de evidencias claras de la producción de maíz en todas las elevaciones y las indicaciones del consumo de varias especies silvestres pone seriamente en duda la presencia de una economía vertical durante el período Formativo en el Valle de la Plata. En cambio, la información botánica nos re-

Household	*POLLEN* Maize/Maíz	Quinoa/Quinua	Amaranthus/Amarantos	Yuca	Aji de Perro / Yuca	Chiles	Malangay	*MACRO* Sweet Potato/Batata	?	Sapotaceae	Knotweed/Poligono	Maize/Maíz	Guaba	Pokeberry	Blackberry / Zarzamora Azul	*PHYTOLITHS* Maize/Maíz	Canna	Maranta	Hackberry
Household 1 (2250 m)	$\frac{1}{4}$											$\frac{1}{4}$			$\frac{5}{8}$	$\frac{2}{8}$	?		?
Household 2 (2100 m)	$\frac{1}{4}$		?				$\frac{1}{4}$						$\frac{1}{8}$		$\frac{3}{8}$	$\frac{1}{8}$	?	?	?
Household 3 (1700 m)				?		$\frac{1}{5}$		$\frac{1}{5}$											$\frac{1}{4}$
Household 4 (1600 m)	$\frac{2}{3}$									$\frac{1}{3}$	$\frac{2}{3}$				$\frac{2}{7}$	$\frac{1}{4}$		?	$\frac{1}{5}$

Figure 6.1. Summary of botanical evidence from the four households. Fractions indicate the number of samples in which a species was present out of the total number of samples analyzed.

Figura 6.1. Resumen de la evidencia botánica de las cuatro unidades domésticas. Las fracciones indican el número de muestras en las que una especie estaba presente en relación al total de muestras analizadas.

vela el cuadro de una dieta amplia que incluía tanto plantas silvestres como cultivadas en todas las elevaciones. Un rango incluso más amplio de especies parece haber sido cultivado en las elevaciones bajas (Figura 6.1).

La distribución de piedras de moler (cuyo uso principal probablemente fue para moler maíz) también contradice la existencia de una economía vertical. La excavación en la Unidad Doméstica 1 no produjo ninguna clase de piedra pulida. La Unidad Doméstica 2 tiene sólo cuatro fragmentos de piedra alisados por el uso. Estas pueden ser auténticas manos o simplemente piedras de moler. En contraste, las localidades a elevaciones más bajas muestran un patrón totalmente diferente. El material cultural de la Unidad Doméstica 3 contenía 13 piedras o fragmentos de piedra aplanada por el uso, 3 manos o fragmentos de manos, y 2 metates. La piedra pulida encontrada en la Unidad Doméstica 4 incluye 9 piedras o fragmentos de piedras de moler aplanadas por el uso, y 4 manos o fragmentos de manos. A estas comparaciones entre los números de piedras de moler encontrados, no la afectan diferencias en las escalas de las excavaciones, ya que se encontraron unas cantidades similares en el número de artefactos recuperados en las cuatro localidades. Jaramillo (1994) encontró también una ausencia casi total de piedras de moler, manos o metates en las elevaciones altas durante el período Formativo 3.

Una economía vertical debería mostrar niveles de consumo de las diferentes especies de plantas muy parecidos entre las diferentes elevaciones. La disparidad dramática en las frecuencias de artefactos para el procesamiento de maíz entre las unidades domésticas de las elevaciones altas y las de las elevaciones bajas indica con fuerza que este no era el caso. Dada la naturaleza impredecible de los procesos por medio de los cuales se incorporan restos de todo tipo al registro arqueológico, las diferencias cuantitativas de los artefactos para el procesamiento del maíz son mucho más convincentes que las pequeñas diferencias encontradas en los datos de polen y fitolitos entre las unidades residenciales a elevaciones altas y bajas.

A manera de resumen, ni la evidencia del material botánico, ni la del material cultural es consistente con la existencia de verticalidad en el Valle de la Plata durante el período Formativo. Aunque parece que el maíz fue hasta cierto punto cultivado y consumido en todas las elevaciones, la evidencia de su procesamiento es mucho más abundante a elevaciones bajas. Por consiguiente, las raíces de una complejidad social más marcada y de la posible integración política que se observa durante el siguiente período Clásico Regional (1 DC - 900 DC) no se le pueden atribuir a una integración económica resultante de una economía vertical que habría comenzado durante el Formativo, cuando la distribución del asentamiento regional daba indicaciones favorables para la existencia de la verticalidad más que en ningún otro período. Además, en el Valle de la Plata durante el período Clásico Regional se observa una concentración más marcada de los asentamientos alrededor de un peque-

ño número de comunidades o unidades políticas. Análisis estadísticos de las relaciones entre las agrupaciones de asentamientos del período Clásico Regional y varias características medioambientales (productividad de suelos, tipos de paisajes-suelos, inclinación, elevación) muestran que la localización de las concentraciones de ocupación no corresponden netamente a consideraciones medioambientales (Drennan y Quattrin 1995). Esta falta de correlación estadística entre las concentraciones de ocupación del período Clásico Regional e importantes características medioambientales (i.e., elevación, pendiente, productividad de suelos) sugiere que tampoco existió una economía vertical durante éste período. Parece, entonces, que la economía vertical no jugó un papel importante en los orígenes o en la presencia de complejidad social ni durante el período Formativo ni tampoco durante el Período Clásico Regional.

En lo que respecta a patrones de subsistencia y en términos generales, la relativa escasez de plantas de cultivo y la abundancia de especies silvestres en los restos vegetales de estas cuatro unidades domésticas hace que nos preguntemos seriamente qué tanto dependían de la agricultura los habitantes del Valle de la Plata durante el período Formativo. Aunque la arquitectura y otras evidencias sugieren patrones de residencia completamente sedentarios y aunque ya se explotaban las variedades productivas de varias plantas, es claro que las especies silvestres seguían siendo recursos importantes para la subsistencia. La suposición comúnmente aceptada de que la vida sedentaria es sinónimo de una economía basada netamente en la agricultura es cuestionable, incluso cuando existen evidencias de plantas cultivadas. En este respecto, los resultados de este estudio reiteran los hallazgos recientes en el Area Intermedia en cuanto a la complejidad de las relaciones entre agricultura y vida sedentaria (e.g. Pearsall y Piperno 1990, Pearsall 1992). De entre las plantas cultivadas, está claro que el maíz no fue necesariamente la especie principal durante el período Formativo del Valle de la Plata. La evidencia de cultivos de maíz se encontró en tres de las cuatro unidades domésticas. El consumo de maíz parece haber estado presente en todas las unidades domésticas, pero en niveles muy variables. El maíz contribuyó probablemente mucho más a la dieta en las unidades domésticas de las elevaciones bajas, pero aún así no se puede asegurar con ninguna certeza que el maíz conformara la base alimenticia ni siquiera en estas unidades. Junto con el maíz, otros cultivos, incluyendo raíces, eran utilizados de manera importante. La gran variación en los restos botánicos entre las unidades domésticas muestra que aún dentro de un área pequeña, la gente tomaba decisiones diferentes en cuanto a qué plantas cultivar, y basaban la selección de dichas plantas en sus propias situaciones particulares.

ences in maize processing tools are more convincing than the more modest differences in maize macroremains and phytoliths between higher and lower elevation households.

In summary, neither the botanical nor the material culture evidence is consistent with verticality in the Valle de la Plata during the Formative Period. Although maize appears to have been grown and consumed to some extent at all elevations, evidence of its processing is much more abundant at low elevations. The roots of the increased social complexity and suggested political integration seen during the subsequent Regional Classic Period (AD 1–900), therefore, cannot be attributed to the economic integration resulting from a vertical economy that began during the Formative when regional settlement distribution gives more favorable indications of verticality than in any other period. In addition, the Regional Classic Period sees increasing settlement clustering around a small number of communities or polities in the Valle de la Plata. Statistical analysis of the relationship between the Regional Classic Period occupation clusters and several environmental traits (soil productivity, soil type, slope, elevation) shows that there is no clear environmental basis for the location of the occupation concentrations (Drennan and Quattrin 1995). This lack of any clear statistical correlation between the Regional Classic occupation clusters with agriculturally important environmental characteristics (i.e., elevation, slope, soil productivity) suggests that a vertical economy was also not present during this period. It appears, therefore, that during neither the Formative Period nor the Regional Classic Period in the Valle de la Plata did a vertical economy play a significant role in origins or the presence of the sociopolitical complexity.

In regard to subsistence patterns in general, the relative scarcity of cultigens and abundance of wild species in the plant remains from these four Formative households raises the question of just how dependent on agriculture Formative Period inhabitants of the Valle de la Plata were. Even though the architecture and other evidence suggests fully sedentary residence patterns and productive varieties of several cultivars were exploited, wild plants continued to be important subsistence resources. The common assumption that sedentary settlement automatically equates with a fully agricultural economy is questionable, even when evidence of cultivars is present. The results of this study echo, in this respect, other recent findings in the Intermediate Area on the complexity of the relationship between agriculture and sedentism (e.g., Pearsall and Piperno 1990; Pearsall 1992).

Among cultivars, it is clear that maize was not necessarily the central species in the Formative of the Valle de la Plata. Evidence for maize cultivation is found at three of the four households. Maize consumption apparently also occurred at all four, although at highly variable levels. Maize probably contributed much more to the diet at the lower elevation households, although it is far from certain that it was the major staple even here. Other crops, including root crops, were cultivated in a major way alongside maize in the region. The amount of variation in botanical remains from one household to the next shows that even within a single small area people were making different decisions about which plants to cultivate depending on their specific situation.

Appendix 1

Pollen Analysis

Luisa Fernanda Herrera
Fundación Erigaie

Household 1

Lot QT/447/28

Total pollen grains: 312

Quercus is the dominant element (34.3%). Other representative taxa of the Andean forest are *Clethra, Cordia lanata, Gunnera, Rapanea, Vallea,* and *Weinmannia.* No cultivars were found.

Lot QT/447/50

Total pollen grains: 447

Quercus is the dominant species with 21.7%. Most of the elements that appear in this lot belong to the Andean forest, although there are taxa from the Subandean forest. Pollen of maize was found indicating that cultivars were present at or near the site. Representatives of savanna areas, like Gramineae and Compositae are very low, representing a normal distribution of these taxa within the forest.

Lot QT/447/58

Total pollen grains: 409

The dominant species which appears at the site is *Quercus* (oak) (20.5%). This taxon is representative of the Andean forest. Most of the other abundant elements are also from this vegetation class (*Hedyosmum, Ilex, Rapanea, Vallea* and *Weinmannia*). Other taxa with high percentages belong mainly to the Subandean/Tropical forest. Gramineae (grasses) and Compositae, which are common at open habitats or savannas, are well represented here, but not in large enough quantity to indicate large clearings. Rather, normal representation of the forest vegetation is indicated. The appearance of vegetation from the Andean and Subandean forest indicates the proximity of the site to the Subandean forest. No cultivars were found. The high percentages of ferns found are consistent with a forested area.

Lot QT/447/82

Total pollen grains: 253

The dominant element is *Quercus* (IS.9%), with other taxa from the Andean forest like *Clethra, Rapanea* and *Vallea.* Most of the other elements are from the Subandean/Tropical forest. No cultivars were found.

Household 2

Lot QT/2438/71

Total pollen grains: 2

With so few pollen grains no interpretation was possible.

Lot QT/2438/80

Total pollen grains: 7

With so few pollen grains no interpretation was possible.

Lot QT/2438/104

Total pollen grains: 310

At this site, cultivars like *Zea mays* (maize), with 1.6% and *Capsicum frutescens* with 1.3%, were found. The dominant species is *Quercus* with 16.7% and most of the rest of the important taxa belong to the Andean forest (*Clethra, Ilex, Rapanea,* Solanaceae and *Vallea*). Although some of these taxa are found in other vegetation regions, they are abundant in the Andean region. Open vegetation taxa, such as Gramineae and Compositae are present but, as in the site just described, part of the natural forest population. The presence of Subandean forest elements can be explained by the presence of this zone nearby.

Lot QT/2438/113

No pollen grains were found in this sample.

Análisis de Polen

Luis Fernanda Herrera
Fundación Erigaie

Unidad Doméstica 1

Lote QT/447/28

Total de granos de polen: 312

Quercus es el elemento dominante (34.3%). Otros grupos taxonómicos representativos del bosque andino son *Clethra, Cordia lanata, Gunnera, Rapanea, Vallea* y *Weinmannia.* No se encontraron variedades cultivadas.

Lote QT/447/50

Total de granos de polen: 447

Quercus es la especie dominante con 21.7%. La mayoría de los elementos que aparecen en este lote pertenecen al bosque andino, a pesar de que hay grupos taxonómicos del bosque subandino. Se encontró polen de maíz, lo cual indica que había presencia de variedades cultivadas cerca del sitio. Representantes de las áreas sabanera, como las Gramineae y Compositae son muy bajas, representando una distribución normal de estos grupos taxonómicos dentro del bosque.

Lote QT/447/58

Total de granos de polen: 409

La especie dominante que aparece en este sitio es *Quercus* (roble)(20.5%). Este grupo taxonómico es representativo del bosque andino. La mayoría de los demás elementos abundantes también son de esta clase de vegetación (*Hedyosmum, Ilex, Rapanea, Vallea* y *Weinmannia*). Otros grupos taxonómicos con altos porcentajes corresponden mayormente al bosque subandino/tropical. Las gramíneas y compuestas, que son más comunes en hábitats abiertos o sabanas, están bien representadas aquí, pero no en cantidad suficiente como para indicar grandes desmontes. Mas bien, se indica una representación normal de vegetación de bosque. La presencia de vegetación de bosque andino y subandino indica la proximidad del sitio al bosque subandino. No se encontraron variedades cultivadas. Los altos porcentajes de helechos encontrados son consistentes con un área boscosa.

Lote QT/447/82

Total de granos de polen: 253

El elemento dominante es *Quercus* (15.9%), con otros grupos taxonómicos del bosque andino como *Clethra, Rapanea* y *Vallea.* La mayoría de los demás elementos son del bosque subandino/tropical. No se encontraron variedades cultivadas.

Unidad Doméstica 2

Lote QT/2438/71

Total de granos de polen: 2

Con tan pocos granos de polen no fue posible ninguna interpretación.

Lote QT/2438/80

Total de granos de polen: 7

Con tan pocos granos de polen no fue posible ninguna interpretación.

Lote QT/2438/104

Total de granos de polen: 310

En este sitio se encontraron variedades cultivadas tales como *Zea mays* (maíz), con 1.6% y *Capsicum frutescens* con 1.3%. La especie dominante es *Quercus* con 16.7% y la mayoría del resto de los grupos taxonómicos importantes corresponden al bosque andino (*Clethra, Ilex, Rapanea,* solanáceas y *Vallea*). A pesar de que algunos de estos grupos taxonómicos se encuentran en otras regiones de vegetación, estas son abundantes en la región andina. Los grupos taxonómicos de vegetación abierta, tales como gramíneas y compuestos están presentes pero, como en el sitio recién descrito, son parte de la población boscosa natural. La presencia de elementos del bosque subandino puede ser explicada por la presencia de esta zona cercana.

Lot QT/2438/139

Total pollen grains: 2

With so few pollen grains no interpretation was possible.

Household 3

Lot QT/817/41

Total pollen grains: 3

Manihot esculenta is present in this lot. Although only one pollen grain is present, this site could correspond to a cultivated field where this crop was grown. The pollen of this plant is only found in the same place were the plants are.

Lot QT/817/42

Total pollen grains: 18

No cultigens were found in this sample. An Andean/Subandean open forest environment is suggested by the analysis.

Lot QT/817/67

Total pollen grains: 45

In Lot 817/67 a species of *Xanthosoma* was found, corresponding to a tuber crop (probably *malanga*) in a cultivated field or dooryard garden around the house. The presence of algae indicates a very humid place or possibly the transportation of soils from inundated areas to the site, as suggested by the large amount of Zygnemataceae.

Lot QT/817/88

Total pollen grains: 58

The microscopic remains from this lot suggest a humid, open forest environment. No evidence of cultivated species is found in this lot.

Lot QT/817/111

Total pollen grains: 18

This lot had a small quantity of pollen. However, the presence of mosses and aquatic species suggests a high level of humidity.

Household 4

Lot QT/1125/20

Total pollen grains: 45

In Lot 1125/20 three different crops were found: *Ipomoea batatas* (sweet potato), *Zea mays* (maize), and Sapotaceae. The site probably corresponds to a cultivation field. Also, the large amount of pollen grains shows that the place was open.

Lot QT/1125/21

Total pollen grains: 145

In Lot QT/21, *Zea mays* and Sapotaceae (edible fruits) are present. Here, the large amount of pollen of grasses and Compositae shows that the site was open.

Lot QT/1125/84

Total pollen grains: 2

No reliable statement can be made based on the two pollen grains and pterydophyta found in this lot.

General Comments

There is a significant difference between the total of eighteen samples from upper and lower elevations analyzed for this report. The samples from the lower elevations represent a more open environment, while the upper elevation samples indicate a forested environment. This conclusion is supported by the total amount of pollen present in the samples, which is greater in the upper elevation samples. This is consistent with better preservation of pollen in forested areas. In constrast, in the lower elevation samples, the frequency of pollen is quite low, consistent with the poor preservation of pollen in cultivated fields or open savanna environments.

Note: The percentages referred to in the text above are percentages of pollen grains only. The percentages in the tables below are percentages of pollen grains and other microscopic remains as well.

Lote QT/2438/113

No se encontraron granos de polen en esta muestra.

Lote QT/2438/139

Total de granos de polen: 2

Con tan pocos granos de polen no fue posible ninguna interpretación.

Unidad Doméstica 3

Lote QT/817/41

Total de granos de polen: 3

Hay presencia de *Manihot esculenta* en este lote. A pesar de que sólo hay un grano de polen, este sitio podría coresponder a un campo cultivado donde se sembró este cultivo. El polen de esta planta sólo se encuentra en el mismo lugar en que las planta están presentes.

Lote QT/817/42

Total de granos de polen: 18

No se encontraron variedades cultivadas en esta muestra. El análisis sugiere un ambiente de bosque abierto andino/subandino.

Lote QT/817/67

Total de granos de polen: 45

En el lote 817/67 se encontró una especie de *Xanthosoma*, correspondiente a un cultivo de tubérculo (probablemente *malanga*) en un campo cultivado o un huerto de patio alrededor de la casa. La presencia de algas indica un lugar muy húmedo o posiblemente el transporte de suelos desde áreas inundadas hacia el sitio, como lo sugiere la gran cantidad de Zygnemataceae.

Lote QT/817/88

Total de granos de polen: 58

Los restos microscópicos de este lote sugieren un ambiente húmedo de bosque abierto. No se encuentra evidencia de especies cultivadas en este lote.

Lote QT/817/111

Total de granos de polen: 18

Este lote tenía una pequeña cantidad de polen. Sin embargo, la presencia de musgos y especies acuáticas sugiere un alto nivel de humedad.

Unidad Doméstica 4

Lote QT/1125/20

Total de granos de polen: 45

En el lote 1125/20 se encontraron tres diferentes cultivos: *Ipomoea batatas* (camote), *Zea mays* (maíz) y Sapotaceae. Este sitio probablemente corresponde a un campo cultivado. Además, la gran cantidad de granos de polen demuestra que era un lugar abierto.

Lote QT/1125/21

Total de granos de polen: 14

En el lote QT/21, hay presencia de *Zea mays* y Sapotaceae (frutos comestibles). Aquí, la gran cantidad de polen de gramíneas y compuestas demuestra que era un sitio abierto.

Lote QT/1125/84

Total de granos de polen: 2

No se puede hacer una afirmación confiable a partir de dos granos de polen de pterydophyta encontrados en este lote.

Commentarios Generales

Hay una diferencia significativa entre el total de las dieciocho muestras provenientes de elevaciones altas y bajas analizadas para este informe. Las muestras de las elevaciones bajas representan un medio ambiente más abierto, mientras que las muestras de elevaciones mayores indican un medio ambiente boscoso. Esta conclusión está respaldada por la cantidad total de polen presente en las muestras, la cual es mayor en las muestras de las elevaciones más altas. Esto es consistente con una mejor preservación de polen en áreas boscosas. En contraste, en las muestras de elevaciones menores, la frecuencia del polen es bastante baja, consistente con la pobre preservación del polen en campos cultivados o en medio ambientes sabaneros abiertos.

Nota: Los porcentajes a los que se refiere el texto anterior son sólo porcentajes de granos de polen. Los porcentajes en las tablas de más abajo son tanto porcentajes de granos de polen como de otros restos microscópicos.

VP447: Household 1—Unidad Doméstica 1

Zone—Zona	Lot 28		Lot 50		Lot 58		Lot 82	
Taxon	No.	%	No.	%	No.	%	No.	%
No Designation		**24.1**		**14.4**		**23.6**		**25.1**
Sin Designar								
Acanthaceae					4	0.8	1	0.2
Aeschynomene sp.					1	0.2		
Anthurium sp.					1	0.2		
Arabidaea tipo					3	0.6		
Azorella sp.					2	0.4		
Boraginaceae					1	0.2		
Borreria sp.							4	0.9
Burseraceae					1	0.2		
Canavillesia platanifolia	2	0.4						
Cestrum sp.					1	0.2		
Crucierae					1	0.2		
Dieffenbachia sp.					2	0.4		
Doliocarpus sp.					1	0.2		
Eccremocarpus longiflorus			1	0.3				
Heliocarpus sp.			1	0.3	5	1.0	6	1.3
Liliaceae					1	0.2		
Loranthaceae					1	0.2		
Machaerium microphyllum					4	0.8		
Pseudobombax septenatum					4	0.8		
Polygalaceae			2	0.5				
Polygonum sp.			1	0.3				
Prioria copaifera	1	0.2						
Psychotria sp.			1	0.3				
Pterydophyta Alsophila sp.	16	3.5	7	1.8	8	1.6	1	0.2
Pterydophyta Cystopteris sp.			1	0.3				
Pterydophyta Dicksonia sp.							1	0.2
Pterydophyta Elaphoglossum sp.					1	0.2		
Pterydophyta Jamesonia sp.					4	0.8		
Pterydophyta Lophosoria sp.			1	0.3	2	0.4		
Pterydophyta Lycopodium foveolate					2	0.4	1	0.2
Pterydophyta Lycopodium reticulate	3	0.7	3	0.8	5	1.0 5		1.1
Pterydophyta Monolete div.							1	0.2
Pterydophyta Monolete psilate	48	10.6	20	5.1	36	7.0	75	16.8
Pterydophyta Monolete verrucate	13	2.9	8	2.0	14	2.7	11	2.5
Pterydophyta Monolete verrucate>65μ			1	0.3	10	1.9	1	0.2
Pterydophyta Trilete verrucate	26	5.8	10	2.5	3	0.6	5	1.1
Rhizocephalum condollei					3	0.6		
Salvia occidentalis					1	0.2		
All	**4.2**			**5.3**		**6.2**		**4.7**
Todos								
Clusia sp.	8	1.8	2	0.5			6	1.3
Melastomataceae	3	0.7	10	2.5	29	5.6	13	2.9
Miconia sp.	5	1.1	9	2.3	3	0.6	2	0.4
Palmae	2	0.4						
Pilea sp.	1	0.2						
All/Open		**4.6**		**9.6**		**9.1**		**6.3**
Todos/Abierto								
Compositae	14	3.1	26	6.6	33	6.4 8		1.8
Graminaeae	7	1.5	12	3.0	14	2.7	18	4.0
Gramineae >65μ							2	0.4
Andean		**12.4**		**17.2**		**25.4**		**5.8**
Andino								
Cordia lanata	17	3.8	6	1.5	3	0.6	1	0.2
Dodonaea sp.	1	0.2	4	1.0				
Gunnera sp.	28	6.2	18	4.6	4	0.8	5	1.1
Lepidium sp.					4	0.8	1	0.2
Puya sp.			1	0.3	3	0.6		

VP447: Household 1—Unidad Doméstica 1 (Cont.)

Zone—Zona	Lot 28		Lot 50		Lot 58		Lot 82	
Taxon	No.	%	No.	%	No.	%	No.	%
Quercus sp.					84	16.3		
Rosaceae	1	0.3	20	0.4			4	0.9
Rumex sp.	2	0.4			1	0.2	2	0.4
Umbelliferae	1	0.2	6	1.5				
Vallea sp.	7	1.5	31	7.8	9	1.7	11	2.5
Viburnum sp.			1	0.3	1	0.2	2	0.4
Weinmannia sp.					20	3.9		
Andean/Subandean		**31.6**		**31.6**		**8.7**		**14.6**
Andino/Subandino								
Alnus sp.			1	0.3				
Hedyosmum sp.	5	1.1	9	2.3	16	3.1	4	0.9
Ilex sp.					11	2.1		
Myrtaceae	1	0.2	2	0.5	4	0.8	2	0.4
Quercus sp.	107	23.7	70	17.7			48	10.8
Rapanea sp.	16	3.5	18	4.6	12	2.3	9	2.0
Sapium sp.	2	0.4	1	0.3	2	0.4		
Weinmannia sp.	12	2.7	24	6.1			2	0.4
Andean/Subandean/Pantano		**0.2**		**2.0**		**1.2**		
Andino/Subandino/Pantano								
Piper sp.	1	0.2	8	2.0	6	1.2		
Andean/Subandean/Tropical		**10.2**		**10.1**		**8.5**		**19.7**
Andino/Subandino/Tropical								
Anacardiaceae					2	0.4	1	0.2
Cedrela sp.	4	0.9	1	0.3				
Croton sp.					2	0.4	1	0.2
Eugenia sp.					2	0.4		
Eurphorbiaceae							1	0.2
Ilex sp.	3	0.7	4	1.0	11	2.1		
Leguminosae			1	0.3				
Myrica sp.					3	0.6		
Pterydophyta Cyatheaceae	33	7.3	20	5.1	13	2.5	77	17.3
Solanaceae					11	2.1	4	0.9
Urticaceae/Moraceae	6	1.3	13	3.3	6	1.2	4	0.9
Vismia sp.					5	1.0		
Warcsewiczia sp.			1	0.3				
Andean/Subpáramo				**0.8**				
Andino/Subpáramo								
Draba sp.			2	0.5				
Ericaceae			1	0.3				
Aquatic				**0.2**		**1.2**		
Acuático								
Aglae Zygnemataceae					1	0.2		
Algae Isoetes sp.					1	0.2		
Onagraceae	1	0.2						
Typha sp.			1	0.3	4	0.8		
Cultigen				**0.3**				
Cutígeno								
Zea Mays			1	0.3				
Open Forest		**0.2**		**0.5**		**0.6**		**3.4**
Bosque Abierto								
Pterydophyta Selaginella sp.	1	0.2	2	0.5	3	0.6	15	3.4
Pantano		**0.2**		**0.5**		**0.6**		
Pantano								
Begonia sp.	1	0.2						
Cyperaceae			2	0.5	3	0.6		
Subandean		**0.2**						
Subandino								
Acalypha sp.	1	0.2						

VP447: Household 1—Unidad Doméstica 1 (Cont.)

Zone—Zona	Lot 28		Lot 50		Lot 58		Lot 82	
Taxon	No.	%	No.	%	No.	%	No.	%
Subandean/Open		**0.4**				**0.4**		
Subandino/Abierto								
Campanulaceae	1	0.2			2	0.4		
Cuphea sp.	1	0.2			2	0.4		
Subandean/Tropical		**6.0**		**3.5**		**1.2**		**9.6**
Subandino/Tropical								
Alchornea sp.	5	1.1	4	1.0			6	1.3
Alchornea sp.1					20	3.9		
Alchornea sp.2					1	0.2		
Bignoniaceae			1	0.3	15	2.9	11	2.5
Bombacopsis quinata	16	3.5	7	1.8				
Geonoma sp					2	0.4		
Guttiferae					1	0.2	15	3.4
Hieronima sp.					5	1.0	4	0.9
Iriartea sp					6	1.2	1	0.2
Rubiaceae sp.	5	1.1					2	0.4
Rubiaceae sp. 1					5	1.0		
Rubiaceae sp. 2					2	0.4		
Sapindaceae	1	0.2						
Vismia sp			2	0.5			4	0.9
Subandean/Tropical/Pantano		**1.3**		**0.8**		**1.0**		**4.7**
Subandino/Tropical/Pantano								
Labiatae	6	1.3	3	0.8	5	1.0	21	4.7
Subpáramo		**0.2**						
Subpáramo								
Paepalanthus sp.	1	0.2						
Subpáramo/Andean		**0.7**		**2.5**		**0.4**		**2.0**
Subpáramo/Andino								
Aragoa sp.					1	0.2		
Draba sp.							3	0.7
Ericaceae	1	0.2						
Hydrocotyle sp.	1	0.2	2	0.5	1	0.2		
Hypericum sp.							2	0.4
Mutisia sp.	1	0.2					4	0.9
Subpáramo/Andean/Subandean		**2.0**		**0.5**		**0.8**		**4.0**
Subpáramo/Andino/Subandino								
Clethra sp.	9	2.0	2	0.5	4	0.8	18	4.0
Subpáramo/Páramo		**0.9**						
Subpáramo/Páramo								
Valeriana sp.	4	0.9						
Subpáramo/Andean		**0.2**						
Subpáramo/Andino								
Hypericum sp.	1	0.2	8	2.0				

VP2438: Household 2—Unidad Doméstica 2

Zone—Zona	Lot 71		Lot 80		Lot 104		Lot 139	
Taxon	No.	%	No.	%	No.	%	No.	%
No Designation						**19.2**		
Sin Designar								
Pterydophyta Alsophila sp					1	0.3		
Pterydophyta Jamesonia sp.					1	0.3		
Pterydophyta Lycopodium reticulate1					13	4.2		
Pterydophyta Monolete psilate		2			32	10.3		
Pterydophyta Monolete verrucate					7	2.2		
Pterydophyta Monolete verrucate>65μ					2	0.6		
Pterydophyta Trilete verrucate					3	1.0		
Rheedia sp.					1	0.3		
All						**8.0**		
Todo								
Melastomataceae					16	5.1		
Miconia sp.					9	2.9		
All/Open						**7.9**		
Todo/Abierto								
Compositae					13	4.2		
Gramineae		1			14	3.4		
Gramineae >46 μ					1	0.3		
Cultivar						**2.9**		
Cultivar								
Capsicum frutescens type					4	1.3		
Zea mays					5	1.6		
Andean						**8.7**		
Andino								
Gunnera sp.					1	0.3		
Vallea sp.					26	8.4		
Andean/Subandean						**28.6**		
Andino/Subandino								
Hedyosmum sp.					4	1.3		
Ilex					10	3.2		
Myrtaceae				1	3	1.0		
Pilea sp.					5	1.6		
Quercus sp.		1		1	52	16.7		1
Rapanea sp.				2	10	3.2		
Weinmannia sp					5	1.6		
Andean/Pantano						**0.3**		
Andino/Pantano								
Chenopodiaceae					1	0.3		
Andean/Subandean/Pantano						**0.3**		
Andino/Subandino/Pantano								
Piper sp.					1	0.3		
Andean/Subandean/Tropical						**18.2**		
Andino/Subandino/Tropical								
Clusia sp.					6	1.9		
Eurphorbiaceae					1	0.3		
Graminaea								1
Ilex sp.				1				
Myrica sp.					4	1.3		
Palmae					1	0.3		
Pterydophyta Cyatheaceae					16	5.1		
Solanaceae					19	6.1		
Urticaceae/Moraceae					8	2.6		
Warcsewiczia sp.					2	0.6		
Open Forest						**30.3**		
Bosque Abierto								
Pterydophyta Selaginella sp.					94	30.3		

VP2438: Household 2—Unidad Doméstica 2 (Cont.)

Zone—Zona	Lot 71		Lot 80		Lot 104		Lot 139	
Taxon	No.	%	No.	%	No.	%	No.	%
Pantano						**1.0**		
Pantano								
Cyperaceae					3	1.0		
Subandean						**0.3**		
Subandino								
Acalypha sp.					1	0.3		
Subandean/Tropical						**4.4**		
Subandino/Tropical								
Alchornea					7	2.2		
Rubiaceae					1	0.3		
Sapotacea					1	0.3		
Trema					1	0.3		
Vismia sp.					4	1.3		
Subandean/Tropical/Pantano						**3.5**		
Subandino/Tropical/Pantano								
Labiatae					11	3.5		
Subpáramo								
Subpáramo								
Gaiadendron			1					
Subpáramo/Andean/Subandean						**3.8**		
Subpáramo/Andino/Subandino								
Clethra sp.					12	3.8		
Subpáramo/Andean						**1.6**		
Subpáramo/Andino								
Ericaceae					2	0.6		
Hypericum sp.					3	1.0		

VP817: Household 3—Unidad Doméstica 3

Zone—Zona	Lot 41		Lot 42		Lot 67		Lot 88		Lot 111	
Taxon	No.	%	No.	%	No.	%	No.	%	No.	%
No Designation										
Sin Designar										
Amarantaceae					1				1	
Borreria sp.									2	
Combretaceae									1	
Convolvulaceae					1					
Crucierae					1				2	
Cydistia sp.					1					
Doliocarpus sp.							7			
Eccremocarpus longiflorus					2				1	
Malvacea							1			
Mosses					2				26	
Pterydophyta Alsophila sp.							1			
Pterydophyta Lophosoria sp.									1	
Pterydophyta Lycopodium reticulate							1			
Pterydophyta Monolete psilate			22		26		7		1	
Pterydophyta Monolete psilate>65m					1					
Pterydophyta Monolete verrucate			2		5		5		2	
Pterydophyta Trilete verrucate			1						1	
Symplocos sp.			3							
Tiliaceae			1							
All										
Todo										
Melastomataceae							6			
Palmae									1	
All/Open										
Todo/Abierto										
Compositae	1		1		2		19		2	
Gramineae							5		1	
Graminaeae>46µ					1					
Graneae<45µ					6					
All/Open/Disturbed										
Todo/Abierto/Pertubado										
Compositae liguliflorae	1									
Cultigen										
Cultígeno										
Manihot esculenta Krantz	1									
Xanthosoma sp.					7					
Andean										
Andino										
Vallea sp.					1				1	
Weinmannia sp.					4				3	
Andean/Subandean										
Andino/Subandino										
Hedyosmum sp.			5		8		1			
Ilex sp.							1			
Rapanea sp.					2					
Andean/Subandean/Tropical										
Andino/Subandino/Tropical										
Anacardiaceae							2		1	
Croton sp.					1					
Proteaceae			1		1		1			
Pterydophyta Cyatheaceae			2		1					
Solanaceae							4			
Urticaceae/Moraceae					1		2			
Warcsewiczia sp.									1	

VP817: Household 3—Unidad Doméstica 3 (Cont.)

Zone—Zona	Lot 41		Lot 42		Lot 67		Lot 88		Lot 111	
Taxon	No.	%	No.	%	No.	%	No.	%	No.	%
Aquatic										
Acuático										
Algae Mougeotia					1					
Aglae Zygnemataceae					17				2	
Open Forest										
Bosque Abierto										
Pterydophyta Selaginella sp.			7		16		13		1	
Pantano										
Pantano										
Cyperaceae					2		4		1	
Subandean/Tropical										
Subandino/Tropical										
Bignoniaceae					1					
Bombacaceae			1							
Hieronima colombiana					1		2			
Iriartea sp.			1		1					
Tournefortia tipo							1			
Andean/Subandean/Tropical/Pantano										
Andino/Subandino/Tropical/Pantano										
Labiatae			5				2			
Humid										
Húmedo										
Pterydophyta Grammitis							1			

VP1125: Household 4—Unidad Doméstica 4

Zone—Zona	Lot 20		Lot 21		Lot 84	
Taxon	No.	%	No.	%	No.	%
No Designation		**34.7**		**26.2**		
Sin Designar						
Cleome sp.			1	0.5		
Doliocarpus sp.			2	1.0		
Eccremocarpus longiflorus	1	1.3				
Malvaceae	3	4.0				
Polygonum sp.			1	1.3		
Pterydophyta Alsophila sp.	2	2.7	8	3.8		
Pterydophyta Monolete Hypolepis					1	
Pterydophyta Lycopodium foveolate	1	1.3				
Pterydophyta Monolete psilate	16	21.3	37	17.6	1	
Pterydophyta Monolete verrucate	2	2.7	2	1.0		
Pterydophyta Trilete verrucate	1	1.3				
Symplocos sp.			1	0.5		
Tiliaceae			1	0.5		
All		**4.0**				
Todo						
Melastomataceae	3	4.0				
All/Open		**21.3**		**31.4**		
Compositae	3	4.0	26	12.4		
Gramineae	13	17.3	40	19.1		
All/Open/Disturbed		**1.3**				
Todo/Abierto/Pertubado						
Compositae liguliflorae	1	1.3				
Andean						
Andino						
Quercus sp.					1	
Andean/Subandean		**8.0**		**9.5**		
Caryophyllaceae			1	0.5		
Hedyosmum sp.	5	6.7	16	7.6		
Quercus sp.			1	0.5		
Rapanea sp.	1	1.3	1	0.5		
Weinmannia sp.			1	0.5		
Andean/Subandean/Pantano				**0.5**		
Andino/Subandino/Pantano						
Piper sp.			1	0.5		
Andean/Subandean/Tropical		**14.7**		**11.9**		
Andino/Subandino/Tropical						
Anacardiaceae			1	0.5		
Borreria sp.			1	0.5		
Cedrela sp.			1	0.5		
Eugenia sp.			1	0.5		
Eurphorbiaceae			1	0.5		
Ilex sp.			3	1.5		
Proteaceae			2	1.0		
Pterydophyta Cyatheaceae	6	8.0	6	2.9	1	
Solanaceae			1	0.5		
Urticaceae/Moraceae	4	5.3	7	3.3		
Warcsewiczia sp.	1	1.3	1	0.5		
Cultigen		**5.3**		**5.3**		
Cultígeno						
Ipomoea batatas	1	1.3				
Sapotaceae	1	1.3	2	1.0		
Zea mays	2	2.7	9	4.3		
Humid						**1.0**
Húmedo						
Pterydophyta Grammitis					2	1.0
Aquatic						**1.0**
Acuático						
Onagraceae			2	1.0		

VP1125: Household 4—Unidad Doméstica 4 (Cont.)

Zone—Zona	Lot 20		Lot 21		Lot 84	
Taxon	No.	%	No.	%	No.	%
Open Forest		**1.3**		**5.2**		
Bosque Abierto						
Pterydophyta Selaginella sp.	1	1.3	11	5.2		
Pantano		**2.7**		**1.4**		
Pantano						
Cyperaceae	2	2.7	3	1.4		
Subandean/Open		**4.0**				
Subandino/Abierto						
Cuphea sp.	3	4.0				
Subandean/Tropical		**1.3**		**6.8**		
Subandino/Tropical						
Alchornea sp.1			1	0.5		
Cecropia sp.			1	0.5		
Hieronima colombiana	1	1.3	10	4.8		
Rubiaceae sp.			1	0.5		
Trema sp.			1	0.5		
Subandean/Tropical/Pantano				**1.0**		
Subandino/Tropical/Pantano						
Labiatae			2	1.0		
Subpáramo/Andean				**0.5**		
Subpáramo/Andino						
Hydrocotyle sp.			1	0.5		

Analysis of Botanical Macroremains

Gaspar Morcote and Inés Cavelier
Fundación Erigaie

Laboratory Procedures

The following are the laboratory methods employed during analysis of the flotation samples submitted. First, each flotation sample was sifted through sieves with openings of 2 mm, 1 mm, 0.5 mm. Next, The seeds were extracted from each of the samples. Finally, each recovered seed was cleaned, described and identified. Seed description consisted of determining diagnostic characteristics and classifying by types. Once the types were determined, reference collections at the Fundación Erigaie, the Medellín Herbarium, the Cartagena Herbarium, and the Herbarium at the University of Antioquia were consulted in order to attempt to identify the remains. For identification of form, the system presented by Redford et al. (1974) was employed. For the surface characteristics, the nomenclature used by Huang (1972) was employed.

Results

Type 33. *Phytolacca rivinoides* (Phytolaccaceae). Seeds.

Form: Spheroid to Oblong.
External Ornamentation: Smooth.
Color: Brilliant Black.
Internal Structure: A single cavity.
Dimensions:
 Length: 2.05 mm.
 Width: 1.90 mm.
 Thickness: 0.6 mm.
Identification based on: reference collection No. 1091 Fundación Erigaie.
Distribution: The majority of the species of this family are native in tropical America and the Antilles. In Colombia, these species are encountered between 0 and 2600 m asl.
Uses: Some species of the genus *Phytolacca* are used to produce dyes for textiles, from fruit (Leechman 1984); also the leaves are consumed directly as salad, by native groups of the Colombian Amazon (Sánchez 1994) and Panama (Escobar 1985). The roots, administered in small doses, serve as medicine; in larger amounts they cause poisioning because of its high toxicity (Lewis & Elvin-Lewis 1985). The leaves are used together with those of *Phyllantus* for fishing (as a poison like barbasco); as detergents for washing clothes; for making hot infussions of the leaves to disinfect and reduce the inflammation of injuries; for reducing the irritation of skin that has been in contact with chili peppers by direct application of the leaves (Schultes & Raffauf 1990).
Habitat: Generally, *Phytolacca* is found in abandoned farm plots or in recent clearings (Patiño 1990).

Type 38. Rosaceae indt. Compound endocarps of two "valves" divided by a head.

Form: Lenticular.
External Ornamentation: Positive reticulated.
Color: Opaque black.
Internal Structure: A cavity whose wall is 0.9 mm.
Dimensions:
 Length: 7.20 mm.
 Width: 7.40 mm.
 Thickness: 5 mm.
Distribution: In Colombia, this family is found between 0 and 3300 masl.
Habitat: Some species of this family are typical of disturbed primary forests.

Type 42. *Rubus* aff. *glaucus* (Rosaceae). Compound endocarps of two "valves" divided by a head, with a germinative pore in the polar zone.

Form: Ellipsoid.
External Ornamentation: Negative reticulated.
Internal Structure: A cavity whose wall is 0.3 mm.
Dimensions:
 Length: 2.30 mm.
 Width: 1.35 mm.
 Thickness: 0.75 mm.
Identification based on: samples of the Herbario de la Universidad de Antioquia No. 38778.
Distribution: In Colombia this genus is located in páramos, mountain cold regions, and in general the whole Andean zone.

Apéndice 2

Análisis de Restos Macrobotánicos

Gaspar Morcote and Inés Cavelier
Fundación Erigaie

Procedimientos de laboratorio

A continuación se presentan los métodos de laboratorio empeados durante el análisis de las muestras de flotación remitidas. Primero, cada muestra de flotación fue tamizada en cedazos con aperturas de 2 mm, 1 mm, 0.5 mm. Luego, se extrajeron las semillas de cada una de las muestras. Finalmente, cada semila recuperada fue limpiada, descrita e identificada. La descripción consistió en determinar las características diagnósticas de las semillas encontradas, clasificándolas por tipos. Una vez determinados estos, se procedió a consultar las colecciones de referencia de la Fundación Erigaie, el Herbario de Medellín, el Herbario de la Universidad de Antioquia y el Herbario de Cartagena, para la identificación de los macrorestos. Para la identificación de la forma sólida se empleó el sistema presentado por Redford et al. (1974). Para las características de la superficie se utilizó la nomenclatura empleada por Huang (1972).

Resultados

Tipo 33. *Phytolacca rivinoides* (Phytolaccaceae). Semillas.

Forma: Esferoidal a oblonga.
Ornamentación externa: Lisa.
Color: Negro brillante.
Estructura interna: Presenta una única cavidad.
Dimensiones:
   Longitud: 2.05 mm.
   Ancho: 1.90 mm.
   Grosor: 0.6 mm.
Identificación basada en: Colección de referencia No. 1091 Fundación Erigaie.
Distribución: La mayoria de las especies de esta familia son nativas de América Tropical y Antillas. Para Colombia estas especies se encuentran desde los 0 hasta los 2600 m.s.n.m.
Usos: Algunas especies del genero *Phytolacca* se emplean en la extracción de tinturas para textiles, que se obtienen de sus frutos (Leechman 1984); asi mismo las hojas son consumidas directamente como ensalada, por grupos indígenas de la Amazonía colombiana (Sanchez 1994) y de Panamá (Escobar 1985). Las raices administradas en dosis menores sirven como medicamento; en mayores proporciones pueden causar envenenamiento por su alta toxicidad (Lewis & Elvin-Lewis 1985). Las hojas son usadas junto con aquellas de *Phyllantus* para pescar (como barbasco); como saponificantes para lavar ropa; la infusión caliente de las hojas desinfecta y reduce la inflamación de las heridas; se aplican las hojas sobre la piel que ha estado en contacto con aji, para calmar la irritación (Schultes & Raffauf 1990).
Habitat: Generalmente, Phytolacca se relaciona con chagras abandonadas o recién abiertas (Patiño 1990).

Tipo 38. Rosaceae indt. Endocarpios compuestos de dos "valvas" divididas por una testa.

Forma: Lenticular.
Ornamentación externa: Reticulado positivo.
Color: Negro opaco.
Estructura interna: Presenta una cavidad cuya pared es de 0.9 mm.
Dimensiones:
   Longitud: 7.20 mm.
   Ancho: 7.40 mm.
   Grosor: 5 mm.
Distribución: Para Colombia esta familia se encuentra entre los 0–3300 m.s.n.m.
Habitat: Algunas especies de esta familia, son típicas de bosques primarios perturbados.

Tipo 42. Rubus aff glaucus (Rosaceae). Endocarpios compuestos de dos "valvas" divididas por una testa. Posee poro germinativo en zona polar.

Forma: Elipsoide.
Ornamentación externa: Reticulado negativo.
Estructura interna: Presenta una cavidad, cuya pared tiene 0.3 mm.
Dimensiones:
   Longitud: 2.30 mm
   Ancho: 1.35 mrm

Uses: Some species of the genus Rubus are edible.

Type 43. *Rubus* sp. 1. (Rosaceae). Compound endocarps of two "valves" divided by a head with a germinative pore in the polar zone.

Form: Ellipsoid.
External Ornamentation: Negative reticulated.
Internal Structure: A wall cavity: 0.4 mm.
Dimensions:
  Length: 5.30 mm.
  Width: 3.35 mm.
  Thickness: 2.35 mm.

Type 44. *Rubus* sp. 2. (Rosaceae). Compound endocarps of two "valves" divided by a head with a germinative pore in the polar zone.

Form: Ellipsoid
External Ornamentation: Positive reticulated.
Internal Structure: A cavity whose wall is 0.4 mm.
Dimensions:
  Length: 5.20 mm.
  Width: 3.30 mm.
  Thickness: 3.0 mm.

Type 45. *Zea mays* (Gramineae). Seed fragment.

External Ornamentation: Smooth.
Color: Bright Black.
Dimensions:
  Maximum length: 6.30 mm.
  Minimum length: 3.80 mm.
  Width: 5.50 mm.

Type 46. Seeds.

Form: Spherical to oblong.
External Ornamentation: Densely granulated at a magnification of 40X. It possesses a germinative pore located in the polar zone with a diameter of 0.4 mm.
Color: Dull black.
Dimensions:
  Length: 2 mm.
  Width: 2 mm.
  Thickness: 2 mm.
Internal Structure: A cavity with a spherical form whose wall is 0.5 mm.

Type 47. Seeds.

Form: Lenticular.
External ornamentation: Grooved.
Color: Dull black.
Dimensions:
  Length: 2.10 mm.
  Width: 2.0 mm.
  Thickness: 1.20 mm.
Internal structure: A cavity with a wall of 0.3 mm.

Type 48. Seed fragments.

External ornamentation: Wrinkled at a magnification of 40X. It has five external walls.
Color: Dull black.
Internal structure: Five locules.
Dimensions:
  Maximum length: 4 mm.
  Width: 2.80 mm.

Type 49. Seeds.

Form: Widely ovoid.
External Ornamentation: Longitudinally grooved. A germinative pore is located in the polar zone with a diameter of 0.4 mm.
Color: Dull black.
Dimensions:
  Length: 4.10 mm.
  Width: 2.80 mm

Type 50. Seeds.

Form: Ovoid.
External Ornamentation: Densely granulated at a magnification of 25X.
Color: Dull black.
Dimensions:
  Length: 2.4 mm.
  Width: 1.5 mm.

Group 20.

To this group belong the complete or fragmented seeds that were encountered in a state of such extreme decay that description of distinct characteristics was impossible.

Grosor: 0.75 mm
Distribución: En Colombia este género se localiza en páramos, montes de tierra fría y en general en toda la zona andina.
Usos: Algunas especies del genero Rubus son comestibles.
Identificación basada en: muestras del Herbario de la Universidad de Antioquia No.38778.

Tipo 43. Rubus sp 1. (Rosaceae). Endocarpios compuestos por dos "valvas" y divididas por una testa, con poro germinativo ubicado en zona polar.

Forma: Elipsoide.
Ornamentación externa: Reticulado negativo.
Estructura interna: Presenta una cavidad de pared: 0.4 mm
Dimensiones:
    Longitud: 5.30 mm.
    Ancho: 3.35 mm.
    Grosor: 2.35 mm.

Tipo 44. Rubus sp 2 (Rosaceae). Endocarpios compuestos de dos "valvas", divididas por una testa. Poro germinativo ubicado en zona polar.

Forma: Elipsoide.
Ornamentación: Reticulado positivo.
Estructura interna: Presenta una cavidad, cuya pared es de 0.4 mm.
Dimensiones:
    Longitud: 5.20 mm.
    Ancho: 3.30 mm.
    Grosor: 3.0 mm.

Tipo 45. *Zea mays* (Gramineae). Fragmento de grano.

Ornamentacion externa: Lisa.
Color: Negro brillante.
Dimensiones:
    Longitud máxima: 6.30 mm.
    Longitud mínima: 3.80 mm.
    Ancho: 5.50 mm.

Tipo 46. Semillas.

Forma: Esférica a oblonga.
Ornamentación externa: Densamente granulado a una magnificación de 40X. Presenta poro germinativo con un diámetro de 0.4 mm, ubicado en la zona polar.
Color: Negro mate.
Dimensiones:
    Longitud: 2 mm.
    Ancho: 2 mm.
    Grosor: 2 mm.

Estructura interna: Presenta cavidad de forma esférica, cuya pared es de 0.5 mm.

Tipo 47. Semillas.

Forma: Lenticular
Ornamentacion externa: Estriada.
Color: Negro mate.
Dimensiones:
    Longitud: 2.10 mm.
    Ancho: 2.0 mm.
    Grosor:1.20 mm.
Estructura interna: Presenta una cavidad, de pared de 0.3 mm.

Tipo 48. Fragmentos de semillas.

Ornamentación externa: Rugulado con magnificación de 40X. Presenta cinco paredes externas.
Color: Negro mate.
Estructura interna: Presenta cinco loculos.
Dimensiones:
    Longitud máxima: 4 mm.
    Ancho: 2.80 mm.

Tipo 49. Semillas.

Forma: Ampliamente ovoide.
Ornamentación externa: Estriada longitudinalmente
Color: Negro mate.
Ornamentación externa: Presenta poro germinativo con un diámetro de 0.4 mm, ubicado en la zona polar.
Dimensiones:
    Longitud: 4.10 mrm.
    Ancho: 2.80 mm.

Tipo 50. Semillas.

Forma: Ovoide.
Ornamentacion externa: Granulado densamente a una magnificacion de 25X.
Color: Negro mate.
Dimensiones:
    Longitud: 2.4 mm.
    Ancho: 1.5 mm.

Grupo 20.

A este conjunto pertenecen las semillas completas o fragmentadas que se encuentran en tal estado extremo que impidió cualquier descripción de características distintivas.

Appendix 3

Phytolith Analysis

Deborah M. Pearsall

All samples are from cultural, rather than natural, contexts. In this situation, there are two agents of phytolith deposition, human activity (i.e., plants decaying and depositing phytoliths were brought to the site and used by the population in some way), and an overlay of phytoliths occurring naturally in the soils upon which these human activities occurred (including deposition of phytoliths after site abandonment in upper soil layers).

Recovering phytoliths from soil samples is a flotation process. Phytoliths vary in specific gravity between 1.5 and 2.3. By using a heavy liquid of specific gravity 2.3, phytoliths can be separated from denser soil constituents. The Missouri laboratory used zinc bromide as the heavy liquid flotation medium for this study. Samples are processed by (1) sieving through a 16–mesh sieve to remove larger soil particles, (2) treatment with HCl (hydrochloric acid) to remove carbonates and nitric acid to remove metallic ions, (3) treatment with concentrated hydrogen peroxide to remove organic material, (4) dispersion of clays, (5) sieving through 60–mesh sieve to remove particles greater than 250 microns, (6) sedimentation to remove clays, and (7) removal of phytoliths from the remaining matrix by chemical flotation. For additional detail on processing, see Pearsall (1989) and Zhao and Pearsall (1998).

Following processing, phytolith extract from each sample was slide–mounted in Canada Balsam. A standard amount of phytolith material was mounted on each slide (0.001 gm dried weight) to allow more precise comparisons of phytolith occurrence among samples. Slides were scanned while still semi-fluid, so that phytoliths could be rotated for examination of their three dimensional structure.

Phytolith occurrence in samples was determined by counting the identifiable, or diagnostic, phytoliths on a slide to a pre-determined sum. Recent work by Piperno (1985, 1988) and others (Rapp and Mulholland 1992) has resulted in the identification of many diagnostic phytoliths produced by plants out-side the Gramineae. Many, like the grass short cells studied early in the history of phytolith research, are well silicified, abundantly produced bodies which can be readily recognized and counted. These include spheres of various types (nodular, rugulose, folded, spinulose), troughed bodies, dicot epidermal cells, sedge epidermal cells, seed phytoliths, and fern phytoliths, among others. A phytolith sum consisting of such diagnostics and grass short cells (to represent the Gramineae) was defined and 500 bodies per slide counted (Table 1).

Within this overall diagnostic sum, the relative abundance of short cells produced by panicoid, festucoid, chloridoid, and bambusoid grasses is used to determine the nature of the grass component of vegetation. Short cell data are considered separately, as well as within the overall sum. For this reason, scanning proceeded until at least 200 short cells were tabulated (This was achieved within the 500–sum for all the Valle de la Plata samples). Since identification of maize was one of the goals of the analysis, each slide was carefully examined in its entirety for occurrence of large, cross–shaped short cells characteristic of maize (Pearsall 1978, 1979, 1982). All crosses were measured and classified by variant following Piperno (1984).

Since the goal of this project was to determine whether differences existed in phytolith patterning among the four sites, in addition to the counting procedures described above, one or more samples from each site were "quick–scanned." The procedure, which involves estimating the relative abundance of all phytoliths (not just known diagnostics and short cells) present on a slide, is used to assess the overall nature of phytolith patterning and to search for new forms. As a result of this procedure, several new phytolith types were found, and patterning of several other types inadvertently omitted from the counts were clarified.

Results

The results of this study will be presented as follows. First, representation of grasses will be considered by discussion of short cell patterning. The results of the diagnostic scans will

Acknowledgements: All samples were processed and examined by Zhijun (Jimmy) Zhao, laboratory assistant of the phytolith laboratory at the University of Missouri at the time of the study (1994). The laboratory is part of the American Archaeology Division, directed by Michael O'Brien.

Apéndice 3

Análisis de Fitolitos

Deborah M. Pearsall

Todas las muestras son de contextos culturales, y no de contextos naturales. En estas situaciones, hay dos agentes de deposición de fitolitos, las actividades humanas (i.e., las plantas en descomposición que producen fitolitos fueron traídas al sitio y usadas por los habitantes en alguna forma), y la cobertura de fitolitos que pudo ocurrir en forma natural sobre los suelos en los cuales se desarrollaban dichas actividades humanas (incluyendo la deposición de fitolitos en capas superiores después del abandono del lugar).

La recuperación de fitolitos se realiza mediante un proceso de flotación. Los fitolitos varían en peso específico entre 1.5 y 2.3. Mediante el uso de un líquido pesado con un peso específico de 2.3, se pueden separar los fitolitos de los constituyentes densos del suelo. En el laboratorio de Missouri se utilizó bromuro de zinc para este estudio como medio líquido pesado para flotación. Las muestras se procesan por (1) colado a través de un tamiz de malla 16 con el fin de remover partículas grandes de tierra, (2) tratamiento con HCl (ácido clorhídrico) para remover carbonatos y con cido nítrico para remover iones metálicos, (3) tratamiento con peróxido de hidrógeno para remover el material orgánico, (4) dispersión de arcillas, (5) colado a través de tamiz de malla 60 para remover partículas mayores a 250 micrones, (6) sedimentación para remover arcillas, y (7) remoción de los fitolitos de la matriz restante por medio de flotación química. Para información adicional más detallada sobre el proceso, véase Pearsall (1989) y Zhao y Pearsall (1998).

A continuación del procesamiento, los fitolitos extraídos de cada muestra se montaron sobre láminas en Bálsamo del Canadá. Una cantidad estandarizada de material de fitolitos se montó en cada lámina (0.001 g peso seco) para permitir comparaciones más precisas entre muestras en las ocurrencias de fitolitos. Las láminas se examinaron mientras aún en forma semilíquida, para así poder rotar los fitolitos y observar su estructura tridimensional.

Agradecimientos: Todas las muestras fueron procesadas y examinadas por Zhijun (Jimmy) Zhao, asistente de laboratorio en el laboratorio de fitolitos de la Universidad de Missouri cuando se realizó este estudio. Este laboratorio es parte de las instalaciones de la American Archaeology Division, dirigida por Michael J. O'Brien.

La ocurrencia de fitolitos en las muestras se determinó por conteo de los fitolitos identificables o diagnósticos hasta llegar a una suma predeterminada. Trabajos recientes por Piperno (1985, 1988) y otros (Rapp y Mulholland 1992) han logrado la identificación de muchos fitolitos diagnósticos que son producidos por plantas distintas a las Gramíneas. Muchos de éstos, como es el caso de las células cortas de pasto estudiadas en los comienzos de las investigaciones de fitolitos, están lo bastante silicificados y en cuerpos lo bastante abundantes como para facilitar su identificación y conteo. Dichos fitolitos incluyen esferas de varios tipos (nodulares, rugulosas, dobladas, espinulosas), cuerpos acanalados, células de la epidermis, dicotiledóneas, células de la epidermis de *sedge*, fitolitos de semillas, fitolitos de helechos, entre otros. Se definió una suma de fitolitos consistente en dichos diagnósticos y en células cortas de pasto (para representar las Gramíneas) y se hicieron conteos de 500 cuerpos por cada lámina (Tabla 1).

Dentro de esta sumatoria general de diagnósticos, las abundancias relativas de células cortas producidas por pastos panicoides, festucoides, cloridoides y bambusoides se usaron para determinar la naturaleza del componente de pastos en la vegetación. Los datos de células cortas se consideran en forma separada, pero también en la sumatoria total. Por esta razón, la examinación se continuó hasta que al menos 200 células cortas se habían tabulado (esto sucedió dentro de la suma de 500 para todas las muestras del Valle de la Plata). Como uno de los propósitos del análisis era la identificación de maíz, cada lámina se examinó detenidamente en su totalidad buscando las células grandes y cortas en forma de cruz que caracterizan al maíz (Pearsall 1978, 1979, 1982). Todas las cruces se midieron y clasificaron en variedades, siguiendo a Piperno (1984).

Como el objetivo de este proyecto era determinar si existían diferencias en el patrón de fitolitos entre los cuatro sitios, además del proceso de conteo descrito antes, una o más de las muestras de cada sitio fueron examinadas superficialmente. El proceso, que involucró un estimativo de la abundancia relativa de todos los fitolitos (no solamente diagnósticos y células cortas) presentes en una lámina, se utiliza para evaluar la naturaleza del patrón total de fitolitos, así como también para buscar formas nuevas. Como resultado de este proceso, se encontra-

then be presented, emphasizing patterning in non–grasses. Finally, quick–scan results will be discussed.

Short Cell Patterning

Table 2 presents counts of short cells, which are produced by grasses. Individual short cell types are grouped to illustrate the typical production patterns of panicoid, festucoid, chloridoid, and bambusoid grasses (bamboos contribute the majority of types in the "other" grass category). Since short cells were counted as part of the 500–count diagnostic sum, the actual number counted per sample varied (i.e., the number of short cells encountered among the first 500 phytoliths observed varied among samples). The final rows of Table 2 show the percentage occurrence of panicoid and bambusoid ("other") phytoliths in each sample.

The lowest short cell counts occurred in samples from VP447 (Household 1), the highest elevation site (2250 m). Counts varied from 221 to 352 short cells per 500 phytoliths, giving an average occurrence of 266 short cells, or 53% of the total sum. Samples from VP2438 (Household 2), located at 2100 m, had 259–304 short cells per 500 phytoliths, giving an average of 285, or 57% of the total sum. VP1125 (Household 4) demonstrates a moderate level of short cell occurrence: 311–341, average 315, or 63%. VP817 (Household 3), located at 1700 m, has the highest short cell occurrence: 380–423, average 401, or 80%.

Leaving aside, for the moment, the question of the sources of the short cells observed in these samples, the patterning summarized above indicates that a significant difference exists in the contributions of grasses to these samples, and that intra–site variation tends to be lower than inter–site differences. The first column of Figure 1, short cell (Gramineae) occurrence, illustrates these patterns. With the exception of Lot QT/447/82 from Household 1, there is little variation in overall grass occurrence within sites. Households 2 and 4 are the most similar, bracketed by Household 1 (lowest grass) and Household 3 (highest grass).

Because grasses are abundant phytolith producers, presence of even a few grasses growing in an area, or carried into a site, will leave a marked signature. In other words, grasses are overrepresented in counts relative to other components of vegetation. While it is impossible to translate the short cell values of the La Plata samples into percentage vegetation cover, in the absence of phytolith data from known vegetation formations in the region, it is safe to conclude that grasses were a significantly larger component of vegetation (and/or the plant materials brought into sites) at Household 3 than at Household 1. It is also likely that grasses did not dominate vegetation cover (and/or the plant materials brought into sites) at any site.

As illustrated at the bottom of Table 2, the kinds of grasses contributing short cells to the Valle de la Plata samples varied both within and among sites, with panicoid grasses dominating. A large number of grasses produce panicoid–type phytoliths (dumbbells, crosses, and other lobed bodies); among

them all species in the genus *Panicum*, which is listed as a component of the grass vegetation of the region. Panicoid short cells are especially common at Household 1 (83.3%–90.5% of all short cells) and Household 3 (83.9%–89%). These sites are also similar in lacking a distinctive short cell produced by a number of species of *Chusquea* bamboo. There are, in general, few indicators of bamboos at these two sites, but this group of grasses is not absent: tall, non–spiked rondels and short, flat–toped bilobates (see "other" category) are produced by bamboos. Household 1 has a slightly higher abundance of festucoid bodies (higher elevation grasses) than Household 3.

Household 4 has a significantly different grass phytolith make–up. Panicoid bodies vary from 51.3%–82.0% of short cells, a much greater degree of intra–site variability than seen at other sites. *Chusquea* bamboo is present in all samples; bambusoid short cells make up 45.5% of Lot QT/1125/79. Household 2 resembles Household 4 in having clear evidence for *Chusquea*, although not at the abundance noted above. Panicoid short cells make up 71.4%–81.7% of short cell assemblages from Household 2.

All four sites included in this study are characterized by presence of panicoid grasses and bamboos. *Chusquea* species are clearly present at Households 2 and 4, but all sites show some bamboo indicators, perhaps *Chusquea* species lacking the distinctive "*Chusquea*" type (a bilobate short cell), species of *Neurolepis*, or other local bamboos. Certain of the "other" phytolith forms were contributed by canes (e.g., *Gynerium*). Additionally, *Chusquea* contributed some dumbbells to the phytolith assemblages. There is little evidence for the local presence, or use, of festucoid grasses at any of the sites.

All slides were carefully examined, in their entirety, for maize (*Zea mays*), which is identified by the presence of large and extra–large Variant 1 crosses (short cells with a 3– or 4–lobed cross on each broad face). Table 3 summarizes these data. Cross abundance varied considerably among samples. Only three Variant 1 crosses were seen, and all of those were medium–sized, too small to classify definitively as maize (i.e., these crosses were not larger than 16 microns). Wild panicoid grasses contributed Variant 5/6 and Variant 7 crosses to the samples; bamboos Variant 3. While it is possible that the three medium Variant 1 crosses were produced by maize, these data do not constitute conclusive evidence for maize.

In addition to the short cell data discussed above, other indicators of grass presence were abundant in samples (prickles and hairs, bulliform bodies, long cells). It is clear that grasses were present in and around all sites, and likely they functioned both as components of the natural vegetation (depositing phytoliths naturally in soil) and as utilized plants (thatch, bedding, house construction, fire–starting, edible seeds, and so on). Bamboos, in particular, are a source of many useful products.

TABLA 1. SIGNIFICACION DE LOS DIAGNOSTICOS

Gramineae: su presencia en el barrido electrónico diagnóstico está representada por un conteo reducido de células. La presencia de pastos altos podría ser un indicador de hábitats abiertos, perturpados (abundancia de fitolitos panicoides, festucoides y cloridoides "regulares") o podrían representar abundancia de bambú u otras especies de pastos de bosque (abundancia de bambusoides, "otros" tipos).

***Zea mays* (maíz)**: la presencia de maíz está indicada por la presencia de especímenes grandes de cruces de la Variante 1.

Diatomeas: indica hábitat húmedo.

Esferas rugulosas: ocurren en las Cannaceae, Marantaceae, Heliconiaceae, Moraceae, Ulmaceae, Boraginaceae y Sterculaceae. La presencia de esferas rugulosas es un indicador de medio ambientes húmedos, y un posible indicador de bosque.

Palmae (Arecaceae): representada por esferas espinulosas y cuerpos en forma de sombrero (cónicos). Según Piperno (1988), la producción de esferas caracteriza a las palmas en las subfamilias Arecoide, Borassoide, Cocoide, Lepidocarioide, Fitelefantoide y Sabaloide, mientras que los cuerpos que van de cónicos a los de forma de sombrero son producidos por las subfamilias Bactoide, Chamaedoroide, Iriartoide y Nipoide. Las palmas ecuatorianas enumeradas en Little y Dixon (1969) son clasificadas por subfamilia de la siguiente manera: Cocoide, *Cocos nucifera, Maximiliana* sp.; Fitelefantoide, *Phytelephas aequatorialis* (tagua) (todas producen cuerpos esféricos); Bactroide, *Guilielma gasipaes*; Iriartoide, *Socratea, Wettinia utilis* (todas producen cuerpos con forma de sombrero).

Chrysobalanacea: su presencia está representada por esferas pequeñas y lisas. *Hirtella carbonaria*, carbonero, es un árbol común en los bosques húmedos de la costa del Ecuador, que crece en los bancos de los ríos y tierra adentro de los pantanos (Little y Dixon 1969). Otro género de árboles en las Rosaceae, *Parinari*, podría ser otra fuente para estos fitolitos. Este es otro indicador de bosque húmedo.

Cannaceae: es una familia que contiene un único género, *Canna*, identificado por la presencia de esferas grandes y lisas (diámetro de 12 micrones o más). También es una de las familias que podrían contribuir a la presencia en el conjunto de esferas rugulosas y dobladas. Las Cannaceae son hierbas altas que crecen en ambientes abiertos y húmedos. El cultivo de la raíz *Canna edulis*, achira, es una de las fuentes de estos fitolitos.

Cyperaceae: su presencia está representada por células epidérmicas. La presencia de fitolitos de carex común puede ser interpretada como un indicador de medio ambiente húmedo.

Compositae: su presencia está representada por epidermis ennegrecida y perforada. Los compositos son generalmente plantas de hábitat abierto, presentes frecuentemente en áreas perturbadas.

Marantaceae: su presencia está representada por esferas nodulares o fitolitos de epidermis de semillas. La *Maranta*, incluyendo las especies cultivadas, es una posible fuente de estos fitolitos. Hábitats boscosos, húmedos.

Heliconia: su presencia está representada por cuerpos acanalados. Hábitats abiertos, húmedos.

Tricomanes (Hymenophyllaceae, familia de helechos nubosos): su presencia está representada por fitolitos acanalados (Piperno 1988). Hábitats húmedos, boscosos.

Cucurbitaceae: su presencia está representada por esferas grandes con facetas producidas por *Cucurbita* spp. (calabaza) y *Lagenaria siceraria* (mate).

Dicotiledóneas: su presencia está representada por células epidérmicas polihédricas y anticlinales.

Esferas dobladas: Zingiberaceae, Marantaceae y Cannaceae. Hábitats húmedos y boscosos.

Esferas pequeñas con facetas y esfera hendida: origen desconocido.

Annonaceae: fitolitos de forma irregular con facetas. Bosque húmedo.

Burseraceae: fitolitos de forma elíptica (hemisféricos) con facetas. Bosque húmedo.

Celtis, Ulmaceae: fragmentos epidérmicos con pequeñas proyecciones cónicas. Bosque húmedo.

Tapura, Dichapetalaceae: epidermis en ángulo, en forma de placa. Bosque húmedo.

Apéndices epidérmicos: pelos y espinas, sin subdivisión (pastos y dicotiledóneas).

Cistolitos: sin subdivisión (Urticaceae, Acanthaceae, Moraceae).

Espículas de esponja: hábitat húmedo.

TABLE 1. SIGNIFICANCE OF DIAGNOSTICS

Gramineae: occurrence in the diagnostic scan is represented by short cell count. High grass occurrence can be an indicator of open, disturbed habitats (abundance of "regular" panicoid, festucoid, and chloridoid phytoliths) or may represent abundance of bamboo or other forest grass species (abundance of bambusoid, "other" types).

Zea mays (maize): presence of maize is indicated by occurrence of large Variant 1 crosses.

Diatom: indicates moist habitat.

Rugulose spheres: occur in the Cannaceae, Marantaceae, Heliconiaceae, Moraceae, Ulmaceae, Boraginaceae, and Sterculaceae. Presence of rugulose spheres is an indicator of a moist setting, and a possible indicator of forest.

Palmae (Arecaceae): represented by spinulose spheres and hat-shaped (conical) bodies. According to Piperno (1988), production of spheres characterizes palms in the subfamilies Arecoid, Borassoid, Cocoid, Lepidocaryoid, Phytelephantoid, and Sabaloid, while conical to hat-shaped bodies are produced by the subfamilies Bactoid, Chamaedoroid, Iriartoid, and Nypoid. Ecuadorian palms listed in Little and Dixon (1969) are classified by subfamily as follows: Cocoid, *Cocos nucifera*, *Maximiliana* sp.; Phytelephantoid, *Phytelephas aequatorialis* (*tagua*) (all produce spherical bodies); Bactroid, *Guilielma gasipaes*; Iriartoid, *Socratea*, *Wettinia utilis* (all produce hat-shaped).

Chrysobalanaceae: occurrence is represented by small smooth spheres. *Hirtella carbonaria*, carbonero, is a common tree in the moist forests of coastal Ecuador, occurring along the banks of rivers and inland from mangrove (Little and Dixon 1969). Another genus of trees in the Rosaceae, *Parinari*, may be another source for these phytoliths. It is another humid forest indicator.

Cannaceae: a family containing the single genus, *Canna*, identified by the presence of large, smooth spheres (diameter 12 microns or larger). It is also one of the families which may contribute rugulose and folded spheres to the assemblage. The Cannaceae are large herbs which grow in moist, open settings. The cultivated root crop *Canna edulis*, achira, is one source for these phytoliths.

Cyperaceae: occurrence is represented by epidermal cells. Presence of sedge phytoliths may be interpreted as an indicator of a moist environment.

Compositae: occurrence is represented by blackened, perforated epidermis. Composites are generally open-habitat plants, often occurring in disturbed areas.

Marantaceae: occurrence is represented by nodular spheres or seed epidermis phytoliths. *Maranta*, including the cultivated species, is a possible source of these phytoliths. Moist, forested habitats.

Heliconia: occurrence is represented by distinctive troughed bodies. Open, moist habitats.

Trichomanes (Hymenophyllaceae, filmy fern family): occurrence is represented by troughed phytoliths (Piperno 1988). Moist, forested habitats.

Cucurbitaceae: occurrence is represented by large faceted spheres produced by *Cucurbita* spp. (squash) and *Lagenaria siceraria* (bottle gourd).

Dicotyledon: occurrence is represented by polyhedral and anticlinal epidermal cells.

Folded spheres: Zingiberaceae, Marantaceae, and Cannaceae. Moist, forested habitats.

Small faceted spheres and dimpled sphere: unknown origin.

Annonaceae: irregularly shaped faceted phytoliths. Moist forest.

Burseraceae: elliptically shaped (hemispherical) faceted phytoliths. Moist forest.

Celtis, Ulmaceae: epidermal fragments with small conical projections. Moist forest.

Tapura, Dichapetalaceae: angled, plate-like epidermis. Moist forest.

Epidermal appendages: hairs and prickles, not subdivided (grasses and dicots).

Cystoliths: not subdivided (Urticaceae, Acanthaceae, Moraceae).

Sponge spicules: moist habitat.

ron nuevos tipos de fitolitos y se aclararon algunos patrones de varios tipos omitidos antes de manera inadvertida en los conteos.

Resultados

Los resultados de este estudio se presentan de la forma siguiente. Primero, se considerará la representación de pastos discutiendo el patrón de las células cortas. Se presentarán a continuación los resultados de la examinación de diagnósticos, enfatizando los patrones de especies distintas a los pastos. Finalmente, se discutirán los resultados de la examinación superficial.

Patrones de las Células Cortas

La Tabla 2 presenta el conteo de células cortas, que son producidas por pastos. Los distintos tipos de células cortas se han agrupado para ilustrar los patrones de producción típicos de los pastos panicoides, festucoides, cloridoides y bambusoides (los bambúes contribuyen con la mayoría de los tipos de pasto de la categoría "otros"). Como el conteo de las células cortas se hizo de entre la suma predeterminada de 500 fitolitos, su número varía entre muestras (i.e., el número de células cortas encontradas entre los primeros 500 fitolitos varió entre muestras). Las últimas filas en la Tabla 2 muestran el porcentaje de ocurrencia de fitolitos panicoides y bambusoides ("otros") en cada muestra.

Los conteos más bajos ocurrieron en muestras del VP447 (Unidad Doméstica 1), el sitio a la mayor elevación (2250 m). Los conteos variaron allí entre 221 y 352 células cortas cada 500 fitolitos, con un promedio de ocurrencia de 266 células cortas, o 53% de la suma total. Las muestras del sitio VP2438 (Unidad Doméstica 2), ubicado a 2100 m, tuvieron de 259 a 304 células cortas cada 500 fitolitos, con un promedio de 285, o 57% de la suma total. El VP1125 (Unidad Doméstica 4) muestra un nivel moderadamente alto de ocurrencia de células cortas: 311–341, con promedio de 315 ó 63%. El VP817 (Unidad Doméstica 3), ubicado a 1700 m, tiene las ocurrencias más altas de células cortas: 380–423, con promedio de 401, ó un 80% del total.

Dejando a un lado, por el momento, la cuestión del origen de las células cortas que se observan en estas muestras, el patrón resumido anteriormente indica que existe una diferencia significativa en las contribuciones hechas por los pastos a estas muestras, y que la variación al interior de cada sitio tiende a ser menor que las diferencias entre sitios. La primera columna de la Figura 1, ocurrencia de células cortas (Gramíneas), ilustra estos patrones. Con la excepción del Lote QT/447/82 de la Unidad Doméstica 1, hay poca variación en la ocurrencia de pastos en general al interior de cada sitio. Las Unidades Domésticas 2 y 4 son las más similares, y diferentes ambas a la Unidad Doméstica 1 (con la menor cantidad de pastos) y a la Unidad Doméstica 3 (con la más alta cantidad de pastos).

Ya que los pastos producen fitolitos en abundancia, la presencia de incluso un pequeño número de pastos creciendo en el área o llevados al sitio, tiende a dejar una huella bien marcada. En otras palabras, los pastos están sobre-representados en los conteos en relación con otros componentes de la vegetación. Aunque es imposible traducir los valores del conteo de células cortas para el Valle de la Plata en porcentajes de cobertura vegetal, en ausencia de datos de fitolitos de formaciones vegetales conocidas en la región, es aún seguro concluir que los pastos eran un componente significativamente mayor de la vegetación (y/o del material vegetal introducido a los sitios) en la Unidad Doméstica 3 que en la Unidad Doméstica 1. Es probable, también, que los pastos no fueran elementos dominantes de la cubierta de vegetación (y/o del material vegetal introducido) en ninguno de los sitios.

Como se ilustra al final de la Tabla 2, las clases de pastos que contribuían con las células cortas en las muestras del Valle de la Plata, varían ambos en y entre sitios, con un predominio de pastos panicoides. Un gran número de pastos producen fitolitos del tipo panicoide (*dumbbells*, cruces y otros cuerpos lobulados); incluso todas las especies del género *Panicum*, que se registra como un componente de la vegetación de pastos de la región. Las células cortas panicoides son especialmente comunes en la Unidad Doméstica 1 (83.3%–90.5% del total de células cortas) y en la Unidad Doméstica 3 (83.9%–89%). Estos sitios son parecidos también en la ausencia de una célula corta que es producida por varias especies de bambú *Chusquea*. Hay, en términos generales, pocas indicaciones de bambúes en estos dos sitios, pero este grupo de pastos no está totalmente ausente: rondelas altas, sin espigas, y bilobitos de cabeza plana (ver la categoría "otros") son producidos por bambúes. La Unidad Doméstica 1 presenta una abundancia ligeramente mayor de cuerpos festucoides (pastos de elevaciones altas) que la Unidad Doméstica 3.

La Unidad Doméstica 4 presenta una composición de fitolitos significativamente diferente. Cuerpos panicoides varían de 51.3% a 82.0% de las células cortas, lo cual es un grado de variabilidad mucho más grande que el encontrado en otros sitios.

El bambú *Chusquea* está presente en todas las muestras; las células cortas bambusoides conforman un 45.5% del Lote QT/1125/79. La Unidad Doméstica 2 se parece a la Unidad Doméstica 4 en que tiene evidencias claras de *Chusquea*, aunque no en la misma abundancia.

Las células cortas panicoides conforman de un 71.4% a un 81.7% del total de células cortas de la Unidad Doméstica 2.

Los cuatro sitios de este estudio se caracterizan por la presencia de pastos panicoides y bambúes. Especies de *Chusquea* están claramente presentes en las Unidades Domésticas 2 y 4, pero todos los sitios muestran algún indicador de bambú, tal vez una especie de *Chusquea* carente del tipo distintivo (una célula cortade tipo bilobito), tal vez una especie de *Neurolepis*, u otro bambú local. Algunas de las formas de fitolitos en la categoría "otros" fueron

TABLE 2. SHORT CELLS COUNT
TABLA 2. CONTEO DE CELULAS CORTAS

SITE # — SITIO #	447	447	447	447	817	817	817	817	1125	1125	1125	1125	1125	2438	2438	2438	2438	2438
LOT # — LOTE #	39	58	82	102	67	74	79	108	47	51	59	79	42	65	71	80	95	113
LAB # — # DE LABORATORIO	1001	1018	1019	1020	1022	1023	1000	1021	997	1005	998	999	1004	994	1002	1003	996	995
Panicoid—Panicoide																		
Bilobate—Bilobada	180	144	252	166	266	271	235	293	164	185	176	158	211	205	214	197	192	166
Nodular—Nodular	2		4	2	4	6	3		1	1		1	5	1	1	4	1	2
Crenate—Enmuescada		1	2		3	2	6	2	2	1	2		4	2			2	4
3-lobed—Trilobada			2	2	3	1	9	1			1		1	1	1			
Cross—Cruz	2	4	5	2	8	6	12	3		1	3	2	1	3	1	2	4	10
Unilobate—Unilobada	16	55	50	39	64	62	90	32	12	38	7	14	33	7	13	24	6	11
All Panicoid—Total Panicoides	200	204	315	211	348	348	355	331	179	226	189	175	255	219	230	227	205	193
Festucoid—Festucoide																		
Round/Oblong—Redonda/Oblonga	2	10	6	10	8	8	4	16	21	29	8	4	24	35	15	24	46	35
Rect./Square—Rect./Cuadrada		4	7	2	3		1		2	1	1				1		4	
Long Sinuous (crenate)—Larga sinuosa (enmuescada)	5	9	2	5	2	3	1	3	1		2		2	4	4		2	2
All Festucoid—Total Festucoides	7	23	15	17	13	11	6	19	24	30	11	4	26	39	20	24	52	37
Chloridoid—Cloridoide																		
Saddle—Concava	3	7	5	5	7	7	13	13	4	1	8	7	5	5	4	4	1	4
All Chloridoid—Total Cloridoide	3	7	5	5	7	7	13	13	4	1	8	7	5	5	4	4	1	4
OTHERS—OTROS																		
Saddle Bottom—Base cóncava																		
2-spike (short)—2 puntas (cortas)																		
Chusquea type, lg. lobes (B)—Tipo Chusquea, lóbulos grandes									11	7	19	26	6	3	1	3		5
2-spike (most B)—2 puntas (mayoría B)											6	1						
Rondel Bottom—Base circular																		
No spikes (short)—Sin puntas (corta)							1	2										
Concave/convex (B)—Cóncava/convexa (B)				1												1		
Square or cone (B)—Cuadrada o cónica (B)									1		4		2	2		2		
Flat topped to triang.outline, irreg.bot. (B,Ch)—Parte sup.plana a contorno triangular, base irregular (B, Ch)					6						5	5	2		2		4	

TABLE 2. CONT.
TABLA 2. CONT.

SITE # — SITIO #	447	447	447	447	817	817	817	817	1125	1125	1125	1125	1125	2438	2438	2438	2438	2438
LOT # — LOTE #	39	58	82	102	67	74	79	108	47	51	59	79	42	65	71	80	95	113
LAB # — # DE LABORATORIO	1001	1018	1019	1020	1022	1023	1000	1021	997	1005	998	999	1004	994	1002	1003	996	995
No spikes (tall)—sin puntas (larga)																		
flat, narrow top (B)—parte superior plana, angosta (B)	2	3			2		1	2	16	4		4	2		2	4	6	10
flat top flaring to triang. outl. (B)—parte superior acampanandose hacia contorno triangular (B)			3			3		2	9	3	4	5	2	2	2	2	9	
2-spike (short)—2 puntas (corta)																		
2-spike (A, Ch)—2 puntas (A, Ch)							3	2	4	8	7	1	3	4	4	3		
2-spike (tall)—2 puntas (larga)																		
2-spike top, flared bot. (B)—parte superior con 2 puntas, base acampanada			1			1			4	3		2		2	2			1
2 or 3 spikes—2 o 3 puntas																		
2 or 3 spikes (B, Ch)—2 o 3 puntas (B, Ch)			1		2	1	1	1	2	4	3	4		5	1	2		1
2 or 3 spikes, irr.bot. (Ch.)—2 o 3 puntas, fondo irregular (Ch)					5	9	5	5		3	1	5	1					
>2-spike (tall)—>2 puntas (larga)																		
3-many spikes, flared bot. (B, Ch)—3-muchas puntas, fondo acampanado (B, Ch)		1							1		1	10						
Atypical—Atipicas																		
variable top (F, B)—parte superior variable (F, B)									1			14	1					
Lobed bottom—Base lobulada																		
Flat top (short)—Parte superior plana (corta)																		
flat top (B)—parte superior plana (B)		1	2	2	1	2	1	1	1		4	2	1	3			1	2
flat top, concave sides (B)—parte superior plana, lados cóncavos (B)	8	1	3	2	14	5	30	5	14	7	7	13	1	8	15	3	6	3
flat top, elongate (Ce, F)—parte superior plana, alargada (Ce, F)																	2	
Flat top (tall)—Parte superior plana (larga)																		
flat top, 3 lobed bott. (P)—parte superior plana, base trilobada						1				1			1					

TABLE 2. CONT.
TABLA 2. CONT.

SITE # — SITIO #	447	447	447	447	817	817	817	817	1125	1125	1125	1125	1125	2438	2438	2438	2438	2438
LOT # — LOTE #	39	58	82	102	67	74	79	108	47	51	59	79	42	65	71	80	95	113
LAB # — # DE LABORATORIO	1001	1018	1019	1020	1022	1023	1000	1021	997	1005	998	999	1004	994	1002	1003	996	995
flat top, irreg.lobed (Ce, P)—parte superior plana, lobul. irreg. (Ce, P)	2	2	3	3	5		2	3	1			4	2	4	7	4		2
flat top with triang. (B)—parte superior plana con trian. (B)			1						7			3			1			
flat top (Ce)—parte superior plana (Ce)									1			2						
2-spike (short)—2 puntas (corta)																		
2-spike, flat bot., elong. (P)—2 puntas, base plana, alargada (P)									3			23			1			
flared 2-spike top (Ce)—parte superior acampanada, de dos puntas (Ce)									1			14		1				
2-spike, short (A)—2 puntas, corta (A)			4	1	7	8		2	12	11	3	1	6		3	1		
2 or 3 spikes—2 o 3 puntas																		
2 or 3 spike top (F)—parte superior de 2 o 3 puntas (F)	1		4	5	4	5	2	2	19	12	23	8			2			1
3-spikes—3 puntas																		
3-spike top (Ce)—parte superior de 3 puntas (Ce)							1						1			3		
3-spike, flat bottom (P)—3 puntas, base plana (P)			1															
3-spike (A)—3 puntas (A)								1				3						
Atypical—Atípica																		
flat to 2-spike (B, A)—plana a 2 puntas (B, A)												1						
All Other—Todas las demás	11	11	22	14	42	32	49	30	108	63	83	155	29	41	45	22	29	25
TOTAL SHORT CELL—TOTAL CELULAS CORTAS	221	245	352	247	410	391	423	380	315	320	291	341	311	304	299	278	287	259

B = Bambus.; A = Arundi.; P = Panicoid; Ch = Chloridoid; Ce = Centothec.; F = Festucoid

contribuciones de cañas (e.g., *Gynerium*). Además, Chusquea contribuyó con algunos *dumbbells* al conjunto de fitolitos. Hay poca evidencia de la presencia o uso local de pastos festucoides en cualquiera de los sitios.

Todas las láminas se examinaron en detalle, en su totalidad, buscando maíz (*Zea mays*), el cual se identifica por la presencia de una Variante de Cruz 1 de tamaño grande o extra-grande (células cortas con una cruz de 3 ó 4 lóbulos en cada una de sus caras anchas). La Tabla 3 es un resumen de estos datos. La abundancia de cruces varió considerablemente entre muestras. Se observaron sólo tres ejemplares de Variante de Cruz 1, todas ellas de tamaño medio, muy pequeñas como para clasificarlas definitivamente como maíz (i.e., estas cruces tenían menos de 16 micrones). Pastos panicoides silvestres contribuyeron con cruces de las Variantes 5/6 y 7; los bambúes con la Variante 3. Aunque es posible que los tres ejemplares de Variante de Cruz 1 fueran producidos por maíz, estos datos no constituyen una evidencia conclusiva de la presencia de maíz.

Además de los datos de células cortas que ya se discutió, las muestras eran abundantes en otros indicadores de presencia de pastos (púas y cabellos, cuerpos buliformes, células largas). Está claro que los pastos estaban presentes en y alrededor de todos los sitios, y es probable que éstos funcionaban al mismo tiempo como componentes de la vegetación natural (depositando fitolitos naturalmente en el suelo) y como plantas utilizadas (en paja para techo, camas, construcción doméstica, manejo de fuego, semillas comestibles, etc.). Los bambúes, en particular, son una fuente de muchos productos.

Conteos de Diagnósticos: Datos de especies distintas a los Pastos

La Tabla 4 y la Figura 1 presentan en forma resumida los resultados de ocurrencia de todos los fitolitos en los conteos hechos durante la examinación de diagnósticos. Se incluyen los pastos discutidos anteriormente, representados por el conteo de células cortas. Se contaron 500 fitolitos en cada muestra.

Los fitolitos más abundantes en el Valle de la Plata, después de las células cortas de pasto, son los cuerpos esféricos y cónicos que son producidos por las palmas (Aracaceae) y las esferas rugulosas que son producidas por una variedad de árboles y forrajes (ver Tabla 1). Se listan tres clases de palmas para la región de estudio, *Aiphanes*, *Euterpe*, y *Geonoma*.

Desafortunadamente, las identificaciones a nivel del género al interior de las palmas no son posibles usando fitolitos, pero la presencia tanto de cuerpos esféricos como cónicos indica que las palmas de más de una subfamilia contribuyeron al conjunto de fitolitos. Las Palmas muestran la mayor abundancia en la Unidad Doméstica 1 y la menor abundancia en la Unidad Doméstica 3. La Unidad Doméstica 1 también muestra el número más alto de formas cónicas, lo que indica una mayor contribución de un grupo de subfamilias (ver Tabla 1) que en los otros sitios. Además de serun componente de la flora de la región de estudio, las hojas y frutos de palmas probablemente fueron traídas a los sitios para la extracción de aceites, para su consumo y para su uso en construcción.

Las esferas rugulosas muestran la abundancia mayor en la Unidad Doméstica 2 y la menor abundancia en la Unidad Doméstica 3. La interpretación de este tipo de fitolitos se complica por el hecho de que éste es producido por un número de familias de árboles y forrajes, y puede confundirse durante la examinación con cistolitos esféricos y bases de cabello, a su vez producidos por plantas dicotiledóneas. La presencia de esferas rugulosas es por lo tanto usada, en el mejor de los casos, como un indicador general del componente de vegetación distinta a los pastos.

Los fitolitos diagnósticos restantes identificados en las muestras de los sitios de La Plata ocurren en números bajos. Algunos son de especies arbóreas (*Tapura* [Dichapetalaceae], *Celtis* [Ulmaceae], Chrysobalanaceae), en tanto que otros son de hierbas robustas que ocupan hábitats boscosos o del borde del bosque (*Heliconia* [Musaceae], Marantaceae, Cannaceae). Ninguna de las especies recién enumeradas se encuentran en la lista de la flora de la region estudiada (ver Lozano y Rangel 1989). Tal vez esto se trata de una omisión; la mayoría son especies comunes del bosque tropical. Sin embargo, puede darse el caso de que el bosque antiguo contuviera especies que ya no están representadas en los paisajes de la zona de estudio alterados por los seres humanos. De cualquier manera, estas especies, junto con las palmas, las esferas rugulosas, los cistolitos y los fragmentos epidérmicos de dicotiledóneas, representan el componente de vegetación (y/o las plantas traídas a los sitios para su uso) principalmente arbóreo, distinto a los pastos.

Dentro de las Marantaceae y Cannaceae hay dos raíces cultivadas, *Maranta arundinacea* (maranta) y *Canna edulis* (achira). Estos cultivos son fuentes posibles de los fitolitos de Marantaceae y Cannaceae observados en las muestras de La Plata. Sin embargo, en vista de que los parientes silvestres de estos cultivos producen fitolitos similares, la presencia de formas silvestres en vez de cultivadas no puede descartarse. No hay indicación alguna de calabaza (*Cucurbita* sp.), mate (*Lagenaria siceraria*) o frijol (*Phaseolus* sp.) en las muestras de La Plata. Desafortunadamente, la yuca (*Manihot esculenta*) no deja fitolitos identificables.

Datos Obtenidos por Examinación Superficial

Como se discutió más arriba, un número de muestras de cada sitio fue reexaminado después de los conteos de células cortas y se completaron conteos diagnósticos usando la técnica de examinación superficial. Esto fue realizado para asegurar que no se pasara por alto ningún nuevo tipo de fitolito. Durante la examinación superficial, se encontraron dos tipos previamente desconocidos en el laboratorio de Missouri: una forma de epidermis de semilla y una esfera nodular grande. El fitolito de semilla, un cuerpo esferoidal grande con proyecciones angulares, es muy similar a los fitolitos de semillas de *Protium* (Burseraceae) descrito por Piperno (1989). Los fitolitos de Cf. *Protium* fueron observados en muestras del sitio 817

Diagnostic Counts: Non-Grass Data

Table 4 and Figure 1 summarize the occurrence of all phytoliths counted in the diagnostic scanning procedure. Included are the grasses discussed above, represented by short cell counts. 500 phytoliths were counted per sample.

The most abundant phytoliths in the Valle de la Plata samples, after grass short cells, are spherical and conical bodies produced by palms (Arecaceae) and rugulose spheres produced by a variety of trees and forbs (see Table 1). Three genera of palms are listed for the study region, *Aiphanes*, *Euterpe*, and *Geonoma*. Unfortunately, genus-level identifications within the palms are not possible using phytoliths, but the presence of both spherical and conical bodies indicate that palms from more than one sub-family contributed to the phytolith assemblages. Palms are most abundant at Household 1; least abundant at Household 3. Household 1 also shows the greatest numbers of conical forms, indicating a greater contribution from that group of sub-families (see Table 1) than occurred at the other sites. In addition to being a component of the flora of the study region, the fruits and fronds of palms were likely brought into sites for extraction of oils, consumption, and use in construction.

Rugulose spheres are most abundant at Household 2; least abundant at Household 3. Interpretation of this phytolith type is complicated by the fact it is produced by a number of families of trees and forbs, and can be confused during scanning with spherical cystoliths and hair bases, widely produced in dicotyledon taxa. Rugulose sphere occurrence is therefore best used as a general indicator of the non-grass component of vegetation.

The remaining diagnostic phytoliths identified in samples from the La Plata sites occur in low numbers. Some are arboreal taxa (*Tapura* [Dichapetalaceae], *Celtis* [Ulmaceae], Chrysobalanaceae), while others are robust herbs occupying forested or forest edge habitats (*Heliconia* [Musaceae], Marantaceae, Cannaceae). None of the taxa just enumerated are listed in the flora of the study region (refer to Lozano and Rangel 1989). Perhaps this is simply an oversight; most of these are common tropical forest taxa. It may be the case, however, that the ancient forest contained taxa no longer represented in the human-altered landscapes of the study region. In any event, these taxa, with palms, rugulose spheres, cystoliths, and dicotyledon epidermal fragments, represent the non-grass, primarily arboreal, component of vegetation (and/or the plants brought into sites for use).

Within the Marantaceae and Cannaceae are two cultivated root crops, *Maranta arundinacea* (arrowroot) and *Canna edulis* (achira). These crops are possible sources of the Marantaceae and Cannaceae phytoliths observed in the La Plata samples. Since wild relatives of these crops produce similar phytoliths, the presence of wild, rather than cultivated forms cannot be ruled out, however. There is no indication of squash (*Cucurbita* sp.), gourd (*Lagenaria siceraria*), or bean (*Phaseolus* sp.) in the La Plata samples. Unfortunately, manioc (*Manihot esculenta*) does not leave identifiable phytoliths.

Quick-Scan Data

As discussed earlier, a number of samples from each site were reexamined after short cell and diagnostic counts were completed using the quick-scanning technique. This was done to insure that any new phytolith types were not overlooked. During quick-scanning, two types previously unknown at the Missouri lab were found: a seed epidermis form and a large nodular sphere. The seed phytolith, a large spheroidal body with angular projections, is very similar to *Protium* (Burseraceae) seed phytoliths described by Piperno (1989). Cf. *Protium* phytoliths were observed in samples from site 817 (varying in abundance from very rare to abundant; 4 samples examined) and site 1125 (absent in two samples, very rare or moderately abundant in three samples). This type, absent in samples from sites 2438 and 447, is a forest indicator. The other new form, the large nodular sphere, is probably a cystolith or hair base, but could not be identified further. It has the same pattern of occurrences as cf. *Protium*.

The occurrence of sedge (Cyperaceae) and daisy family (Compositae) phytoliths at all sites was also confirmed during quick-scanning; these types were inadvertently overlooked during diagnostic counting. Sedges produce edible seeds and rhizomes; composites are weedy or open area indicators.

Discussion

To discuss the results presented above, and consider what insights into subsistence practices during the Formative 1 period in the La Plata Valley were gained through this study, sites will be considered within their environmental contexts.

Lower Elevation Sites

Site 1125, located at 1500 m, and site 817, located at 1700 m, are in the temperate humid climatic province. This is a region with areas of volcanic-derived soils of good fertility and water availability. Older, less fertile soils are also present, especially in the High Plain zone in which site 817 is located. Today coffee, platano, manioc, and sugar cane are cultivated in areas of good soil (Botero et al. 1989). Site 1125 is located in the part of this province which is best suited to supporting large agricultural populations (Drennan et al. 1989).

Pollen data show that during the Formative 1 and 2 periods (Early Period), the period to which all four sites date, the high Andean forest had moved to lower elevations in the La Plata Valley, indicating decreased temperature and increased precipitation. These data also suggest that human impact on the landscape was minimal during this time (Drennan et al. 1989)

Given the similarity in elevation and climate of Households 3 and 4, I would expect that native vegetation cover, and the background phytolith signature produced by that vegetation, would also be similar around the two sites. It might be the case

TABLE 3. CROSS BODIES COUNT
TABLA 3. CONTEO DE CUERPOS EN CRUZ

SITE #—SITIO #	447	447	447	447	817	817	817	817	1125	1125	1125	1125	1125	2438	2438	2438	2438	2438
LOT #—LOTE #	39	58	82	102	67	74	79	108	47	51	59	79	42	65	71	80	95	113
LAB #—# DE LABORAT.	1001	1018	1019	1020	1022	1023	1000	1021	997	1005	998	999	1004	994	1002	1003	996	995
Cross Variant 1— Variante de Cruz 1																		
Extra large—Extra grande																		
Large—Grande																		
Medium—Mediana	1	1														1		
Small—Pequeña																		
Cross Variant 3— Variante de Cruz 3																		
Extra large—Extra grande			2		1													
Large—Grande			5		3	1	9						1			4		
Medium—Mediana							2									6		
Small—Pequeña																1		
Cross Variant 5/6— Variante de Cruz 5/6																		
Extra large—Extra grande	1	1	1			3	4		1									
Large—Grande	1	6	11		7	9	13	3	2								2	1
Medium—Mediana	7	7	13	4	8	9	19	4	3	2	1	5	3	4	2		3	12
Small—Pequeña	3		3	3	3	1	3		2	3	7		2	3	1		4	2
Cross Variant 7— Variante de Cruz 7																		
Extra large—Extra grande																		
Large—Grande													1					
Medium—Mediana		1												1				1
Small—Pequeña																		
Total—Total	13	16	35	7	22	23	50	7	8	5	8	5	7	8	3	12	9	16

that vegetation was less lush in the vicinity of Household 3, due to the lower fertility of soils in the High Plain zone, but both sites would fall within the high Andean forest formation. If these expectations are correct, then it can be hypothesized that differences in phytolith assemblages between these sites are due to human selection of plant resources brought to the sites.

Household 3 has a higher short cell (grass) occurrence (80% average) than Household 4 (63% average). The two sites also differ markedly in the types of grasses present: Household 3 is dominated by panicoid grasses, with no classic *Chusquea* phytoliths present, while Household 4 has a higher diversity of short cell forms, as well as *Chusquea* and other bamboos. Bambusoid phytoliths make up 45.5% of Lot QT/1125/79, a dark stain between two post molds, at Household 4. These patterns suggest that different grasses were selected for use by the inhabitants of Households 3 and 4. Fewer grasses were used at Household 4, but more bamboos were selected relative to use of panicoid taxa. More grasses of all types were present at Household 3 in relation to arboreal taxa.

Heliconia and Cannaceae phytoliths (perhaps reflecting use of *Canna* tubers) occur at Household 4, but not at Household 3. Phytolith assemblages from both sites include cf. *Protium* and large nodular spheres, which do not occur at the higher elevation sites.

Higher Elevation Sites

Household 2, located at 2100 m, and Household 1, located at 2250 m, are both in the cold humid climatic province. This zone is cooler and wetter than the zone in which the lower elevation sites are located: increased arboreal cover would be expected, with fewer open area indicators. This zone is below the *páramo*, where an abundance of festucoid grasses would be expected.

Given the expectations discussed above, there are also differences in cultural selection of plants between these two sites. Household 2 and Household 1 are quite similar in the overall occurrence of grass phytoliths, with 57% and 53% average short cell occurrences, respectively. This reflects a similar background vegetation abundant in non–grass species. The sites differ in the types of grasses present, with Household 1

characterized by mostly panicoid forms, with no classic *Chusquea* short cells, and Household 2 by fewer panicoid grasses and the presence of *Chusquea* bamboo. Lot QT/447/82 from Household 1 is distinctive in exhibiting a much higher grass presence than the other samples from that site. This sample, from a floor in a *tambo*, beneath a charred layer, may reflect the *in situ* decay of grass used in the *tambo* (a grass mat or container, for example). These two sites also differ in the variety of palm taxa used, with more of both types of palm bodies present at Household 1.

Conclusions

Phytolith samples from Households 1, 2, 3, and 4 in the Valle de la Plata were analyzed to investigate possible differences in consumption or production patterns during the Formative 1 period. Little insight was gained into these issues, however. No evidence for maize, beans, squash, or gourd was discovered in samples selected for analysis. Phytoliths produced by plants in the Marantaceae and Cannaceae were present, however, suggesting use of cultivated or wild species of *Maranta* and *Canna*. Palms, sedges, and various tree fruits would have provided other food resources. Bamboos were also selected for use in house construction or similar purposes.

Many of the phytoliths present in samples represent the background vegetation. Similarities in phytolith assemblages were documented between sites at similar elevations. The two elevations represented (1600–1700 m; 2100–2250 m) differed mostly in the relative abundance of arboreal and grass elements present, with forest taxa more abundant at higher elevation (moister and cooler climate). Many of the same taxa were represented at both elevations, however: differences were in degree, rather than kind. An exception is the presence of cf. *Protium* (Burseraceae) only at the lower elevation sites. One interesting discovery was the presence at most sites of arboreal taxa not currently listed in the flora of the valley.

(variando en abundancia de muy raro a abundante; 4 muestras examinadas) y del sitio 1125 (ausente en dos muestras, muy raro o moderadamente abundante en tres muestras). Este tipo, ausente en muestras de los sitios 2438 y 447, es un indicador de bosque. La otra forma nueva, la esfera nodular grande, es probablemente un cistolito o base de pelo, pero no pudo ser identificado mejor. Tiene el mismo patrón de presencia que cf. *Protium*.

La presencia en todos los sitios de fitolitos de carex común (Cyperaceae) y de la familia de las margaritas (Compositae) fue también confirmada durante la examinación superficial; estos tipos fueron pasados por alto sin intención durante el conteo diagnóstico. Los carex comunes producen semillas comestibles y rizomas; los compositos son indicadores de hierbas o de áreas abiertas.

Discusión

Para discutir los resultados arriba presentados, y considerar qué ideas se han obtenido a través de este estudio sobre las prácticas de subsistencia durante el Formativo 1 en el Valle de La Plata, los sitios se considerarán dentro de los contextos de sus medio ambientes.

Sitios de Baja Elevación

El stio 1125, localizado a 1500 m, y el sitio 817, localizado a 1700 m, están en la provincia climática templada húmeda. Esta es una región con áreas de suelos de derivación volcánica, con buena fertilidad y disponibilidad de agua. También están presentes suelos más antiguos y menos fértiles, especialmente en la zona de la Altillanura, en la cual se localiza el sitio 817. Hoy en día se cultiva café, platano, yuca y caña de azúcar en las áreas de buen suelo (Botero et al. 1989). El sitio 1125 se ubica en la parte de esta provincia que es la mejor dotada para mantener grandes poblaciones agrícolas (Drennan et al. 1989).

Los datos de polen muestran que durante los periodos Formativo 1 y 2 (Periodo Temprano), el periodo del cual los cuatros sitios datan, el bosque andino de altura se había movido a menores elevaciones en el Valle de la Plata, indicando un descenso en la temperatura y una mayor precipitación. Estos datos también sugieren que el impacto humano sobre el paisaje fue mínimo durante este tiempo (Drennan et al. 1989).

Dada la similitud en elevación y clima entre la Unidad Doméstica 3 y la Unidad Doméstica 4, yo esperaría que la cobertura de vegetación nativa, así como las huellas dejadas por esta vegetación en el depósito de fitolitos en esos dos sitios, fueran similares también. Puede ser el caso que la vegetación era menos frondosa en las inmediaciones de la Unidad Doméstica 3, debido a la baja fertilidad de los suelos de la Altillanura, pero ambos sitios caerían dentro de la formación de bosque alto Andino. Si estas expectativas se cumplen, entonces se puede formular la hipótesis de que las diferencias en los conjuntos de fitolitos entre estos sitios se deben a la selección humana de los recursos vegetales traídos a los sitios.

La Unidad Doméstica 3 tiene una ocurrencia de células cortas (pasto) más alta (80% en promedio) que la Unidad Doméstica 4 (63% en promedio). Los dos sitios también se diferencian en forma marcada en los tipos de pastos presentes: en la Unidad Doméstica 3 predominan los pastos panicoides, sin los fitolitos clásicos de *Chusquea*, mientras que la Unidad Doméstica 4 tiene una diversidad más alta de células cortas, así como también *Chusquea* y otros tipos de bambú. Los fitolitos bambusoides conforman el 45.5% del Lote QT/1125/79, una mancha de color oscuro entre dos huellas de poste, en la Unidad Doméstica 4. Estos patrones sugieren que los habitantes de las Unidades Domésticas 3 y 4 seleccionaron para el uso diferentes tipos de pastos. En la Unidad Doméstica 4 se utilizó un número menor de pastos, pero se seleccionaron relativamente más bambúes que tipos panicoides. En términos relativos, en la Unidad Doméstica 3 estaban presentes más pastos de todos los tipos que plantas arbóreas.

Los fitolitos de Heliconia y Cannaceae (tal vez reflejando el uso de tubérculos de Canna) ocurren en la Unidad Doméstica 4 pero no en la Unidad Doméstica 3. Los conjuntos de fitolitos de ambos sitios incluyen cf. *Protium* y esferas nodulares grandes, que no ocurren en los sitios a elevaciones altas.

Sitios de las Elevaciones Altas

La Unidad Doméstica 2, ubicada a 21 m, y la Unidad Doméstica1, ubicada a 225 m, están ambas en la provincia climática templada húmeda. Esta zona es más fría y húmeda que la zona donde se ubican los sitios de las elevaciones bajas. Aquí se esperarían una mayor cubierta de árboles y menos indicadores de áreas abiertas. Esta zona se encuentra por debajo del páramo, donde se esperaría una abundancia de pastos festucoides.

Dadas las expectativas discutidas antes, hay también aquí diferencias en la selección cultural de plantas entre estos dos sitios. La Unidad Doméstica 2 y la Unidad Doméstica 1 son muy similares en la ocurrencia general de fitolitos de pasto, con 57% y 53% en promedio de ocurrencia de células cortas, respectivamente. Esto refleja vegetaciones circundantes similaresy abundantes en especies distintas a los pastos. Los sitios se diferencian en los tipos de pastos presentes, con la Unidad Doméstica 1 caracterizada por formas panicoides y sin las clásicas células cortas de *Chusquea*, y la Unidad Doméstica 2 caracterizada por menos pastos panicoides y por la presencia de bambú *Chusquea*. El Lote QT/447/82 de la Unidad Doméstica 1 se distingue porque muestra una presencia de pasto mucho más alta que las otras muestras del sitio. Esta muestra, de un piso en el tambo, bajo una capa quemada, puede estar representando la descomposición *in situ* de pasto usado en el tambo (una estera o un recipiente, por ejemplo). Estos dos sitios también se diferencian en las variedades de palmas utilizadas, con una mayor cantidad de cuerpos de palmas presentes en la Unidad Doméstica 1.

TABLE 4. DIAGNOSTIC COUNT
TABLA 4. CONTEO DIAGNOSTICO

SITE #—SITIO #	447	447	447	447	817	817	817	817	1125	1125	1125	1125	1125	2438	2438	2438	2438	2438
LOT #—LOTE #	39	58	82	102	67	74	79	108	47	51	59	79	42	65	71	80	95	113
LAB #—# DE LABORAT.	1001	1018	1019	1020	1022	1023	1000	1021	997	1005	998	999	1004	994	1002	1003	996	995
Gramineae	221	245	352	247	410	391	423	380	315	320	291	341	311	304	299	278	287	259
Canna											3			2				1
Heliconia			1						1		1		1					
60IIR		8		2	6	5	1		3	2	3		2	3				
Aracaceae, sphere—Aracaceae, esfera	93	102	82	123	27	23	10	35	66	91	83	72	74	62	63	98	67	85
Aracaceae, conical—Aracaceae, cónica	75	39	14	57		7	2	1	30	17	20	11	19	5	6	14	4	5
Chrysobalanaceae	3	3	4	9	5	6	4	6	6	6	7	1	2	4	8	8		9
Celtis schippii					1						1							
Tapura		1		1					1							1		1
Marantaceae	3	4	6		16	20	1	26	12		8	3		4	4	2	15	20
Maranta									1									
Folded spheres—Esferas dobladas														1				
Cystoliths—Cistolitos	14	8	4	2	3	5	6	5	13	3	10	11	1	6	38	4	6	3
Dicotyledon—Dicotiledóneas	7	1			2	4	2	3			1	1	2	1				1
Epidermal appendages—Apéndices epidérmicos			3		4	1	6		1		1		1	2	4	1		
Rugulose spheres—Esferas rugulosas	78	62	32	54	24	37	36	42	54	58	69	56	68	98	73	86	108	104
Sponge spicules—Espículas de espoja	3	2	3				1		2					4	1	1	2	1
Diatom—Diatomeas	3	25	3	5	2	1	8		1	3	2	4	20	4	2	7	10	10
Total—Total	500	500	500	500	500	500	500	500	500	500	500	500	500	500	500	500	500	500

Conclusiones

Las muestras de fitolitos de las Unidades Domésticas 1, 2, 3, y 4 en el Valle de la Plata fueron analizadas con el fin de investigar posibles diferencias en los patrones de consumo o producción durante el período Formativo 1. Sin embargo, se obtuvo poca información relevante a estas cuestiones. No se encontró evidencia de maíz, frijol, ni calabaza, en las muestras seleccionadas para el análisis. En cambio, sí habían fitolitos producidos por plantas de Marantaceae y Cannaceae, lo que sugiere el uso de especies silvestres o cultivadas de Maranta y Canna.

Especies de palmas, *sedges* y varias frutas de árboles pueden haber producido otras fuentes de alimentos. Se seleccionaban también bambúes para el uso en construcción de casas o propósitos similares.

Muchos de los fitolitos presentes en las muestras representan la vegetación circundante. Se documentaron similitudes en los conjuntos de fitolitos entre sitios a elevaciones similares. Las dos elevaciones representadas (1600–1700 m; 2100–2250 m) se diferenciaron entre si más que todo en la abundancia relativa de elementos arbóreos y de pastos presentes, con taxa de bosque más abundantes a elevaciones más altas (climas más húmedos y fríos).

Sin embargo, muchos de los mismos taxa estaban representados en las dos elevaciones: las diferencias eran de grado y no categóricas. Una excepción es la presencia de cf. *Protium* (Burceraceae) solamente en los sitios de las elevaciones bajas.

Un descubrimiento interesante fue la presencia, en la mayoría de los sitios, de unas taxa arbóreas ausentes en los registros recientes para la flora del valle.

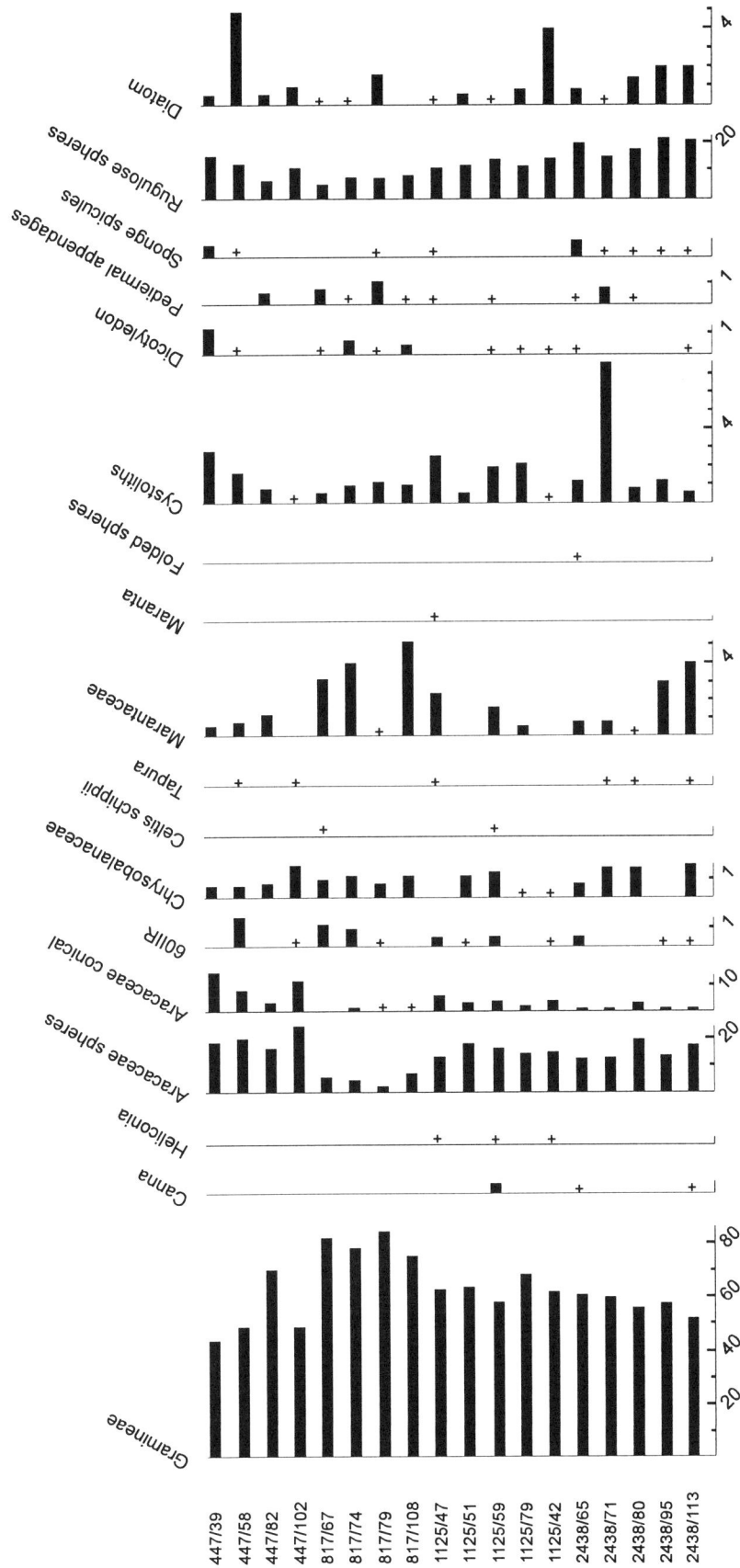

Figure 1. Diagnostic Percentage (500 counts for each sample)

+　For all counts less than 3

Appendix 4

Electronic Access to the Full Dataset

Detailed data from the research reported on in this volume are available in computerized form on-line in the Latin American Archaeology Database. The objective of the on-line database is to provide detailed primary data in a form directly amenable to further analysis by computer, and thereby complement printed volumes such as this one in serving the fundamental function of an archaeological report—making available the full datasets upon which conclusions are based so that interested scholars can explore them further.

Since electronic media, standard formats, and means of access all evolve, and since the Latin American Archaeology Database will attempt to keep pace with this evolution, it is impossible to provide permanently valid full descriptions here of the contents of the database and of means to access them. As of this writing, the detailed datasets on which this study is based are directly accessible to World Wide Web users via the following **URL**:

http://www.pitt.edu/~laad

The files containing the data can be downloaded via the tools provided in Web browsers such as NetScape and Internet Explorer. An alternative means of contacting the Latin American Archaeology Database is to send e-mail to the following address:

laad+@pitt.edu

Data files can be sent via e-mail to an interested user without access to the World Wide Web. Other means of access are in process of installation, and current information about them (as well as about other contents of the Latin American Archaeology Database) can be obtained via the World Wide Web or e-mail as described above.

Data Available

The complete dataset is available as ASCII text files that can be read directly or easily imported to an application program such as a database manager, spreadsheet, or statistics package. The files contain:

(1) counts and weights of ceramics and lithics by type recovered during the intensive shovel testing of 25 sites that formed the initial stage of the field research;

(2) the exact provenience information for each individual lot of artifacts in the expanded excavations at VP447, VP817, VP1125, and VP2438; and

(3) counts and weights of ceramics and lithics by type recovered during the expanded excavations at these latter four sites.

In addition, there are maps providing the locations of the shovel probes at the 25 sites investigated by intensive shovel probes. These are provided as AutoCAD DXF files for importation to a variety of CAD, GIS, and other graphics programs.

Apendice 4

Acceso Electrónico a los Datos Completos

Los datos completos de la investigación presentada en este volumen están disponibles en la Base de Datos en la Arqueología de América Latina. El objetivo de esta base electrónica de datos es el de proporcionar datos primarios en un formato para análisis por computador, y así complementar volumenes como este cuyo objetivo es divulgar la información recuperada en el campo que apoya las conclusiones presentadas aquí.

Dado que tanto los medios electrónicos para almacenar la información, como los formatos de la misma, están en permanente cambio, la Base de Datos en la Arqueología de América Latina cambiará sus formatos en el futuro. Por lo tanto es imposible incluir aquí una descripción definitiva de cómo utilizarla. En este momento, sin embargo, los datos del estudio reportado aquí están disponibles mediante el World Wide Web en la siguiente **URL**:

http://www.pitt.edu/~laad

Los archivos que contienen los datos pueden ser obtenidos mediantes programas tales como Lynx, Mosaic o NetScape, diseñados para navegar en el World Wide Web. Los archivos también pueden ser enviados por correo electrónico a los interesados que no tengan acceso al World Wide Web. Correo electrónico para la Base de Datos en la Arqueología de América Latina puede ser enviado a la siguiente dirección:

laad+@pitt.edu

Otras modalidades para conseguir los datos electrónicamente están en proceso. Información actualizada sobre la base de datos se ofrece en el World Wide Web o por correo electrónico.

Datos Disponibles Electrónicamente

Los datos completos se encuentran disponibles en archivos tipo ASCII, que pueden ser leídos directamente o importados fácilmente a un programa de manejo de bases de datos o de análisis estadístico, u hoja de cálculo. Estos archivos consisten de :

(1) conteo y peso de cerámica y lítica, por tipo, recuperadas durante el muestreo de pala intensivo de 25 sitios que conformaron la etapa incial de la investigación de campo;

(2) información de procedencia exacta para cada lote individual de artefactos en la excavaciones extendidas llevadas a cabo en VP447, VP817, VP1125 y VP2438; y

(3) conteo y peso de cerámica y lítica, por tipo, recuperadas durante las excavaciones extendidas en estos ultimos cuatro sitios.

Adicionalmente, hay mapas que proveen la localización de las pruebas de pala en los 25 sitios investigados por medio de pruebas de pala intensivas. Estos son provistos como archivos AutoCAD DXF para ser importados en una variedad de prográmas gráficos tipo CAD, Sistemas de Información Geográfica y otros.

Bibliography—Bibliografía

Blackman, Elizabeth
1971   Opaline Silica in the Range Grasses of Southern Alberta. *Canadian Journal of Botany* 49:769–781.

Blanton, Richard E.
1976a   Appendix: Comment on Sanders, Parsons, and Logan. In *The Valley of Mexico: Studies in Prehispanic Ecology and Society*, Eric R. Wolf, ed., pp. 179–180. Albuquerque: University of New Mexico Press.
1976b   The Role of Symbiosis in Adaptation and Sociocultural Change. In *The Valley of Mexico: Studies in Prehispanic Ecology and Society*, Eric R. Wolf. ed., pp.181–201. Albuquerque: University of New Mexico Press.

Blick, Jeffrey P.
1993   Social Differentiation in the Regional Classic Period (A.D. 1–900) in the Valle de la Plata, Colombia. Ph.D. Dissertation, Department of Anthropology, University of Pittsburgh.

Botero, Pedro José, Jonás C. León P., and Julio César Moreno
1988   Proyecto Arqueológico Valle de la Plata: Paisajes-Suelos. Unpublished ms.

Botero, Pedro José, Jonás C. León P., and Julio César Moreno
1989   Soils and Great Landscapes. In *Prehispanic Chiefdoms in the Valle de la Plata, Volume 1: The Environmental Context of Human Habitation*, Luisa Fernanda Herrera, Robert D. Drennan and Carlos A. Uribe, eds., pp. 1–13. *University of Pittsburgh Memoirs in Latin American Archaeology* No. 2.

Brush, Stephen B.
1977   *Mountain, Field, and Family: The Economy and Human Ecology of an Andean Valley*. Philadelphia: University of Pennsylvania Press.

Chaves Mendoza, Alvaro, and Mauricio Puerta Restrepo
1980   *Entierros Primarios de Tierradentro*. Bogotá: Fundación de Investigaciones Arqueológicas Nacionales del Banco de la República.
1984   *Tierradentro*. Bogotá: El Ancora.
1986   *Monumentos Arqueológicos de Tierradentro*. Bogotá: Biblioteca Banco Popular.

Chávez, Alvaro
1965   *Reseña Etnográfica de los Cobaria*. Pamplona, Colombia: Casa Colonial.

Cubillos, Julio César
1980   *Arqueología de San Agustín: El Estrecho, El Parador, y Mesita C*. Bogotá: Fundación de Investigaciones Arqueológicas Nacionales del Banco de la República.

Corner, Edred J.H.
1976   *The Seeds of Dicotyledons*. New York: Cambridge University Press.

Dillehay, Tom D.
1979   Pre-Hispanic Resource Sharing in the Central Andes. *Science* 204:24–31.

Drennan, Robert D.
1991   Prehispanic Chiefdom Trajectories in Mesoamerica, Central America, and Northern South America. In *Chiefdoms: Power, Economy, and Ideology*, Timothy Earle, ed., pp. 263–287. Cambridge: Cambridge University Press.
1993   Radiocarbon Dates and Chronology. In *Prehispanic Chiefdoms in the Valle de la Plata, Volume 2: Ceramics—Chronology and Craft Production*, Robert D. Drennan, Mary M. Taft, and Carlos A. Uribe, eds., pp. 79–102. *University of Pittsburgh Memoirs in Latin American Archaeology* No. 5.

Drennan, Robert D., ed.
1985   *Regional Archaeology in the Valle de la Plata, Colombia: A Preliminary Report on the 1984 Season of the Proyecto Arqueológico Valle de la Plata*. Museum of Anthropology, University of Michigan, *Technical Report* No. 16.

Drennan, Robert D., Luisa Fernanda Herrera, and Fernando Piñeros S.
1989   Environment and Human Occupation. In *Prehispanic Chiefdoms in the Valle de la Plata, Volume 1: The Environmental Context of Human Habitation*, Luisa Fernanda Herrera, Robert D. Drennan and Carlos A. Uribe, eds., pp. 225–233. *University of Pittsburgh Memoirs in Latin American Archaeology* No. 2.

Drennan, Robert D., Luis G. Jaramillo, Elizabeth Ramos, Carlos A. Sánchez, María A. Ramírez, and Carlos A. Uribe
1990   Regional Dynamics of Chiefdoms in the Valle de la Plata, Colombia. *Journal of Field Archaeology* 17:297–317.

Drennan, Robert D., Mary M. Taft, and Carlos A. Uribe
1993   *Prehispanic Chiefdoms in the Valle de la Plata, Volume 2: Ceramics—Chronology and Craft Production University of Pittsburgh Memoirs in Latin American Archaeology* No. 5.

Duque Gómez, Luis
1964   *Exploraciones Arqueológicas en San Agustín Revista Colombiana de Antropología*, Suplemento No. 1. Bogotá: Imprenta Nacional.

Duque Gómez, Luis, and Julio César Cubillos
1979   *Arqueología de San Agustín: Alto de los Idolos, Montículos y Tumbas*. Bogotá: Fundación de Investigaciones Arqueológicas Nacionales del Banco de la República.
1983   *Arqueología de San Agustín: Exploraciones y Trabajos de Reconstrucción en las Mesitas A y B*. Bogotá: Fundación de Investigaciones Arqueológicas Nacionales del Banco de la República.
1988   *Arqueología de San Agustín: Alto de Lavapatas*. Bogotá: Fundación de Investigaciones Arqueológicas Nacionales del Banco de la República.

Earle, Timothy K.
1977   A Reappraisal of Redistribution: Complex Hawaiian Chiefdoms. In *Exchange Systems in Prehistory*, T.K. Earle and J.E. Ericson, eds., pp. 213–229. New York: Academic Press.
1978   *Economic and Social Organization of a Complex Chiefdom: The Halelea District, Kaua'i, Hawaii*. Museum of Anthropology, University of Michigan, *Anthropological Papers*, No. 63.
1987   Chiefdoms in Archaeological and Ethnohistorical Perspective. *Annual Review of Anthropology* 16:279–308.

Escobar, N.
1985   Estudios sobre la Flora Tóxica de Panamá. In *La Botánica e Historia Natural de Panamá*, William G. D'Arcy and Mireya D. Correa, eds., pp. 305–308. Saint Louis: Missouri Botanical Garden.

Fals Borda, Orlando
1983   *El Hombre y la Tierra en Boyacá*. Bogotá: Punta de Lanza.

Gamboa Hinestrosa, Pablo
1982   *La Escultura en la Sociedad Agustiniana*. Bogotá: Ediciones CIEC.

Gyllenhaal, C., M. Quinn, and D. Soejarto
1986   Research on Colombian Medicinal Plants: Rules and Resources for Plant Taxonomists. *Caldasia*, 15:199–217.

Halstead, Paul, and John O'Shea
1982   A Friend in Need is a Friend Indeed: Social Storage and the Origins of Social Ranking. In *Ranking, Resource, and Exchange*, Colin Renfrew and Stephen Shennan, eds., pp. 92–99. Cambridge: Cambridge University Press.

Halstead, Paul
1989   The Economy Has a Normal Surplus. In *Bad Year Economics*, Paul Halstead and John O'Shea, eds., pp. 68–80. Cambridge: Cambridge University Press.

Helms, Mary
1979   *Ancient Panama: Chiefs in Search of Power*. Austin: University of Texas Press.

Huang, Tseng-Chieng
1972   *Pollen Flora of Taiwan*. Taipei: National Taiwan University, Botany Departament Press.

Hurliman, Eva
1993   *Preliminary X-Ray Fluorescence Analysis of Obsidian from the Valle de la Plata, Colombia, for the Formative and Regional Classic Periods*. M.A. Paper, Department of Anthropology, University of Pittsburgh.

Jaramillo E., Luis Gonzalo
1996   *Prehispanic Chiefdoms in the Valle de la Plata, Volume 3: The Socioeconomic Structure of Formative 3 Communities University of Pittsburgh Memoirs in Latin American Archaeology* No. 10.

Jones, L. H. P., and K. A. Handreck
1967   Silica in Soils, Plants and Animals. *Advances in Agronomy* 19:107–149.

Langebaek R., Carl H.
1990a   Models of Complementarity and the Emergence of Complex Societies North of Ecuador. Unpublished Manuscript.
1990b   Patología en la Población Muisca y la Hipótesis de la Economía Autosuficiente. *Revista de Antropología y Arqueología* (Universidad de los Andes) 6(1):143–157.

Leechman, D.
1984   Aboriginal Dyes in Canada. In *Plants & Gardens*. Brooklyn Botanic Garden Record. 20(3):71.

Lewis, W., and M. Elvin-Lewis
1985   Efficacious Plants of the Neotropics. In *La Botánica e Historia de Panamá*, William G. D'arcy and Mireya D. Correa, eds., pp.309–314. Saint Louis: Missouri Botanical Garden.

Little, E. L., and R. G. Dixon
1969   Arboles comunes de la Provincia de Esmeraldas. Roma: Organización de las Naciones Unidas para la Agricultura y alimentación.

Llanos Vargas, Héctor
1988   *Arqueología de San Agustín: Pautas de Asentamiento en el Cañon del Río Granates–Saladoblanco*. Bogotá: Fundación de Investigaciones Arqueológicas Nacionales del Banco de la República.

Llanos Vargas, Héctor, and Anabelle Durán de Gómez
1983   *Asentamientos Prehispánicos de Quinchana, San Agustín* Bogotá: Fundación de Investigaciones Arqueológicas Nacionales del Banco de la República.

Lozano C., G., and J. O. Rangel. Ch.
1989   Floral Inventory of the Valle de la Plata. In *Prehispanic Chiefdoms in the Valle de la Plata, Volume 1: The Environmental Context of Human Habitation*, Luisa Fernanda Herrera, Robert. D. Drennan, and Carlos A. Uribe, eds., pp. 39–93. *University of Pittsburgh Memoirs in Latin American Archaeology* No. 2.

Matsutani, A.
1972   Spodographic Analysis of Ash from the Kotosh Site. In *Andes 4: Excavations at Kotosh, Peru, 1963 and 1966*, Seiichi Izumi and Kazuo Terada, eds., pp. 319–326. Tokyo: University of Tokyo Press.

Metcalfe, C. R.
1960   *Anatomy of the Monocotyledons 1: Gramineae*. London: Oxford University Press.

Mason, Gregory
1940   *South of Yesterday*. New York: Holt.

Mauss, Marcel
1924   *The Gift*. I. Cunnison, trans. New York: Free Press.

Murra, John
1972   El Control Vertical de un Máximo de Pisos Ecológicos en la Economía de las Sociedades Andinas. In *Visita de la Provincia de León de Huánuco, Documentos para la Historia y Etnología de Huánuco y la Selva Central, Vol. 2*, John Murra, ed., pp. 427–468. Huanuco, Peru: Universidad Nacional Hermilio Valdizan.
1985a   'El Archipélago Vertical' Revisited. In *Andean Ecology and Civilization*, S. Masuda, Izumi Shimada, and Craig Morris, eds., pp. 3–14. Tokyo: University of Tokyo.
1985b   The Limits and Limitations of the 'Vertical Archipelago' in the Andes. *Andean Ecology and Civilization*, S. Masuda, Izumi Shimada, and Craig Morris, eds. pp. 15–20. Tokyo: University of Tokyo.

Oberem, Udo
1976   El Acceso a Recursos Naturales de Diferentes Ecologías en la Sierra Ecuatoriana: Siglo XVI. In *Proceedings of the 42nd International Congress of Americanists* 4:51–64. Paris: Musée de l'Homme/Société des Américanistes de Paris.

Osborn, Ann
1985   *El Vuelo de las Tijeretas*. Bogotá: Fundación de Investigaciones Arqueológicas Nacionales del Banco de la República.

Patiño, Víctor M.
1990   *Historia de la Cultura Material en la América Equinoccial, Tomo II: Alimentación y Alimentos*. Bogotá: Instituto Caro y Cuervo.

Pearsall, Deborah M.
1978   Phytolith Analysis of Archeological Soils: Evidence for Maize Cultivation in Formative Ecuador. *Science* 199:177–178.
1979   *The Application of Ethnobotanical Techniques to the Problem of Subsistence in the Ecuadorian Formative*. Ph.D. Dissertation, Department of Anthropology, University of Illinois.
1982   Phytolith Analysis: Applications of a New Paleoethnobotanical Technique in Archaeology. *American Anthropologist* 84:862–871.
1989   *Paleoethnobotany: A Handbook of Procedures* New York: Academic Press.
1992   The Origins of Plant Cultivation in South America. In *The Origins of Agriculture: An International Perspective*, C. Wesley Cowan and Patty Jo Watson, eds. Washington: Smithsonian Institution Press.

Pearsall, Deborah M., and Dolores R. Piperno
1990   Antiquity of Maize Cultivation in Ecuador: Summary and Reevaluation of the Evidence. *American Antiquity* 55:324–337.

Pearsall, Deborah M., and Dolores R. Piperno, eds.
1993   *Current Research in Phytolith Analysis: Applications in Archaeology and Paleoecology*. Philadelphia: MASCA, University of Pennsylvania Museum.

Pérez-Arbeláez, Enrique
1990   *Plantas Utiles de Colombia*. Medellín: Editorial Víctor Hugo.

Pérez de Barradas, José
1943   *Arqueología Agustiana: Excavaciones Arqueológicas Realizadas de Marzo a Diciembre 1937*. Bogotá: Imprenta Nacional.

Piñeros S., Fernando
1989   Correlation of the Paleoecological Reconstructions from the Different Pollen Profiles. In *Prehispanic Chiefdoms in the Valle de la Plata, Volume 1: The Environmental Context of Human Habitation*. Luisa Fernanda Herrera, Robert D. Drennan, and Carlos A. Uribe, eds., pp. 221–224. *University of Pittsburgh Memoirs in Latin American Archaeology* No. 2.

Piperno, Dolores R.
1984   A Comparison and Differentiation of Phytoliths from Maize and Wild Grasses: Use of Morphological Criteria. *American Antiquity* 49:361–383.

1985   Phytolith Analysis and Tropical Paleo-ecology: Production and Taxonomic Significance of Siliceous Forms in New World Plant Domesticates and Wild Species. *Review of Paleobotany and Palynology* 45:185–228.

1988   *Phytolith Analysis: An Archaeological and Geological Perspective*. San Diego: Academic Press.

1989   The Occurrence of Phytoliths in the Reproductive Structures of Selected Tropical Angiosperms and their Significance in Tropical Paleoecology, Paleoethnobotany, and Systematics. *Review of Palaeobotany and Palynology* 61:147–173.

1991   The Status of Phytolith Analysis in the American Tropics. *Journal of World Prehistory* 5:155–191.

Popper, Virginia S.

1988   Selecting Quantitative Measurements in Paleoethnobotany. In *Current Paleoethnobotany: Analytical Methods and Cultural Interpretations of Archaeological Plant Remains*, Christine A. Hastorf and Virginia S. Popper, eds., pp. 53–71. Chicago: University of Chicago Press.

Radford, A., W. Dickison, J. Massey, and R. Bell

1974   *Vascular Plant Systematics*. New York: Harper & Row.

Rangel Ch., J. Orlando, and Nohora Esperanza Espejo B.

1989   Climate. In *Prehispanic Chiefdoms in the Valle de la Plata, Volume 1: The Environmental Context of Human Habitation*, Luisa Fernanda Herrera, Robert D. Drennan, and Carlos A. Uribe, eds., pp. 15–38. *University of Pittsburgh Memoirs in Latin American Archaeology* No. 2.

Rapp, George, Jr., and Susan Mulholland, eds.

1992   *Phytolith Systematics: Emerging Issues*. New York: Plenum Press.

Riechel-Dolmatoff, Gerardo

1972   *San Agustín: A Culture of Colombia*. New York: Praeger.

1982   Cultural change and Environmental Awareness: A Case Study of the Sierra Nevada de Santa Marta, Colombia. *Mountain Research and Development* 2: 284–292.

1986   *Arqueología de Colombia: Un Texto Introductorio*. Bogotá: Fundación Segunda Expedición Botánica.

Salomon, Frank

1985   The Dynamic Potential of the Complementarity Concept. In *Andean Ecology and Civilization*. S. Masuda, Izumi Shimada, and Craig Morris, eds. Tokyo: University of Tokyo Press.

1986   *Native Lords of Quito in the Age of the Incas: The Political Economy of North Andean Chiefdoms*. Cambridge: Cambridge University Press.

Sanchez, Mauricio

1994   *Catálogo Preliminar Comentado de la Flora del Medio Caquetá*. Bogotá: Programa Tropenbos Colombia, Corporación Colombiana para la Amazonia.

Schultes, Richard E., and Robert F. Raffauf

1990   *The Healing Forest. Medicinal and toxic plants of the Northwest Amazonia*. Portland: Dioscorides Press.

Service, Elman

1962   *Primitive Social Organization: An Evolutionary Perspective*. New York: Random House.

Sotomayor, María Lucía, and María Victoria Uribe

1987   *Estatuaria del Macizo Colombiano*. Bogotá: Instituto Colombiana de Antropología.

Taft, Mary

1993   Patterns of Ceramic Production and Distribution. In *Prehispanic Chiefdoms in the Valle de la Plata, Volume 2: Ceramics—Chronology and Craft Production* Robert D. Drennan, Mary M. Taft, and Carlos A. Uribe, eds., pp. 105–172. *University of Pittsburgh Memoirs in Latin American Archaeology* No. 5.

Usher, George

1974   *A Dictionary of Plants Used by Man*. London: Constable.

Zhao, Zhijun and Deborah M. Pearsall

1998   Experiments for improving phytolith extraction from soils. *Journal of Archaeological Science* 25(6):587-598.